|중국편|

# 白塔落穗(백탑낙수)

田光培(전광배) 著

비틀어 읽는 사랑방의 역사 이야기!!

明文堂

—

# 21세기의 백탑파白塔派를 꿈꾸며…

"백탑白塔을 아시나요?"

백탑은 국보 제2호로, 서울 종로2가 30번지에 있는 탑골(파고다)공원 내에 있는 '원각사지다층석탑'을 말합니다. 이 탑은 현재는 먼지와 비바람, 그리고 비둘기의 배설물 때문에 유리 보호각으로 둘러쳐져 있지만, 조선시대엔 한양 도성 한복판에서 우뚝 솟아 흰 자태를 뽐냈습니다. 요즈음 말로하면 한양의 랜드마크였던 셈입니다.

이 백탑을 중심으로 당대 집권세력이던 노론 명망가 출신의 양반인 연암 박지원과 담헌 홍대용을 필두로 비록 서얼이지만 세상의 폐단과 새로운 학문을 논하기에 부족함이 없었던 청장관 이덕무, 초정 박제가, 영재 유득공, 관헌 서상수와 무인인 야뇌 백동수 등이 어울려 벗이자 때로는 스승으로 우정을 이어갔습니다. 이들을 우리는 백탑파白塔派라고 부릅니다.

백탑파는 당시 지배이념으로써 시대의 흐름에 뒤쳐져 있던 주자의 학설을 맹목적으로 추종하는 것을 거부하고, 자주적 학문의 자세를 견지했습니다. 이들은 민생을 보듬는 이용후생利用厚生의 학문을 여는데 앞장섰습니다. 또 조선사회 현실을 직시하고 청나라의 발달된 문물을 수용해 백성의 삶을 개선하자고 주장하였습니다.

　필자가 몸담고 있는 (사) 전국한자교육추진총연합회는 2018년 9월 4일, 백답이 있는 인사동으로 사무실을 이전하였고, 2019년 5월 10일부터 백탑학숙을 개설하였습니다. 또한 필자는 월간 「한글+漢字문화」에 편집장으로 있으면서 "백탑낙수"라는 꼭지명으로 2019년 12월부터 연재를 시작하여 4년여 동안을 우리와 중국의 역사에서 간과하고 있었던 내용, 특히 동이족과 백탑파에 관하여 글을 써왔습니다. 이번에 그 글들을 모두 모아 『백탑낙수』라는 제호로 한국편과 중국편으로 나누어 세상에 내놓게 되었습니다.

　역사는 선사시대와 역사시대로 나뉩니다. 그 나눔의 기준은 문자를 가지고 그때의 일을 기록하느냐, 못하느냐에 따라 달라집니다. 또한 역사는 승자의 기록입니다. 그러나 승자는 기록을 할 때에 항상 자신들에게 유리하게 왜곡하고 변형합니다. 그러한 모습은 동서고금의 기록을 통하여 언제나 볼 수 있습니다.

　흉노匈奴는 당대 세계 최대의 강국이었습니다. 진시황과 한고조 유방은 흉노라는 말만 나오면 항상 무서워하였다고 합니다. 오죽하면 '천고마비天高馬肥', '요령부득要領不得', '춘래불사춘春來不似春' 등의 사자성어가 지금까지 회자되고 있겠습니까. 그러나 흉노는 문자를 가지고 있지 못했기에 그들의 이야기를 글로 석지 못하였습니다. 그런 와중에 문자를 가지고 있던 화하족이 그들만의 방식으로 흉노를 난도질

하였습니다. 그 종족의 이름조차 흉노(匈奴, 오랑캐의 노예들)라고 바꾸어 불렀습니다. 그 중심에 있는 사람이 역사상 최고의 역사가라고 불리는 사마천입니다.

현대에도 역사의 왜곡歪曲은 일어나고 있습니다. 중국의 국가문물국國家文物局은 2009년 만리장성의 동쪽 끝을 기존의 산해관山海關에서 요녕성遼寧省 단동시丹東市의 호산虎山으로 변경하며, 만리장성의 전체 길이를 종래의 6,352km에서 8,851km로 수정해서 발표했습니다. 그리고 2012년에는 명明나라 때의 장성만이 아니라 진秦·한漢 등 역대 왕조에서 세워진 장성들을 모두 포함하면 전체 길이가 21,196km에 이른다고 발표하였습니다. 또 중국은 한 술 더 떠 한반도 북부 평양까지 만리장성이 있었다고 주장을 하고 있습니다. 이는 북한을 합병하기 위해서, 북한 유사시에 중공군이 빠르게 밀고 내려와 북한을 점령한 뒤, 한반도가 중국의 영토라는 걸 주장하기 위한 과정으로 볼 수 있습니다. 실로 대단한 용기가 아닌가 합니다. 왜곡을 하려면 이 정도는 해야 왜곡했다고 할 수 있을 것입니다.


중·고등학교 국사 시간의 추억을 되살려보기로 합시다. 고조선과 한사군에 대해 배울 때 우리가 달달 외워야 하고 시험에 꼭 나왔던 것이 한사군의 위치였습니다. 왜 우리 국사 교과서는 반만년 역사 중에 불과 몇십 년, 길어야 몇백 년 존속했던 한사군을 그토록 중시해야만 했을까?

고조선 대신 한사군을 그토록 강조한 것은 항일기 조선총독부의 기획 때문이었습니다. 그들의 노림수는 우리 민족이 자체 발전 능력이 없으며, '선진문물'을 가진 중국, 뒤에는 일본의 지배와 문화를 받아들여야 비로소 발전할 수 있었다고 하는 것입니다. 말하자면 식민통치의 일환으로 일제가 택한 전략이 우리 역사의 축소와 왜곡인 것입니다. 문제는 그것이 광복 이후뿐만 아니라 21세기인 현대에도 주류 사관으로 면면히 이어져 내려오고 있다는 것입니다.

"우리나라는 당파 싸움 하다가 망했다."
"한국 사람은 단결할 줄 모른다."
"한국은 약소국으로 늘 강대국의 외침에 시달리다가 망했다."
"우리나라만큼 많은 외침을 받고 수난을 겪은 민족은 없다."

일본의 식민사관에 의한 역사교육을 받은 많은 이들이 아직도 이와 같은 말을 입에 달고 다닙니다. 아무런 근거도 없고, 출전도 없이, 그저 입에서 나오는 대로 그렇게 자기비하에 열심입니다. 언제가 촌로의 항의를 받았습니다. 제 글이 역사를 망친다고 합니다. 제가 다시 물었습니다. 제 글을 다 읽어 보셨느냐고? 읽지도 않고 항의를 계속하였기에 한동안 사이가 서먹하였습니다. 역사의 선입견은 무식, 무지의 소산입니다. 그렇게 평생을 살아오신 겁니다. 누구를 탓하겠습니다. 우리의 역사 교육을 탓해야지.

역사는 항상 의심하고, 항상 왜 그랬을까를 탐구해야 합니다. 즉 의심의 학문이 역사입니다. 교과서에 나오는 대로, 시험문제에 나오는 대로의 것이 아닌 비틀어 읽었을 때의 역사는 교과서와는 다를 것입니다. 어불위와 신돈의 자식이 진시황과 우왕이 아니듯이….

백탑파들은 변혁이념을 가지고 사회의 주역으로 역할을 담당하거나, 사회변혁을 도출해 내는데 이르지는 못했으나, 이들의 학문과 사상은 대를 이어 계속되었습니다. 이덕무의 아들 이광규, 유득공의 아들 유본학과 유본예, 박제가의 아들 박장암은 부친의 뒤를 이어 검서관으로 일하였고, 또한 그들의 사상이었던 북학을 이어받아 이덕무의 손자인 이규경, 박지원의 손자 박규수, 박제가의 제자 김정희, 실학과 개화의 교량이었던 최한기가 19세기의 새로운 지식인으로 등장하였습니다.

이것이 백탑파들이 시대와 사회, 새로운 학문 세계에 대해 토론하고 대화를 나누며 사회의 변혁을 꿈꾸었던 그 백탑 옆에서 제가 「21세기 백탑파」를 꿈꾸는 이유입니다.

역사를 사랑하게 만들어주신 이기백李基白 선생님과 역사를 보는 눈을 길러주신 고병익高柄翊, 길현모吉玄謨 선생님, 난삽하였던 글을 바로잡아 주셨던 진태하陳泰夏 선생님, 저의 글을 세상으로 이끌어주신 심재기沈在箕 선생님께 무한한 감사와 존경의 뜻을 올립니다. 100년의 세월동안 고전古典을 출판하며 동양의 전통을 계승하고 계신 명문당明文堂 김동구金東求 사장님의 배려에 감사드리며, 마지막으로 저의 해로동혈偕老同穴 금錦과 오昕 · 윤閏 · 혜惠에게 깊은 사랑을 전합니다.

2023년 5월 13일

백탑白塔 옆에서

전광배田光培

# 목차

白塔

序

落穗

# 진충보국盡忠報國,
# 애국愛國인가? 매국賣國인가?
## — 정치의 요구에 따라 달라지는 역사 해석? —

중국인이라면 누구나 존경하는 세 사람이 있으니, 공자孔子와 관우關羽, 그리고 악비岳飛이다. 문文의 신神 공자와 무武의 신 관우, 그리고 송대의 구국의 영웅인 명장 악비, 이 3인은 왕이 아니면서 왕으로 모셔지고 있다.

공자는 일찍이 사마천이 『사기』를 쓸 때부터 王으로 대접하여 제후의 열국사인 세가世家에 포함시켜 「공자세가孔子世家」를 지었으며, 관우는 현재 중국 전역 및 해외에서도 모셔지고 있는 관왕關王, 아니 이제는 더 나아가 관제關帝로 칭하여져 중국인들이 누구나 무신武神·재신財神으로 모시고 있는데, 서울 동대문에 있는 '동묘東廟' 또한 관우를 제사지내고 있는 관왕묘關王廟인 것이다.

이러한 공자·관우와 어깨를 나란히 하며 중국인들의 숭상을 받는 존재가 악비岳飛이다. 악비는 우리나라 사람들이 구국의 명장 이순신 장군을 성웅聖雄으로 모시고 있듯이, 중국 사람들이 우국충신으로 모시며 중국 전역에 '악왕묘岳王廟'를 지어 받들고 있다.

이 악비가 최근 민족의 영웅에서 역신逆臣으로 추락하고 있다. 죽은 지 900여 년 만에 충신이 역신이 되는 세상이 된 것이다. 더불어 우리나라의 이완용 같은 매국노로 칭해지며 멸시를 당하던 남송의 재상 진회秦檜는 최근 충신으로 옷을 바꿔 입기 시작하였다. 이 해 괴망측한 일이 지금 중국에서 벌어지고 있다. 역사 만들기, 역사 비틀기, 역사 왜곡하기의 일환이다.

악비岳飛(1103~1142)는 남송(1127~1279) 때 북쪽 여진족 금(1115~1234)나라의 침략에 맞선 용맹한 장군이다. 그는 20세가 될 즈음 의용군으로 북송(960~1126)의 수도 개봉 방어에 공을 세웠다. 1126년 '정강지변靖康之變'으로 북송의 두 황제 휘종·흠종과 왕족·관료들이 포로가 되어 만주로 끌려가게 되었고, 이때 수도 개봉에 있지 않았던 휘종의 아홉째 아들 조구는 남쪽으로 옮겨 가 송나라를 재건하였으니, 이가 남송의 고종이다.

악왕묘岳王廟의 악비상岳飛像. 현판에는 악비가 초서로 쓴 '환아하산換我河山'(강산을 나에게 돌려다오)이란 네 글자가 있다.

13

악비는 농부 출신이었지만 문과 무를 겸비한 장군이었다. 그는 금나라 군사의 대공세로 위기에 빠진 군을 이끌고 항전에 나서 여러 번 큰 전과를 올렸다. 그 뒤 1134년 그는 북벌에 나서 호북성에서 하남성까지 진격해 위난에 빠진 송나라의 자존심을 한껏 높여주었다. 모두 세 차례 북벌에 나선 그는 한때 송나라의 수도였던 개봉 인근 정주까지 진격하기도 했다. 이 때문에 금나라 군에서는 "오히려 산을 무너뜨리기는 쉬워도 악가군(악비의 군대)을 무너뜨리기는 정말 힘들다."라는 말이 공공연히 떠돌 정도였다.

악비는 고종과 함께 남쪽으로 내려와 양자강과 회하 중간에서 금나라를 방어했다. 이때 남송 조정은 주전파主戰派와 주화파主和派로 극심하게 분열되었다. 주전파인 악비와는 달리 '정강지변' 때에 포로로 잡혀갔다가 탈출한 진회는 화의에 앞장섰다.

주전파와 주화파가 분쟁하는 동안 재상 진회는 군벌 간의 알력을 이용, 주전파를 몰아내고 악비마저 반역죄로 처형하니, 악비의 나이 39세였다. 그 뒤 진회는 금나라에 '신하의 예'를 갖추는 굴욕적인 화친을 선도, 매국노(한간)로 지탄받게 되었다. 진회가 죽자, 얼마 안 있어 악비는 복권되어, 악왕으로 추봉되고 악왕묘에 배향되었으며 충무공의 시호도 받았다. 반면 악비를 죽이고 20여 년간 재상으로 있다가 죽은 진회는 악비의 복권 시기에 왕작이 추탈되었다.

150여 년간 계속된 남송은 칭기즈칸의 후예가 세운 원元(1271~1368)에 멸망되고, 그 뒤 한족인 주원장에 의해 명明(1368~1644)나라가 건립되었다. 이때부터 악비는 국가적 영웅으로 숭배되었다. 원의 지배로 중화의 자존심에 커다란 상처를 받은 명이 한족 민족주의를 내세우면서 악비를 구국영웅으로 변모시킨 것이다.

그 뒤 다시 금나라 여진족의 후예로 국호도 후금이라 칭하였던 만주족 청淸(1616~1911)이 들어서자 분위기는 바뀌었다. 여진족의 후손인 만주족 청나라에게는 분명히 동족들을 학살한 '불공대천의 원수' 인 것이다. 그러기에 청나라 시기에는 악비의 존재는 미미하였다.

그러다가 청나라가 서양 강국도 아닌 동아시아 변방의 '섬나라' 일본에게 치욕적 패배를 당한 청일전쟁(1894)을 계기로 중국 지식인 사회에서는 악비가 또다시 '구국의 영웅' 으로 부각되기 시작하였다. 한족이냐, 만주족(여진족)이냐 하는 중국 내부의 종족 감정이 일본이라는 공동의 적 앞에서 일단 수면 속으로 잠복해 들어간 것이다. 그리고 악비의 라이벌 진회가 천하의 매국노로 매도되기 시작하였다.

얼마 후 삼민주의에 기초한 신해혁명(1911)이 일어나자 한족 국가가 회복되었다. 청나라를 뒤엎고 손문孫文 등 민족주의자들이 공화정을 수립하면서 악비는 다시 국가적 영웅으로 올려지는 한편, 이민족과 화친한 진

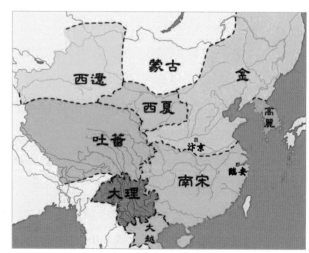

송宋과 금金의 형세도

회는 매국노로 낙인찍혔다. 19세기 말 20세기 초에 제국주의의 침탈에 시달리던 우리나라나 중국은 위기를 타개하기 위해 영웅이 필요하였다. 그런 추세에서 악비가 영웅으로 추앙받은 것은 자연스러웠다.

그리고 이러한 분위기는 20세기까지도 그대로 이어졌다. 악비는 당연히 존경의 대상이 되었으며, 구국의 영웅답게 악비의 사당인 악왕묘는 여러 곳에 세워져 있는데, 다 비슷한 특징이 있다. 그것은 바로 악비를 죽음으로 몰았던 진회 부부와 그 일당들이 악비상 앞에 쇠사슬에 묶여 무릎을 꿇고 있는 동상이 있다는 것이다. 중국인들은 악왕묘를 들어갈 때 진회부부의 동상에 침을 뱉고 들어간다. 악비와 진회가 현대 중국인들로부터 얼마나 대조적인 대우를 받았는가를 상징적으로 보여주는 대목이다.

그러나 지금은 다르다. 지금의 중국 정부는 악비를 영웅으로 받드는 것을 금기시하고 있다. 중국은 한족뿐만 아니라 만주족 등 여러 소수민족으로 구성되어 있지만, 국가 정책적으로는 하나의 중국을 표방하고 있다. 그들 중 일부는 중국 중앙정부와 대립하기도 하고 독립을 주장하기도 한다. 그래서 중국은 한족의 영웅이지만 만주족 등 다른 소수민족에게는 그 반대일 수 있는 인물을 국가적 영웅으로 만드는데 주저하고 있는 것이다.

현재 중국은 한족이 다스렸던 기간뿐만 아니라 비한족의 통치 기간도 중국 역사에 포함한다는 개념에서 2002년 "악비는 외국 침략에 대항한 인물이 아니기 때문에 민족 영웅이라 할 수 없다."고 발표하였다. 이에 대해서는 아직까지도 의견이 분분하다. 그에 따라 초중고 교과서에도 이런 내용이 슬그머니 반영되었다.

그 이유는 간단하다. 예전 같으면 이민족에 맞서 한족을 지켜낸 인물이 중국의 영웅이 될 수 있었다. 왜냐하면, '한족 = 중국'이라는 등식이 어느 정도는 성립할 수 있었기 때문이다. 그런데 지금 중국은 한족과 소수민족을 통합한 새로운 국가를 건설하려 하고 있다. 중국이 고구려와 발해, 그리고 고조선의 역사를 자국 역사에 편입하려는 것도 동일한 이유에서 설명되는 것이다.

중국은 2012년 역대 장성의 길이를 2만1,196km로 발표한 것도 이민족의 역사를 중국사로 둔갑시키는 '역사 만들기'의 일환이다. 중국이 만리장성이라는 용어를 의도적으로 폐기처분하고 '장성', 혹은 '역대장성'이란 용어로 교묘하게 위장하여 사용하고 있는 것도 그 이유다. 고구려와 발해의 장성이 결코 '만리장성'이 될 수 없는데도, 중국은 이를 어물쩍 만리장성으로 바꾸고 있는 것이다. 현재 중국의 영역에 있는 모든 민족의 역사를 중국사로 통합하고자 하는 것이다.

통합 대상에는 조선족뿐만 아니라 여진족의 후예인 만주족도 포함된다. 그렇기 때문에 지금 상황에서는 '한족 = 중국'이라는 등식이 성립할 수 없는 것이다. 한족과 만주족(여진족)을 포함한 새로운 통합 국가를 만들려는 판국에 여진족에 대항해 한족을 지킨 악비를 계속 영웅시한다면, 이는 만주족은 물론 다른 소수민족의 '의구심'을 초래할 만한 일일 것이다. 악비가 재평가되는 이유는 바로 거기에 있는 것이다.

그런데 재미있는 것은 악비의 이미지가 추락하는 것과 함께 진회의 이미지가 다시 상승한다는 것이다. 예전에는 간신배, 매국노였

악왕묘岳王廟 앞의 진회秦檜 부부상. 사람들이 침을 많이 뱉고 지나가기 때문에 안내문에 "침을 뱉지 마시오." 라는 문구가 걸려있다. 右의 사진은 최근 일어나 서있는 진회의 상

던 진회가 땅바닥에 꿇어 앉아 쇠사슬에 묶여있는 모습이었지만, 점차 쇠사슬이 없어지기 시작하더니, 요즈음은 일어서있는 모습이 조각되기도 하였다. 진회의 위상 변화를 상징하는 것이다. 이를 정리하면 다음과 같다.

악비가 구국의 영웅인 이유는,

(1) 한족의 송나라가 거란의 요나라, 여진의 금나라, 몽골족의 원나라에 이르기까지 모두 세 차례나 이민족에게 시달리던 시기에 무력면에서 유일하게 자랑할 수 있는 인물.

(2) 가장 중국적인 문화를 꽃피운 시대 가운데 하나로 평가받는 송대의 명장이면서도 시문에 능한 문무겸전의 매력.

(3) 어머니가 등에 새겨준 '진충보국' 이라는 문신이 상징하듯이 가장 한족적인 가치관에 투철한 인물.

(4) 젊은 나이에 아들과 함께 한을 품고 죽은 비극적인 인물.

등이 어울려 오늘날까지도 역사상의 스타로 자리 잡고 있다. 이런 악비에 대해 중국 당국이 더 이상 민족영웅이 아니라는 논리의 근거는 대략 이렇다.

(1) 악비는 금나라 사람과 싸웠다. 금나라는 현재 중국 땅 안에 있는 중국 역사이다. 그렇기 때문에 당시 금과 송은 '형제끼리의 울타리 싸움(兄弟鬩墻)'이다. 따라서 악비는 국가와 민족을 보위한 공로가 없다. 당연히 그를 민족영웅이라고 부를 수 없다.

(2) 중국은 56개 민족으로 이뤄진 하나의 국가이다. 악비를 민족영웅이라고 하면, 그건 한족중심주의를 노골화하는 것이다. 외래침략자에 저항하는 과정에서 공을 세운 사람을 민족영웅으로 정의한다면, 악비는 그냥 한족만의 영웅이라고 할 수 있다. 그러나 현재는 동북삼성 · 서장(티베트) · 운남 · 몽골 · 신강(위구르)가 중국 땅이 되었다.

(3) 악비가 남송을 보위할 무렵, 고종을 황제로 한 당시의 남송은 극도로 부패해 망해야 마땅한 나라였다. 따라서 망해야 할 나라를 보위한 악비는 역사의 흐름을 거역한 것으로써 민족영웅이라고 할 수 없다.

이러한 악비에 대한 논란에 대하여 국내외적으로 강하게 비판이 제기되고 있다.

그 비판의 내용은 이렇다.

첫째, 만일 일본의 대동아공영권이 현실화됐다면 왕정위 등 친

일파들은 모조리 영웅이 되고 항일전쟁 중 숨진 3,500만 명의 영웅들은 모두 천벌을 받은 셈이 된다. 즉 결과론적인 접근 방법은 역사와 민족의 정의를 결정적으로 해칠 것이라는 논리이다.

둘째, 악비의 부정은 중국 역사에서 나라와 나라, 민족과 민족 사이의 침략 전쟁이 전혀 없었다는 대단히 비합리적이고 황당하기조차 한 논법으로 이어지리라는 것이다.

셋째, 악비의 가치는 시대와 민족의 한계성을 넘어 통시대적인 보편성을 갖는다는 것이다. 송·금 시대의 악비에 대해 지금 여러 민족이 영웅으로서 존경하는 것은 외부의 침략과 압박에 저항하는 정신을 존중하는 데서 비롯됐다.

넷째, 이 논리대로라면 역사에 끊이지 않고 등장하는 '민족배신자들'은 매번 재해석되거나 새롭게 기술돼야 한다.


현재 중국에서 악비는 점차 '평가절하' 되고 있으며, 진회가 일어서고 있는 이유는 소수민족을 하나로 끌어안아야 하는 중국의 '역사공정' 때문이다. 중국의 '통일적 다민족국가론'은 중국 안의 다른 민족도 한족과 함께 한 국가 속에 포용하자는 것으로, 이들 간의 과거 전쟁도 민족 내부의 갈등으로 인식하자는 것이다. 그런 관점에서는 여진족과의 싸움을 고집했던 악비가 더 이상 통합 중국의 영웅으로 간주될 수 없고, 그 대신 주화론자인 진회가 '통일적 다민족국가론'에 더 부합된다는 것이다.

중국은 한족 외에 남부 광서성의 장족, 이슬람교를 믿는 회족, 청나라의 만주족 등 소수민족의 수는 약 14억 중국 인구 중 약 1억 1,000만 명에 가깝다. 이렇게 여러 민족이 공존하는 현상을 중국에서는 '중화민족'이라는 지극히 추상적인 개념으로 묶어 두었다.

중국사 5000년에서 순수 한족의 역사(한·삼국·진·송·명)만을 따진다면 대략 1/2정도 밖에는 안 된다. 곧 중국 역사의 반은 식민 지배의 역사인 것이다. 특히나 한족과 북방 유목민족의 대립과 공존의 역사는 중국사 전반에 걸쳐 나타나고 있어서 더욱 그렇다. 남북조시대의 북위(386~557), 북주(557~581), 북제(550~577)와 그 뒤를 이은 수·당(581~907), 그리고 뒤의 요·금·원·청 등이 유목민족의 후예가 세운 나라이다.

　하지만, 여기에서 문제가 하나 있다. 중국 대륙의 역사에 큰 축을 이루던 민족들이 현재 자신들의 나라를 세우고 있을 경우가 그렇다. 예를 들어, 몽골족의 원나라는 엄연히 1세기 가량 중국 전체를 지배하였던 중국 정통 왕조 중 하나였다. 그렇지만, 문제는 현재 몽

중국의 56개 민족을 '중화민족' 이라는 어정쩡한 용어로 통일시키고 있다.

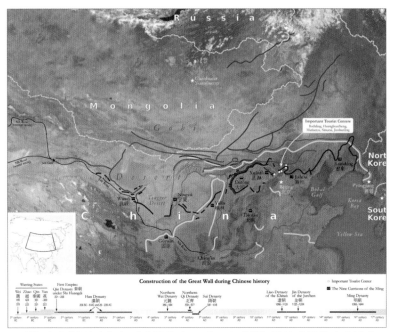

최근 인터넷 「위키백과」에서 검색되고 있는 만리장성. 평양이 포함되어 있다.

골족이 세운 '몽골인민공화국'이라는 나라가 있다는 것이다. 그럼 원나라의 역사와 칭기즈칸이라는 인물은 도대체 어디에 귀속돼야 하는 것일까? 이러한 이유 때문에 중국은 역사 방면에서 자신들의 영토 안에서 일어났던 일들은 모두 자신들의 역사라고 여기는 '속지주의屬地主義'라는 궤변을 주장하고 있는 것이다. 우리와 갈등을 겪고 있는 고구려, 발해 등도 이 문제 때문이다.

'통일적 다민족국가론'은 철저히 승자의 역사관이다. 땅을 차지하면 그 땅의 역사와 문화도 내 것이라는 억지다. 이런 역사 제국주의가 과연 중국에도 이로울까? 이는 『사기』에서부터 『청사』에 이르기까지 모든 역사기록을 뒤집고 충효의 등 유교적 가치관을 송두리째 부정하는 일이다. 충의를 다한 악비가 '형제끼리의 울타리 싸움(兄弟鬩墻)'을 한 어리석은 장수로 격하되고, 여진족에게 굴욕의 화친을 한 진회나 만주족 팔기군에게 산해관을 열어준 오삼계吳三桂는 민족 단결에 기여한 인물로 둔갑한다. 이런 역사관은 훗날 중국인에게 비수가 되어 돌아올 것이다. 만일 중국이 100~200년 후에 다시 외침을 받아, 몽골이나 일본이 한족을 '몽골 민족', '일본 민족'으로 편입해도 할 말이 없게 된다.

중국에서 소수민족들은 여러모로 홀대받고 있다. 그 이유는 한족이 약 13억, 즉 중국 총인구의 92%나 차지하기 때문이다. 악비와 진회 역시 마찬가지이다. 이들에 대한 재평가가 이루어지고 있지만, 여전히 민간에서 '악비=영웅', '진회=간신'으로 평가받고 있다. 자연스럽게 언어, 교육, 풍습 등 중국의 대부분 체제들이 한족 위주로 흘러갔고, 소수민족들은 뒷전으로 밀리게 됐다.

실제로 티베트, 위구르, 연변 등 소수민족 자치구에는 이제 한족들이 더 많이 살고 있어 토착민들이 고향에서 오히려 외지인 취급을 받고 있는 실정이다. '식민植(殖)民'이라는 말은 '사람을 심는다.'는 말이다. 총과 칼로 지배하는 것보다 사람을 심는 것이 가장 확실한 정복인 것이다. 지금 티베트나 위구르·연변은 식민이 성공하여 독립하기까지 요원할 것이다.

물론 중국 정부에서도 표면적으로 소수민족들의 보호를 위해 몇 가지 정책을 실시하고 있다. 예를 들어, 한족 학교에 가면 가산점을 준다든지, 산아제한 정책을 조금 느슨하게 풀어주는 등의 조치가 있다. 하지만 고위급 관리직에 소수민족 출신이 거의 없다는 것만 봐도 이런 정책들이 무용지물임을 쉽게 알 수 있다.

또한 가산점에서는 중국 정부의 무서운 의도가 보인다. 우리만큼 입시경쟁이 치열한 중국에서는 많은 소수민족들을 이끌어나갈 우수한 엘리트들이 가산점을 얻기 위해 민족학교 진학을 포기하고 한족학교에 진학한다. 이러다 보니 갈수록 많은 소수민족들이 자신들의 정체성을 잃고 '한화漢化' 되어 가고, 또 젊은 엘리트들이 고향을 떠나 한족들과 통혼하며 대도시에 정착한다. 우리 조선족의 예가 대표적일 것이다. 현재 연변 조선족자치구는 말만 조선족자치구일 뿐 인구 구성에서 한족들이 이미 59%를 넘어섰다고 한다.

"대학 동창 하나가 있는데, 주변 사람들은 그를 백족 총각이라고 생각한다. 그러나 신분증에는 한족이라고 적혀 있다. 또 다른 회사 동료는 성이 왕씨다. 몽골족인데 호적지와 출생지가 다 (한

광개토왕비 앞에 있는 안내문. "고구려는 조기 중국 북방의 소수민족 정권입니다."라는 문구가 눈에 아프게 들어온다.

족 문명의 중심지인) 하남성 남양으로 돼있다. 산서성과 내몽고자치주를 여행할 때 운전을 맡은 기사는 산서성의 한족이었다. 그러나 그는 할아버지가 몽골족이라고 털어놓았다. … 여기 무너져 내린 만리장성의 모습을 보면, 이곳에서 엄청난 역사극들이 이어졌다는 것을 알 수 있다. 그런데 … 여기를 주름잡던 그 많은 소수민족은 도대체 다 어디로 갔단 말인가?"〈중국의 한 네티즌이 쓴 글〉

영국의 사학자인 E.H 카(Edward Hallett Carr, 1892~1982)가 지은 『역사란 무엇인가』에서는 역사를 "현재와 과거의 끊임없는 대화"로 정의하였다고 하지만, 정치적 목적에 따라 과거의 사실을 왜곡하고 이민족의 역사까지 자국 역사로 조작하는 이런 작업은 천박한 '역사소설'에 불과한 것이다. '역사'라는 이름조차 붙이기 부끄럽다. 중국의 이런 무도한 역사관을 바로잡지 못한다면 중국의 미래는 결코 밝지 못할 것이다.

# 하룻밤에 쌓는 만리장성萬里長城, 고무줄로 만들었나?

만리장성萬里長城은 중국의 성벽으로, 흉노족匈奴族이나 몽골족과 같은 북방 유목민족의 침략을 막기 위해 전국시대부터 건설이 시작되어 후대 왕조에 의해 확장, 보수되어 온 성곽 구조물이다. 만리장성이라고 하지만 실제로는 10,000리보다 조금 더 길며 중국에서는 '장성長城'이라고 부른다. 만리장성의 굽은 굴곡을 전부 펴면 그 길이는 무려 한반도를 감싸고도 남으며, 비행기로 5시간이 넘게 걸릴 만큼 길다.

오늘날 남아 있는 성벽은 대부분 15세기 이후 명明나라 때에 쌓은 것이다. 길이가 서쪽의 감숙성甘肅省 가욕관嘉峪關에서 동쪽의 하북성河北省 산해관山海關까지 2,700km에 이르며, 지형의 높낮이 등을 반영하면 실제 길이는 6,352km에 이르는 것으로 알려져 있다. 1987년 유네스코 세계문화유산으로 지정되었다.

| | |
|---|---|
| 起來 | 일어나라 |
| 不願做奴隸的人們 | 노예奴隸 되기 싫은 사람들아! |
| 把我們的血肉 | 우리의 피와 살로 |

# 築成我們新的長城　　우리의 새 장성長城을 쌓자.

　　중국 국가國歌에서 만리장성은 유일하게 중국을 대표하는 개념이다. 이를 보면, 중국인의 마음속에 만리장성이 얼마나 중요한 위치를 차지하고 있는지 알 수 있다. 그런데 이 만리장성의 상당 부분이 왜곡, 과장되었다. 만리장성의 실체에 다가가 보자.

　　중국 역사를 돌이켜 보면, 수많은 왕조가 명멸하면서 인접 민족과의 교류와 충돌이 많았고, 이로 인해 수많은 사건들이 발생했다. 그 속에서 일관된 흐름은 농경민족인 한족漢族과 북방민족간 갈등葛藤이고, 그 경계에는 만리장성이 있었다.

　　중국은 하夏·은殷·주周·춘추전국春秋戰國·진秦·한漢·삼국三國·진晉·5호16국五胡十六國·수隋·당唐·오대십국五代十國·

만리장성萬里長城. 현재 남아 있는 것은 대부분 명明나라 때 지어진 것이다.

송宋 · 요遼 · 금金 · 원元 · 명明 · 청淸 등 왕조의 연속으로 이루어져
왔다. 하은주夏殷周 시대에 황하黃河와 양자강揚子江 사이를 무대로
활동하던 중국의 왕조는 춘추전국시대부터 활동무대를 확대하여
북방이라 일컫는 만주滿洲와 몽고蒙古, 시베리아 지역의 기마민족과
교류하기 시작했으며, 충돌하기도 했다. 진대秦代에 이르러 이러한
교류와 충돌의 경계를 연결하여 만리장성을 완성하였다.

   동북아 역사에 있어 만리장성은 수천 닌 동안 중요한 시정학적
의미를 가지고 있었다. 만리장성 북쪽에는 유목생활을 하며 이동하
는 공격적이며 활동영역에 특별한 경계가 없는 기마민족騎馬民族이
자리 잡고 있었으며, 그 남쪽에는 농경생활을 하는 한족이 정착하며
조직화되어 있고 방어적이며 경계가 명확한 활동영역을 가지고 있
다. 이러한 두 집단은 수천 년 동안 만리장성을 가운데 두고 교류하
며 충돌하였다.

   그래서 동북아 역사는 한족과 북방민족간의 교류와 충돌의 역사
라고 볼 수 있다. 한족은 북방민족의 위협을 방어하는데 주력하였
으며, 세력이 강성해지면 만리장성을 넘어 북방민족을 무력화시키
고 분열시킴으로써 종속관계를 구축하여 지속시키는 노력을 반복
했다. 북방민족은 세력이 규합되어 강성해지면 만리장성을 넘어 중
국을 정복하고 자신의 왕조를 세웠다. 5호16국 · 수 · 당 · 5대10
국 · 요 · 금 · 원 · 청 시기가 바로 그때이다. 그러다 다시 쇠퇴해지
면 북으로 쫓겨가고, 이후에는 분열되어 한족에 종속되는 모습을 반
복적으로 보여주었다.

   농경민족인 한족의 입장에서 보면 만리장성은 북방 방어선이었
을 뿐, 그 이북 지역의 활용이나 지배에 대해서는 그다지 큰 관심이

없었던 것으로 보인다. 이 지역은 기후나 토양이 농사에 적절치 않은 광활한 초원 또는 황무지이기 때문이다. 그저 한족의 최대 관심사는 북방민족이 남하하여 약탈하는 것을 방어하는데 있었지, 이 지역의 직접 통치에 큰 관심이 없었다. 실리實利보다는 비용費用이 컸기 때문이다.

중국에서 북방 유목민족의 침공을 막기 위해 성벽을 쌓기 시작한 것은 춘추전국시대로까지 거슬러 올라간다. 중국 최초의 장성長城은 초楚나라가 쌓은 장성이다. 초나라는 남방에서 광대한 영토를 영유하면서 그를 바탕으로 중원 국가들의 영토를 빼앗으며 서

춘추전국시대의 장성

서히 북진했다. 그렇게 얻은 영토 중에는 하남성河南省 일대의 영토도 있었는데, 중원이라 불리는 하남성 일대는 국경으로 삼을 만한 자연경계가 없었다. 초나라가 차지한 이 영토는 삼면으로 다른 중원 국가들에게 둘러싸여 있었으므로, 초나라는 이 영토를 보호하기 위해 300km가 넘는 장성으로 영토 전체를 둘러싸는 형태의 장성을 건설했다. 이것을 장성의 효시嚆矢라 할 수 있다.

이후 장성 건설은 전국시대 강대국들의 유행이 되었다. 전국시대

초기, 영역국가로서 재빠르게 변법變法에 성공한 위魏나라는 서쪽의 강국 진秦나라를 견제하기 위해 서쪽에 장성을 쌓았다. 제齊나라는 남쪽에 장성을 건설했는데, 이는 당시 강국이었던 오吳와 월越, 그리고 초楚나라를 견제하기 위함이었다. 한韓나라 또한 위魏나라와의 접경지대에 짧은 장성을 건설했다.

한편, 조趙나라는 적극적으로 장성을 활용했는데, 유목민족과 접촉이 많았기에 석극석으로 이를 막을 필요가 있었다. 이 지역 노한 유목민족의 남하를 막을 만한 자연 지형이 없었기에 장성 건설은 필수였다. 역시 북방민족과 접해있던 연燕나라는 기동성이 우수한 유목민족을 견제하기 위해 북쪽 국경에 장성을 쌓았다. 진秦나라 역시 전국시대 때부터 적극적으로 장성을 활용했다. 건국 초기 때부터 상대해온 이민족인 융적戎狄과 흉노匈奴 등을 상대하기 위해서였다.

이러한 장성 축조의 목적은 크게 두 가지 정도로 요약할 수 있다. 첫째는, 자국의 영토와 인구를 보호하려던 것이다. 전국시대가 되면 기술 발달과 인구의 증가, 국가권력의 강화로 중국 내지가 충분히 개간되었기 때문에 이제 자국 영토를 개발하고 개척하는 것보다는 이미 개발된 상대국의 영토와 인구를 빼앗는 형태로 전쟁의 양상이 변했다. 장성은 영토를 둘러싸 보호하기도 하지만, 적의 침입과 기동로를 제한하고 아군의 빠른 대응을 가능케 해주었다. 이러한 목적의 사례는 초楚·한韓·위魏·제나라 등 중국 내지의 국가들에게서 두드러진다.

둘째는, 북방 유목민족과의 경계선 확립이다. 경계선과 경보 체제를 갖추면 아무래도 유목민족이 남하하기 어려워진다. 그전에는 주요 감시망을 피해서 목축 동물들을 데리고 내려와 눌러 살면 그만

진秦나라 때 지어진 진秦 장성長城

진시황秦始皇의 명命으로 장성長城을 쌓은 몽념蒙恬

이었지만, 장성 축조 이후에는 대규모 군사행동을 하지 않고서는 불가능해지기 때문이다. 이러한 장성 건설의 사례는 북방 유목민족과 접한 북쪽의 국가인 진秦·조趙·연燕나라에서 두드러진다.

만리장성은 전국시대에 조, 연, 진나라 등 세 나라가 쌓은 장성을 진시황秦始皇이 통일 이후 연결해 지은 것이 시초이다. 당시 주관자는 진秦의 명장으로 유명한 몽념蒙恬이었다. 당시의 장성은 지금 남아 있는 장성보다 북쪽에 위치하고 있어서, 서쪽으로는 지금의 감숙성甘肅省 민현岷縣 지역인 임조臨洮에서 동쪽으로는 지금의 요녕성遼寧省 요양시遼陽市 지역인 요동遼東에 이르렀다고 전해진다. 하지만 당시의 장성은 성벽으로 계속 이어진 것이 아니라, 요충지에 요새와 초소 등을 만들어 구축한 국경 방어선의 의미가 강했다. 이때의 장성은 지금의 벽돌이 아닌 흙을 이용해 지은 토성의 형태였고, 높이도 2m정도로 높지 않은데다가 지켜야 할 영역이 워낙 넓다보니 감시도 소홀해서 사람이나 말이 맘만 먹으면 쉽게 넘을 수 있었다고 한다.

　　진秦나라가 천하를 병합하자 이에 몽염蒙恬에게 30만 명의 군
사를 이끌고 북쪽으로 융적戎狄을 쫓아내게 하여 황하 남쪽 땅을
점거했다. 장성을 쌓으며 지형에 따라서 험난한 요새要塞를 만들
었으며, 서쪽 임조臨洮에서 동쪽 요동遼東까지 길이가 만여 리를
뻗어갔다.(秦已并天下 乃使蒙恬將三十萬衆北逐戎狄 收河南. 筑
長城 因地形 用制險塞 起臨洮 至遼東 延袤萬餘里.)〈『사기史記』 몽
염열전蒙恬列傳〉

　　만리장성이라는 말은 바로 이 『사기史記』 '몽염열전蒙恬列傳'에서
탄생했다. B.C. 213년 시황제의 명에 따라 만리장성을 축조한 몽염
蒙恬은 시황제가 급서急逝한 뒤(B.C. 210년) 2세 황제 호해胡亥와 환
관 조고趙高의 계략에 말려 자결을 명받았다. 역사가 사마천司馬遷의
평가는 서술과 같았다. 사마천은 "내가 몽염이 건설한 만리장성을
둘러보고 왔다."면서 이렇게 말한다.

　　산을 깎고 골짜기 메워 직도直道로 통하게 했다. 정말이지 백
성의 힘을 가벼이 여긴 것이다. 대저 진이 제후들을 다 없앤 초기
에는 천하의 민심이 아직 안정되지 못했고 상처 입은 사람들은
낫지 않았다. 몽염은 명장으로서 이때 강력하게 간諫하여 백성
의 급한 일을 돕고 노인과 고아들을 돌보면서 백성이 평안하게
지낼 수 있게 힘을 쓰지 않고 오히려 (황제의) 뜻에 맞추어 큰 공
사를 일으켰으니 그 형제가 죽임을 당한 것도 마땅하지 않겠는
가?(塹山堙谷 通直道 固輕百姓力矣. 夫秦之初滅諸侯 天下之心

未定 痍傷者未瘳. 而恬爲名將 不以此時彊諫 振百姓之急 養老存孤 務修衆庶之和 而阿意興功 此其兄弟遇誅 不亦宜乎?)〈『사기史記』 몽염열전蒙恬列傳〉

시황제가 쌓은 장성은 한漢나라 때에도 국경 방어를 위해 중시되며 확장되었다. 하지만 삼국三國과 5호16국五胡十六國을 거치며 흉노匈奴·선비鮮卑 등이 북방민족이 화북 지방으로 진출해 왕조를 세우면서 기능을 잃고 방치되었다. 그러다 탁발씨拓跋氏의 선비족鮮卑族이 세운 북위北魏가 화북지방을 통일해 남북조시대로 접어들면서, 북방 방어를 위해 다시 장성이 축조되기 시작했다.

하지만 장성은 당唐나라 이후에 다시 오랫동안 방치되었다. 그러다 몽골족이 세운 원元나라를 몰아내고 명明나라가 들어서면서 북방 방어를 위한 장성의 필요성이 다시 부각되었다. 특히 명나라가 제3대 왕인 영락제永樂帝 때에 수도를 남경南京에서 북경北京으로 옮기면서 몽골족의 재침을 막기 위한 장성의 필요성은 더욱 커졌다. 제11대 세종世宗 가정제嘉靖帝 때 몽골족의 알탄 칸에게 북경이 포위되는 사건(경술지변庚戌之變)이 일어난 후, 몽골족의 침입을 막기 위해 제12대 목종穆宗 융경제隆慶帝 때가 되어서야 현재와 같은 벽돌을 이용하여 장성을 축성하기 시작하였다. 하지만 명나라의 영역이 기존 한나라의 영역보다 상당히 남쪽으로 축소되었기에 사실상 장성을 신축해야 하는데다가 공법의 변화까지 겹쳐서 장성의 재건설은 장기간에 걸쳐서 천천히 지속되었다.

명나라 때 세워진 장성은 북위北魏와 북제北齊 시대에 만들어진 장성을 기초로 하였다. 특히 수도인 북경 부근은 이중으로 더욱 견

만리장성萬里長城의 서단西端인 가욕관嘉峪關

고하게 성벽을 쌓았다. 그리고 요충지마다 벽돌로 성벽을 새로 쌓았는데, 명나라 때 세워진 장성의 평균 높이는 7.8m, 바닥의 두께는 6.5m에 이른다. 그래서 명나라 때에 이르러 감숙성甘肅省 서부의 가욕관嘉峪關에서 하서회랑河西回廊과 은천평원銀川平原 북쪽의 고원지대를 거쳐 하북성河北省 북쪽의 연산산맥燕山山脈을 가로질러 산해관山海關에 이르는 만리장성이 완성된 것이다. 이때 지어진 것이 현재 만리장성이라 불리고 있는 것이다.

중국은 진秦나라와 전한前漢 시기만 봐도 한고조漢高祖 유방劉邦부터 한무제漢武帝가 등장하기 전까지 북방의 흉노에게 침략 당하기에 바빴고, 삼국시대와 서진시대를 거친 후 북방이 전부 오호십육국 등의 북방민족의 손에 넘어가기에 이르렀다. 그 이후에도 거란족의 요遼나라, 여진족의 금金나라, 몽골족의 원元나라, 여진족의 청淸나라 등 숱하게 황하 이북을 북방민족에게 넘겨주었다. 그렇기에 만리장성의 효용성 자체에는 큰 의문부호를 다는 사람도 많다.

사실 철옹성 같은 방어를 생각하고 만리장성을 축조하지는 않았을 것이다. 해자, 창검벽, 외곽성벽, 이중성벽 등등 온갖 방호 시설을 갖춘 성일지라도 함락되는 경우가 부지기수인데, 달랑 성벽 한 겹 둘러놓고 군대의 침공을 막아내겠다니 어불성설이다. 그래서 어떤 역사가들은 이 시기 만리장성의 용도가 북방 기마민족의 남침에 대한 방어선이 아니라 동서 교역을 하는 상단을 보호하는 가도街道와 역참驛站으로서의 역할이 더 중요했었다고 주장하기도 한다.

위에서 언급되었듯이 만리장성은 단순히 한 사람, 한 왕조에 의해 세워진 것이 아니라 수없이 많은 시간 끝에 만들어진 것이다. 하지만 역사가들은 진시황의 폭정을 언급할 때 "만리장성을 무리하게 축조築造하게 했다."는 점을 강조하고 있다.

'망진자호亡秦者胡'와 관련된 설화가 있다. 시황제는 말년에 늙지 않고 죽지 않게 만드는 불로초不老草를 얻기 위해 온갖 미신을 믿고 다녔는데, 황해黃海를 넘은 땅에는 삼신산三神山이 있어 수많은 선인仙人들이 칩거하고 있으며, 그곳에 불로초가 숨겨져 있다는 방술사들의 말을 들은 진시황은 그중 한 명인 서불(徐市)에게 그 영약을 찾아올 것을 명령했다. 서불은 영약을 위해서는 동남동녀 500명과 금은보화가 필요하다고 했고, 시황제는 흔쾌히 수락했는데, 서불은 그 길로 불로초를 구하기 위해 떠난 후 다시는 돌아오지 않았다.

서불이 사라진 지 3년이 지나도 돌아오지 않자, 시황제는 노생盧生이라는 다른 방술사를 보내어 서불을 찾게 했는데, 노생은 삼신산 중 하나인 봉래산蓬萊山에서 선문고羨門高라는 선인을 만나 "이 책에 담긴 뜻을 해석해내면 능히 불로장생의 비결을 얻고 천수를 누릴 수 있을 것이다."라는 말과 함께 『천록비결天籙秘訣』이라는 책을 건

네받았다. 노생은 『천록비결』을 진시황에게 바쳤으나, 이 책은 수많은 은어隱語로 이루어져 도저히 읽을 수 없었다. 그러나 천신만고 끝에 '망진자호亡秦者胡'라는 한 글귀를 알아낼 수 있었는데, "진秦나라를 망하게 하는 것은 이민족異民族(胡)"라는 뜻으로 받아들여 만리장성으로 북방의 이민족을 막고자 만리장성을 쌓기 시작하였다는 것이다. 그러나 호胡는 이민족이 아니라 2세황제 호해胡亥를 뜻하는 것이고, 진나라는 호해에 의해 망하게 되었다는 설화이다.

서진西晉의 양천楊泉이 쓴 『물리론物理論』에는 이런 기록이 있다.

사내아이를 낳으면 절대 키우지 마라. 딸을 낳으면 산해진미를 먹여 키워라. 그대는 아는가 모르는가. 장성 아래 산더미처럼 쌓인 시체들을….〈『물리론物理論』〉

산해관山海關 동쪽 7km 지점에 세워진 맹강녀孟康女

남아선호사상이 뿌리 깊은 중국 역사에서 이런 노래가 퍼졌다는 것이 신기하다. 이 노래는 남자로 태어나면 만리장성 수축修築에 끌려가 속절없이 죽어간 당대의 슬픈 현실을 적나라하게 고발하고 있다. 이와 관련된 민간설화가 하나 있어 소개한다. 맹강녀孟姜女의 이야기(맹강녀곡장성孟姜女哭長城)이다. 이 설화는 견우직녀牽牛織女, 백사전白蛇傳, 양축梁祝(양산백여축영대梁山伯與祝英臺)과 더불어 중국 민간에 전해오는 4대 염정설화艷情說話로 일컬어진다. 이 전설은 진秦나라의 폭정이 얼마나 엄청났는지, 그리고 이 가혹한 현실을 엎어야 한다는 민중의 열망이 얼마나 강한 지를 보여주고 있다. 민간에서 다양한 형태로 윤색된 맹강녀의 전설은 다음과 같다.

진시황 때의 일이다. 맹강녀는 남편 범기량范杞良이 만리장성 축성 현장에 끌려가자 눈물로 세월을 보낸다. 3년이 지난 후에도 소식이 없고, 또 마침 엄동설한에 닥쳐오자 맹강녀는 큰 결심을 하게 된다. 남편을 만나러 간 것이다. 맹강녀는 두툼한 솜옷을 지어 보따리를 안고 몇 달에 거쳐 만리장성에 도착한다. 하지만 남편이 이미 죽었다는 소식만 듣는다.

맹강녀는 그 자리에 주저앉아 통곡을 했다. 갑자기 하늘에서 천둥이 치고 폭우가 쏟아져 800리나 되는 성벽이 무너졌다. 그 틈에 수많은 백골이 쏟아진다. 남편의 시신을 찾았지만 백골만 남은 시신을 구별할 수 없었다. 넋을 잃고 통곡하던 맹강녀의 뇌리에 스친 것이 있었다. 그리워하는 사람의 백골은 연인의 피를 빨아들인다는 속설이 떠올랐다.

맹강녀는 손가락을 깨물어 핏방울을 일일이 백골 위에 떨어뜨렸다. 마침 어떤 백골이 피를 빨아들였다. 이때 진시황이 맹강녀의 미모를 보고 반해 첩으로 삼고자 했다. 맹강녀는 남편을 위해 상복喪服을 입고 제사를 지내줄 것을 요구했다. 진시황이 갸륵하다고 여겨 제사를 지내주었다. 맹강녀는 제사가 끝나자마자 남편의 시신을 받쳐 들고 바다로 몸을 던졌다.

산해관山海關에서 바라본 장성

지금도 중국 하북성 산해관山海關 동쪽 7km 지점에 맹강녀의 묘가 있고, 그 곁에는 원망 가득한 눈초리로 만리장성을 바라보는 맹강녀의 상像이 서있다. 물론 맹강녀 전설은 역사적 사실이 아니다. 윤색되고 첨삭되어 다양한 갈래의 전설로 이어진 것이다. 그러나 민간에 전해지는 설화는 민간 백성들의 여론을 그대로 반영한다. 정식으로 기록하지 않아도, 수백, 수천 년 동안 생명력을 발하며 전승된다. 만리장성 설화는 결국 폭군인 진시황과 폭정의 상징인 만리장성 수축, 그리고 폭군暴君의 폭정暴政에 시달렸던 백성들의 저항심리가 투영되었다고 해석할 수 있다.

이처럼 중국에 맹강녀의 전설 같은 만리장성 이야기가 전승되는 것은 당연하다. 그런데 이 만리장성 설화가 이역만리異域萬里 한반도韓半島에 널리 퍼져있다. 『한국구비문학대계韓國口碑文學大系』에 기록된 진시황과 만리장성 관련 전설을 보면, 여씨呂氏 성을 가진 용사가 진시황이 수레를 부수는 설화(경기 안성)와 공자孔子의 묘를

파거나 사당을 부수려 했던 진시황 이야기(전남 고흥, 경북 군위),
진시황과 불로초 설화(전북 정읍), 진시황과 만리장성 이야기(인천,
울산) 등등이 전한다.

그 가운데 백미白眉는 뭐니 뭐니 해도 "하룻밤을 자도 만리장성
을 쌓는다."는 설화일 것이다. 지금 우리나라에서 흔히 쓰이고 있지
만 중국에는 없는 설화다. 그런데 우리가 흔히 쓰고 있는 낭만적인
내용하고는 다른 내용이다.

> 어떤 남자가 만리장성 축성에 동원됐다. 그런데 홀로 남겨진
> 부인이 다른 남자를 유혹해서 하룻밤을 보냈다. 부인은 하룻밤
> 동침을 한 남자에게 "옷가지와 편지 심부름 좀 해 달라."고 부탁
> 했다. 만리장성 현장에 간 남편에게 전해달라면서…. 그러면서
> "편지와 옷만 제대로 전달하고 오면 내가 당신과 평생 함께 살겠
> 다."고 약속했다. 꿈에 부푼 남자가 여인의 편지를 만리장성 축
> 성 현장에 있던 여인의 남편에게 전달했다. 편지를 전달한 남자
> 는 불행히도 까막눈이어서 편지 내용을 알 수 없었다. 편지에는
> 이렇게 쓰여 있었다. "여보, 지금 이 편지와 옷가지를 전달한 남
> 자를 대신 두고 당신은 빨리 도망 나오세요." 편지를 받은 남편
> 은 어리석은 남자를 만리장성 현장에 두고 도망쳐 부인에게 돌
> 아왔다.

남의 여자와 하룻밤을 잔 남자의 입장에서 보면 그야말로 '하룻
밤 여인과 보낸 대가로 평생 만리장성을 쌓게 됐으니' 참 기막힌 사
연이다. 전북 군산에서 채록된 설화는 더 기막히다. 부부에게 속아
서 만리장성 노역을 대신 뒤집어썼던 어리석은 남자가 그 지긋지긋

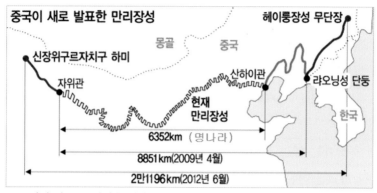

살아 있는 듯 매년 늘어나고 있는 만리장성. 역사 왜곡의 결정판이다.

한 노역을 다 마치고 고향으로 돌아가며 했다는 말이 웃긴다.

"아! 내가 하룻밤 자고서 만리장성 쌓았구나!"

중국정부는 2009년 동쪽 구간을 대폭 늘려 발표하였고, 2012년에는 한술 더 떠 동쪽과 서쪽을 비약적으로 늘린 21,196km라고 선언했다. 21,196km이면 서울에서 시카고나 토론토까지의 거리의 두 배, 서울에서 지구 반대편의 우루과이까지의 거리보다 길다. 만리장성의 길이가 고무줄마냥 매년 늘어나고 있는 것이다. 실로 놀라운 불가사의한 기적이 현대에 일어나고 있는 것이다.

중국의 국가문물국國家文物局은 2009년 만리장성의 동쪽 끝을 기존의 산해관山海關에서 요녕성遼寧省 단동시丹東市의 호산虎山으로 변경하며, 만리장성의 전체 길이를 종래의 6,352km에서 8,851km로 수정해서 발표했다. 곧 명나라 때에 후금後金의 침공을 막기 위해 산해관 동쪽으로 요녕성의 금주錦州, 안산鞍山, 요양遼陽, 심양瀋陽,

중국 단동시丹東市의 호산산성虎山山城

무순撫順을 거쳐 단동丹東의 호산虎山에 이르는 지역에 장성을 연장해서 쌓았다는 것이다. 그리고 2012년에는 명나라 때의 장성만이 아니라 진秦·한漢 등 역대 왕조에서 세워진 장성들을 모두 포함하면 전체 길이가 21,196km에 이른다고 발표했다. 실로 대단한 용기가 아닌가. 왜곡을 하려면 이 정도는 해야 한다.

단동丹東은 압록강을 사이에 두고 북한과 마주한 국경도시인지라 북한 관련 뉴스에 종종 등장한다. 이곳에서 고구려의 수도였던 집안輯安(현대 중국지명은 集安)으로 가려면 단동 시내에서 10여 km 떨어진 곳에 야트막한 산을 둘러싸고 있는 산성을 지나치게 된다. 이곳에는 '호산산성虎山山城'이라는 대형 표지석이 세워져 있다. 표지석 하단에는 '만리장성萬里長城 동단기접東端起点'이라고 또렷하게 표기돼 있었다. 누구나 볼 수 있는 대로변에 표지석을 세움으로써 이 성이 만리장성 동쪽 끝이라는 점을 분명히 한 것이다.

그러나 이곳을 우리는 고구려의 박작성泊灼城으로 비정하고 있다. 박작성은 요동반도에서 평양성平壤城으로 이어지는 교통로를 방어하는 성의 하나이다. 이 성에 관한 문헌 기록은 고구려와 唐과의 전쟁 기사에서 처음 나타난다. 645년(보장왕寶藏王 4)에 당태종의 대규모 고구려 침략이 실패한 지 3년 후인 648년에 태종은 대규모 전함戰艦을 축조케 하는 한편, 설만철薛萬徹로 하여금 3만여 군사를 이끌고 고구려의 박작성을 공격케 하였다. 설만철이 압록강을 거슬러 박작성 남쪽 40여리 지점에 진영을 갖추자, 당시 박작성 성주 소부손所夫孫이 1만 여 명의 군대로 대항하여 성을 지켰으며, 고구려 장군 고문高文이 오골성烏骨城과 안시성安市城의 군대 3만여 기騎를 거느리고 구원하였다는 기록이 있다. 곧 고구려의 성인 것이다.

또 중국은 한 술 더 떠 한반도 북부 평양平壤까지 만리장성이 있었다고 주장을 하고 있다. 이는 북한을 합병하기 위해서, 북한 유사시에 중공군이 빠르게 밀고 내려와 북한을 점령한 뒤, 한반도가 중국의 영토라는 걸 주장하기 위한 과정으로 볼 수 있다.

만리장성의 역사를 알고 있는 중국인들은 여전히 만리장성의 동쪽 끝은 산해관이라고 말한다. 자국민까지 속여 가며 역사를 날조捏造하고 있는 것은 중국 정부와 극소수 연구자들이다. 역사적 사실을 완전히 무시하고, 상식을 벗어난 중국의 억지 주장에 굳이 민감하게 반응할 필요는 없어 보인다. 아무리 우겨도 사실이 아닌 것은 아니기 때문이다.


만리장성의 폭과 높이는 자연 지형 및 군사적 중요도에 따라 각각 다르다. 사막이나 북방에 건설된 성벽은 그 폭이 1~2m에 불과하지만, 북경 중심 지역에 근접한 지역의 성벽은 폭이 3~10m에 달한다. 높이의 경우 접근이 어려운 낭떠러지 같은 곳은 3~4m이며, 길목과 주요 요충지에서는 8m가 넘는 곳도 있다. 폭이 넓은 지역의 만

2016년 무너진 월량문月亮門(右)과 최근 복구한 모습(左). 관광객들에게 팔기 위해 벽돌을 빼내다가 무너졌다고 한다.

리장성은 말과 마차가 이동하는 간선도로의 기능도 담당했다. 대표적인 곳이 북경에서 북쪽으로 80㎞ 지점에 위치한 팔달령八達嶺 부근의 성벽으로서, 이곳의 성벽 위에 만들어 놓은 길은 말 5필과 마차가 자유롭게 다닐 수 있을 정도다. 또한 중앙이나 능선이 끝나는 지점에는 적군을 감시할 수 있는 망루望樓와 누각樓閣을 비롯해 적군을 침입을 알리는 봉화대烽火臺가 설치되어 있다.

현재 만리장성 중 비교적 좋은 상태를 유지하고 있는 부분은 전체의 20%에도 미치지 못한다. 중국 장성학회長城學會가 발표한 조사 결과에 의하면, 완전히 허물어져 흔적조차 없이 사라진 부분이 50% 이상이며, 파괴되기는 했으나 유적의 형태를 지닌 부분이 나머지 30%인 것으로 드러났다.

2016년 10월에 중국 만리장성 유적지에서 각종 자연적·인위적 원인으로 최근 붕괴사고가 발생해 주요 유적인 '월량문月亮門'이 무너졌다고 중국 언론들이 보도했다. 붕괴사고가 발생한 산서성 삭주

만리장성이 관광객들로 몸살을 앓고 있다. 터질 듯 이어지는 팔달령八達嶺과 그곳에 야영객들의 텐트가 보인다.

시朔州市 산음현山陰縣 일대의 만리장성은 명나라 홍무제洪武帝 7년 (1372)년 지어진 10㎞ 길이의 성이다. 보존 상태가 나쁘지 않아 북경 등 유명 구간의 복원 때는 핵심 참고자료가 되기도 했다. 특히 월량문은 오랜 세월 비바람의 침식 탓에 과거 봉화대烽火臺·망루望樓의 흔적은 사라졌지만, 산등에 우뚝 솟은 아치형의 문이 여전히 상징적 존재였다. 그런데 하룻밤 사이에 기둥만 남긴 채 갑자기 무너진 것이다.

이번 붕괴 사고엔 자연적 원인도 있지만, 현지 주민들이 만리장성 벽돌을 가져다 집에서 다양한 목적으로 사용한 것과도 관련이 있다고 전했다. 현지 전문가는 만리장성의 훼손毀損은 침식浸蝕 작용이 가장 큰 원인이지만, 주민들이 농경·주거지 확보 또는 도로 건설 등을 위해 성벽을 허문 까닭도 크다고 지적했다. 혹은 관광객에게 팔려고 만리장성의 돌을 빼갔기 때문이라고 한다.

현재 만리장성 중 관광지가 된 구역은 상당수 모택동毛澤東이 복구 공사를 진두지휘한 곳이다. 그래서 일부 북경에 가까워서 관광지로 개발된 '포인트' 부분은 잘 정비되어 있지만 조금만 멀리 나가면 관리가 별로 안 되어 바스러져 가는 구간이 많다. 당연히 지키는 사람도 별로 없고, 만리장성의 특성상 쭈~욱 이어져 있기 때문에 장성을 따라 수십 km를 걸어 다니는 걷기 여행을 하는 사람도 있다. 원칙적으로는 당연히 금지지만 만리장성 외곽지역의 인적이 드문 성벽 위에서 텐트치고 야영하면서 다니는 외국인 관광객들의 여행기도 인터넷에서 찾아볼 수 있다. 또한 일부 구간은 복구를 해도, 하필 시멘트로 복원하여 논란이 되었다. 설상가상으로 만리장성 바로 밑에 고속철도 역을 건설하기로 해 논란이 예상된다.

18세기 무렵 만리장성을 경계로 한 이북과 이남의 양자 구도, 즉 농경민족農耕民族과 유목민족遊牧民族 간의 교류와 갈등의 구조에 근본적인 변화가 생긴다. 산업혁명에 성공한 유럽은 동아시아로 진출하기 시작하였고, 이로 인해 중국은 만리장성 북쪽은 물론 바다로부터의 위협에도 대비해야 하는 상황에 직면하였다. 그리고 시베리아를 거쳐 동진하고 있던 러시아가 북방 유목민족을 대체하여 만리장성 북쪽으로부터 위협의 주체가 되었다.

19세기 이후, 청나라를 수립한 만주족은 지정학적 구도의 변화에 적응하지 못하고 몰락하였다. 과거 같으면 본거지인 만주로 후퇴하여 재기의 기회를 엿보았을 터인데, 서양 중심의 세계질서 속에서 인정받지 못하고 소멸하는 운명을 맞이하였다.

만주족의 퇴장은 만리장성을 중심으로 한 지정학적 구도 변화와도 무관하지 않다고 본다. 이로 인해 한족漢族은 북방의 일부였던 만주를 직접 지배하기 시작했다. 과거에는 없었던 일이다. 전례가 없

었던 이유로 현재 중국정부는 동북공정東北工程을 통해 제2차 세계
대전 이후에서야 시작된 만주지배를 정당화하는 작업을 하고 있다.
이러한 한족에 의한 만주의 직접 지배는 해양세력의 등장과 함께 한
반도의 지정학적 운명에도 엄청난 변화를 미쳐 오늘에 이르렀다.
그러기에 수천 년을 지속해 온 만리장성 이북과 이남의 구도에 대한
과거와 현재의 의미를 되새겨볼 필요가 있다.

　21세기는 과거와 같이 엉토의 변화를 추구힐 수 있는 세계가 아
니다. 그러나 지구촌 시대에 국경이라는 개념이 활동 공간을 결정
하는 장애물이지는 않다. 유럽이 EU라는 이름으로 국경을 뛰어 넘
었듯이, 아시아도 언젠가는 AU라는 이름으로 통합될 수도 있기 때
문이다. 그러면 만리장성은 어떠한 의미로 우리에게 다가올 것인
가. 이러한 숙제를 풀기 위해서는 우리는 과거를 되돌아보고, 현재
를 관찰하여, 미래에 투영投影하는 노력이 필요한 시점이다.

만리장성의 동단東端인 산해관山海關

白塔落穗

1부

# 요순선양堯舜禪讓,
# 평화적 정권교체인가? 쿠데타인가?
## ― 선양禪讓이냐 찬탈簒奪이냐, 3천 년 논쟁의 실체는 ―

순舜은 요堯와 함께 상고시대의 대표적인 성군으로 손꼽히고 있다. 그래서 한자문화권에서는 훌륭한 군주를 가리켜 요순과 같다고 찬양하는 관용표현이 널리 사용되었다. 하夏나라의 우왕禹王, 은殷나라의 탕왕湯王을 합쳐 '요순우탕堯舜禹湯'이라 부르기도 한다. 또한 뛰어난 군주의 치세를 일컬어 '요순시대堯舜時代'라 부르기도 한다. 요순 시절의 태평성대는 중국 역사상 주로 "되돌아갈 수 없는 좋은 옛 시절"을 나타내는 표현으로 자주 사용되었으며, 각종 시, 노래, 민요, 상소문 등에서 용례를 찾아볼 수 있다.

선양禪讓이라는 말이 있다. 임금이 살아있으면서 다른 사람에게 왕위를 물려준다는 뜻이다. 유교의 이상적인 정권교체 방식으로, 천자가 제위를 유덕자有德者에게 양도하는 것을 말한다. 대표적인 것이 요와 순, 순과 우 사이에 행해진 정권의 이양으로 유교정치의 모범이 되었다.

그런데 역성혁명을 꾀하던 자들이 요·순임금의 예를 들며 자신이야말로 백성의 신망을 받는 지도자라는 점을 강조하고 집권하는 데 이용하기도 하였다. 이게 무슨 말인가. 선양이라고 칭송을 받는 요순과 역성혁명이 무슨 연관이 있기에 쿠데타의 주역들이 요순을 들먹인단 말인가.

요임금은 중국의 삼황오제 가운데 오제의 하나이다. 다음 대의 군주인 순과 함께 성군의 대명사로 일컬어지고 있으나, 역사적 실존 성은 정확히 밝혀진 바는 없다. 요의 이름은 방훈放勳이고, 당요唐堯 또는 제요도당帝堯陶唐으로도 부르기도 하는데, 이는 요가 당唐지방 을 다스렸기 때문에 붙은 칭호이다. 또 요는 도당씨陶唐氏라고도 부르는데, 처음에 도陶라는 지역에 살다가 당唐이라는 지역으로 옮겨 살았기 때문이라고 한다.

『사기』와 여러 역사서의 기록에 따르면, 요堯는 20살에 왕위에 올라 덕으로 나라를 다스려 요의 치세에는 가족들이 화합하고 백관 의 직분이 공명정대하여 모든 제후국들이 화목하였다고 한다. 요의 만년에는 황하가 범람하여 큰 홍수가 났으며, 요는 이를 다스리기

오제五帝 중 하나인 요堯임금

오제五帝 중 마지막인 순舜임금

위하여 곤鯀을 시켜 9년 동안 치수공사를 하게 했지만 실패하였다.

요가 왕위에 오른 지 70년 가까이 지난 후 요는 후계자를 찾아 신하들에게 추천할 것을 명하였다. 신하들은 효성이 지극한 순舜을 추천하였다. 순은 삼황오제 가운데 오제의 마지막으로 선대 요와 함께 성군의 대명사로 일컬어진다. 역시 역사적 실존성은 정확히 밝혀진 바는 없다. 순의 성은 우虞, 이름은 중화重華이고, 우순虞舜 또는 세순유우帝舜有虞로도 부른다. 제왕帝王의 후손이나 여러 대를 거치면서 지위가 낮은 서민이 되어 가난하게 살았다.

부친인 고수瞽叟는 장님으로, 순의 모친이 사망한 후 후처를 들여 아들 상象을 낳았다. 고수는 상을 편애하여 순을 죽이고자 하였고, 순은 부모가 죄를 짓지 않도록 하기 위해 이를 잘 피하면서 효도를 다하였다. 20세 때 효자로 이름이 널리 알려졌으며, 30세에 요가 순을 후계자로 삼고자 하고, 순을 시험하기 위해 여러 가지 임무를 맡기고 두 딸을 시집보냈다.

순이 여러 임무를 잘 수행하고 두 딸과의 가정생활도 원만하자, 요는 순에게 천하의 일을 맡겼다. 순은 선대 제왕의 신하들의 후손을 찾아 적재적소에 임명하였으며, 악한 후손들은 멀리 변방으로 유배하여 악인을 경계하였다. 순이 등용되어 20년이 지난 후, 요는 순을 섭정으로 삼고 은거하였다. 8년 후 요가 사망하자, 순은 요의 아들 단주丹朱에게 왕위를 양보하고 변방에 은거하였다. 그러나 백관과 백성들이 은거한 순을 찾아와 조회를 보고 재판을 치르자 천명을 거스를 수 없음을 깨닫고 돌아와 왕이 되었다고 한다.

순은 왕위에 즉위한 이후 여러 신하들을 전문적인 직분에 따라 임명하였으며 사방의 이민족을 정벌하고 회유하여 넓은 강역에까지 통치가 미치게 되었다.

특히 홍수를 다스리기 위해 우禹를 등용하여 마침내 치수에 성공하였다. 우禹의 성공적인 치수로 농토가 증대되고 천하의 모든 사람들이 순의 뛰어난 인재 등용을 칭송하였다. 우의 공로가 뛰어났고, 순의 아들 상균商均이 왕위에 적합하지 않았기 때문에, 순은 재위 22년 만에 우를 하늘에 천거하여 후계자로 삼았으며, 재위 39년에 남쪽을 순수巡狩하던 도중 사망하였다.

이상이 우리가 알고 있는 요와 순, 그리고 순과 우의 선양 이야기이다. 그런데 위의 이야기를 들으면서 이상한 기분이 드는 것은 어쩐 일인가. 조작과 왜곡의 냄새가 물씬 풍기지 않는가. 역사는 기록하는 자에 따라 얼마든지 왜곡할 수 있기 때문이다. 권력은 아들하고도 나누지 않는 것이 속성인데, 어떻게 타인에게 넘겨줄 수 있는가. 아무리 부자 상속의 개념이 생기기 전이라도 그렇다. 냄새가 너무 많이 난다.

일찍이 요와 순 사이의 선양에 대하여 의문을 제기했던 사람은 조조曹操의 아들 위문제魏文帝 조비曹조였다. 일설에 의하면, 그는 한漢 헌제의 선양을 받아들인 후 한마디를 던졌다. "순임금, 우임금이 선양을 받은 것이 어떤 것인지, 나는 오늘에야 비로소 알겠다." (舜禹受禪, 我今方知.)

예로부터 (정권교체는) 선양과 정벌해 죽이는 것 두 경우만 있었다. 권신이 나라를 빼앗으면, 곧 찬시簒弑라 불러 항상 서로 경계해 감히 저지르지 않았다. 왕망王莽은 어쩔 수 없이 주공周公이

성왕成王을 보좌했다는 평계로 섭정한 뒤 제위에 올랐지만 주공은 천하를 차지하지 않았다. 조조曹操의 위魏나라에 이르러 한나라 천하를 옮기려 했지만 찬시라 불리지 않고자 거짓 선양으로 나라를 빼앗았다. 일단 선례가 생기자, 진晉·송宋·제齊·양梁·북제北齊·후주後周·진陳·수隋가 모두 이를 모방했다. … 조조曹操는 … 스스로 감히 황제皇帝라 칭하지 못했다. 아들 조비曹丕에 이르러 비로소 선대禪代를 행했다.(古來只有禪讓 征誅二局 其權臣奪國 則名篡弑 常相戒而不敢犯. 王莽不得已託於周公輔成王 以攝政踐阼然周公未嘗有天下也. 至曹魏則既欲移漢之天下 又不肯居篡弑之名 於是假禪讓爲攘奪. 自此例一開 而晉宋齊梁北齊後周以及陳隋皆阼傲之. … 曹操 … 然及身猶不敢稱帝. 至子丕始行禪代.)〈『이십이사차기二十二史箚記』 선대禪代〉

청나라의 고증학자 조익趙翼의 역사 논술서 『이십이사차기二十二史箚記』 '선대禪代' 편의 앞부분이다. 수많은 중국의 왕조 교체 때는 피비린내가 진동했다. 역사는 그럼에도 요와 순, 그리고 우처럼 능력 있는 인물에 나라를 넘겨준 것을 '선대禪代', 즉 '선양'이라 적었다.

213년 조조는 위공魏公으로 봉해졌으며, 216년에는 스스로를 위왕魏王으로 봉하고 황제와 마찬가지의 권력과 위세를 행사하다가 220년에 병으로 낙양에서 죽었다. 조조가 죽자, 그의 아들 조비가 위왕 지위를 계승하였다. 조조는 스스로를 주나라 문왕에 비유하였다고 하나, 그가 죽자 아들 조비는 헌제를 압박해 양위하게 하고, 220년에 위나라를 창시하였다. 이는 실질적으로는 찬탈이나 다름 없었지만 요와 순의 고사를 본떠 선대禪代의 의식을 거쳤기에 선양이라 일컬어진다. 실은 이와 같은 일을 전한 말기 신新(8~24)을 창시

한 왕망王莽이 이미 행한 바 있었고, 이후 이 선양 형식은 혁명, 곧 쿠데타를 주도한 자들에게는 꼭 필요한 요식절차가 되었다.

선양이란 어떻게 꾸며 보아도 어차피 이것은 실력에 의한 찬탈이다. 그렇기에 찬탈자인 위나라 문제가 경서에 쓰여 있는 요, 순의 선양이란 실제는 '순우수선舜禹受禪, 아금방지我今方知'이라고 외친 것이다. 그렇지만 일이 평화롭게 진행되어 불가피한 피비린내 나는 희생자가 나오는 것을 막는다고 생각한다면, 이는 아주 합리적인 평화적 정권교체이다. 백주에 당당하게 아무도 이의없음을 확인하고 행해지는 정권교체라면 이만큼 공명한 정권교체는 없을 것이다. 마치 오늘날 대선을 통한 정권교체와 같은 것이다.

중국에는 사마천의 『사기』 이전의 중요한 사서가 전해지고 있다. 『죽서기년竹書紀年』이라는 책이다. 『죽서기년』은 편년체 역사서로 황제黃帝의 시대로부터 위魏 양왕襄王에 이르기까지의 일이 저술되어 있으며, 저자는 알려지지 않았다. 『좌전』, 『사기』와 더불어 중국의 고대사를 연구하는 주요 사서 중 하나이다. 그런데 이 『죽서기년』에 다음과 같은 기록이 있다.

옛날 요임금의 덕이 쇠해지자, 순임금이 그를 가두었다.(昔堯德衰 爲舜所囚也.)〈『죽서기년竹書紀年』〉

순임금이 평양에서 요임금을 사로잡고 임금의 자리를 빼앗았다.(舜囚堯於平陽取之帝位.)〈『죽서기년』〉

순임금이 요임금을 사로잡고, 요임금의 아들 단주를 가두고서 아비와 아들이 서로 만나볼 수 없도록 하였다.(舜囚堯 復偃塞丹朱 使不與父相見也.)〈『죽서기년』〉

그 의미는 순이 정변을 일으켜서, 요임금과 태자 단주를 구금하고 제위를 탈취했다는 말이다. 다음은 『서경書經』의 구절로 『맹자孟子』에도 기록되어 있는데, 이를 자세히 읽어보면 우리는 그 안에서 잔혹과 공포를 엿볼 수 있다.

공공共工을 유주幽州에 유배시키고, 환두驩兜를 숭산崇山으로 쫓아내고, 삼묘三苗는 삼위三危로 갔으며, 곤鯀을 우산羽山에서 죽였다. 네 명의 죄를 처벌하자, 천하가 복종했다.(流共工于幽洲 放驩兜于崇山 竄三苗于三危 殛鯀于羽山. 四罪而天下咸服.)〈『서경』 순전舜典〉

선양이라는 이벤트가 벌어진 후에 순은 요임금에 충성하는 중신들을 주살했다. 일벌백계의 책략이었고, 그의 권력에 대하여 의문을 제기하는 인사들에 대한 경고였다. 즉, 요임금의 네 중신에게 손을 쓰지 않고서는 천하가 따르지 않았다는 것을 보여준다. 그렇다면 춘추전국시대의 제자백가들은 이를 어떻게 기록하고 있는가?

만장이 묻기를, 요임금이 천하를 순에게 주었다 하니 그런 일이 있었습니까? 맹자가 말하기를, "아니다. 천자라 하더라도 천하를 다른 사람에게 줄 수 없다."(萬章曰 堯 以天下與舜有諸. 孟子曰 否 天子不能以天下與人.)〈『맹자』 만장상萬章上〉
요순은 왕위를 다른 사람에게 선양하였다고 하는데, 이는 그렇지 않다. … 이른바 요순이 왕위를 선양했다는 것은 거짓말이다. 지식이 얕은 자가 전하는 말이고 고루한 자의 설이다.(堯舜擅讓 是不然. … 夫曰 堯舜擅讓 是虛言也 是淺者之傳 陋者之說

也.)〈『순자』정논편正論篇〉

　　순舜은 요堯를 핍박하고, 우禹는 순舜을 핍박하였다. 은殷나라
탕湯임금은 하夏나라 걸왕桀王을 내쫓고, 주周나라 무왕武王은 은
殷나라 주왕紂王을 벌하였다. 이 네 왕은, 남의 신하가 되어서 임
금을 시해하였는데 천하가 그를 칭찬하였다. … 위엄이 천하에
임할 만하고, 이익이 천하를 덮었으므로, 천하가 그들을 따른 것
이다.(舜偪堯 禹偪舜 湯放桀 武王伐紂 此四王者 人臣弑其君者
也 而天下譽之. … 則威足以臨天下 利足以蓋世 天下從之.)〈『한비
자』설의편說疑篇〉


　　유가儒家가 순임금에게 붙여놓은 아름다운 장식을 제거하고 나면,
진실한 순임금이 도대체 어떤 사람인지를 알아낼 수 있을 것이다. 주
지하다시피 순은 밭에서 일을 했다. 농부였다. 평화시대에 보통 촌민
에서 임금의 두 딸을 취하고 조정의 중신이 되며, 다시 섭정왕이 되
고, 마지막에는 천자위를 차지한다. 이것은 이례적인 일이다. 그렇기
때문에 순에게는 남이 갖추지 못한 뛰어난 점이 있음을 말해준다.
　　옛날에는 누군가가 현명하다는 말을 들으면, 조서를 내려 그에게
관직을 내렸다. 그러므로 정치적 포부를 지닌 사람이라면 반드시
사회적으로 좋은 평판을 얻어야 한다. 어떻게 해야 명성을 얻을 수
있을까? 덕행을 하거나 재능이 남보다 월등해야 한다. 그러나 재능
으로 이름을 날리기보다는 덕행으로 이름을 날리는 것이 더욱 빠르
고 쉽다. 왜냐하면 재능은 관리로 채용된 후에 일 처리하는 과정에
서 주로 드러나기 때문이다.
　　그러나 덕행은 언제든지 나타낼 수 있다. 소위 '대덕大德'은 '세
행細行'으로 나타난다. 그리하여 정치에 뜻을 둔 사람이라면, 나라

의 징벽徵辟(초야에 있는 사람을 임관하려고 부름)을 얻기 위하여, 덕행을 쌓는데 주력한다. 순임금의 장점은 바로 그가 쇼를 하는 능력이 뛰어났다는 것을 보여준다.

순은 먼저, 효에 힘을 쏟았다. 역사서에는 "부친은 완고하고, 계모는 악독하였으며, 동생은 오만하다."고 적혀 있다. 그의 부친, 계모와 이복동생은 그를 죽이기 위하여 갖은 수단을 썼다. 여기에서 잘 이해되지 않는 부분이 있다. 순의 집안은 재산이 별로 없었는데, 순의 가족들은 왜 그를 죽여버리려고 했을까? 더욱 불가사의하고 사리에 맞지 않는 것은, 순이 이미 요임금의 사위가 된 후에도 그의 가족은 계속하여 그에게 여러 가지 모살謀殺 행동을 벌였다는 것이다.

예를 들어, 순이 곡창을 만들 때 곡창을 불태운다거나, 순이 우물을 팔 때는 낙정하석落井下石(우물 속으로 돌을 던짐)한다. 더구나 순이 부마가 된 후에는 이기적인 동생에게 있어서 형에게 의탁하는 것이 형을 죽이는 것보다 훨씬 이익이 컸을 것인데도 불구하고 동생이 순을 죽이려고 기도하였다. 이를 형이 죽으면 동생이 이어받는(兄終弟及) 풍습, 즉 순의 두 꽃처럼 예쁜 부인을 넘겨받아 요임금의 부마가 될 수 있을 것이라는 기대 때문이라고 하는데, 이것은 너무나 견강부회한 것이다.

부마를 죽인다는 것은 정치적인 위험이 너무나 크다. 순이 비정상적으로 죽으면, 가장 큰 혐의를 받을 사람은 바로 동생 모자이다. 이전에 그들은 여러 번 순에 대하여 나쁜 짓을 한 것으로 악명이 높다.

동생이 이것도 몰랐을까? 순을 사랑한 두 공주가 남편을 죽인 원수와 결혼을 하려고 할까? 그녀들이 남편을 죽인 원수를 살려둘까? 다시 말해, 정사에서 순이 그의 가족과 은원이 있다고 한 것은 정권

을 장악한 순의 창작으로 보인
다. 아니면 그들이 짜고 친 고스
톱일 것이다.

　창작도 좋고, 연극도 좋다.
어쨌든 순은 이를 통하여 효자
라는 미명을 얻는다. 백성들은
분쟁이 발생하면 그를 찾았다
고 한다. 이는 당연히 나중에 순
의 어용학자들이 한 말이다. 결
론적으로, 그의 이름은 천자 요
의 귀에까지 들어간다. 그리 하
여 조정은 징벽하여 조정에 불
러 일을 시킨다. 순이 요의 조
정에 온 후, 금방 요임금의 환

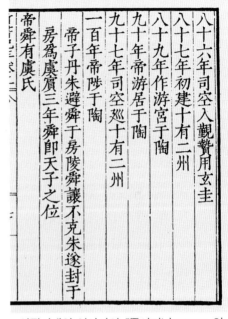

선진시대의 역사서인 『죽서기년竹書紀年』의
순舜 즉위 부분

심을 산다. 요임금의 말년에 재해가 빈번했다. 홍수가 일기도 하고,
산이 무너지기도 했다. 공공, 곤, 환두 등 명신들이 이때 모두 조정
에서 일을 했다. 이들은 모두 순의 선배들이다. 그러나 순은 그들이
갖추지 못한 것을 하나 갖추었다. 즉 그는 부마였던 것이다. 요임금
이 아들 단주를 제외하고는 가장 믿는 사람이었다.

　순이 일을 하기 시작한지 20년이 지나자 이미 세상은 바뀌어 있
었다. 예전의 그가 아니었다. 이미 날개를 단 꼴이었다. 모든 의사
결정이 순에게서 나왔다. 요임금은 권력을 빼앗긴 후에 궁중에 유
폐되었고, 태자 단주는 다른 곳에 구금된다. 다만 순은 바로 요의 천
자 위를 빼앗지 않고 그저 섭정을 할 뿐이었다. 8년간 섭정을 한 후

에 다시 한번 쇼를 해서 단주에게 정권을 넘겨주는 듯하다가 백성들이 동의하지 않는다며 할 수 없이 스스로 천자위에 오른다. 순이 단주에게 양보한 것은 정치적인 쇼이다.

한번 비교해 보자. 한 사람은 정권을 30년간 잡고 있던 사람이고, 당금의 섭정이며, 모든 문무 관리들이 다 그의 손에 발탁되고 양명하였다. 다른 한 사람은 비록 태자이지만, 정적에 의하여 현명하지 못하다고 소문이 자자하였고, 여러 해 동안 구금되어 있었다. 이런 태자가 어떻게 권위에 넘치는 섭정왕에 대항할 수 있을 것인가? 머리가 잘못되지 않았다면 아무도 단주에게 고개를 숙이지는 않을 것이다. 그렇게 쿠데타는 선양으로 변질되어 지금까지 이어져오고 있다.

그런데 쿠데타에 성공한 순도 우에게 선양한다. 이는 또한 무슨 일인가. 역사에는 순임금에서 우임금으로 정권이 이양되는 모습을 다음과 같이 서술하고 있다.

우禹의 치수治水 상상도

요임금이 다스릴 때 황하 유역에서는 큰 홍수가 종종 나서 집과 가축이 떠내려가고 비옥한 밭이 물에 잠겼다. 요임금은 곤鯤에게 명해 물을 다스리게 했다. 그러나 9년 동안 애를 썼지만 황하를 다스리지 못했고, 오히려 수해가 더 커지기만 했다. 요에게 선양을 받은 순임금은 물을 다스리지 못한 책임을 물어 곤을 죽이고, 그의 아들인 우에게 명하여 치수를 명하였다.

우는 황하를 다스리는 13년 동안 3번이나 자신의 집 앞을 지나갔지만 한 번도 집에 들르지는 않았다고 한다. 황하를 다스려서 백성들을 구제해야겠다는 일념으로 불철주야 일했기 때문에 한 번도 집에 들르지 않았다는 것이다. 십수 년간 노력한 끝에 그는 홍수를 바다로 소통시키고 수해 방지에 성공했다. 그는 이렇게 당시 사회의 안정과 번영, 그리고 발전에 큰 기여를 했다.

순임금도 연로해지자, 요임금과 마찬가지로 천자의 자리를 계승할 사람을 물색했는데, 물을 다스리는 데 공이 컸던 우를 후계자로 정했다. 순임금이 사망하자 우가 천자에 오른다.

그러나 이를 다시 한번 비틀어 해석해 보자. 순은 갖은 머리를 짜내어 천자의 자리에 올랐으나, 요가 남긴 일들을 수습해야 했다. 천하는 비록 일시적으로 그에게 겁을 먹었지만, 그가 이어받은 것은 홍수와 도탄에 빠진 백성들이었다. 진정 천하를 장악하려면, 시급한 것은 바로 치수였다. 먼저 물을 다스려야 사람들의 마음을 얻을 수 있었다. 순은 할 수 없이 치수세가治水世家 출신의 우를 등용하였다.

이전에, 순은 우의 부친인 곤을 죽여 버렸다. 부친을 죽이고 아들을 쓴 것이다. 부친을 죽인 원수는 불공대천지수不共戴天之讎라고 하는 것을 알고는 있었으나, 그러나 우를 제외하고는 아무도 치수할 능력이 없었다. 순은 어쩔 수 없이 우를 기용하였다.

우는 치수를 하면서, 세 번이나 집 대문을 지나면서도 집에 들어가지 않았다고 하였다. 그것은 그가 치수사업에 집중한 것을 보여주는 것 이외에 아마도 가장 중요한 원인은 순에게 어떠한 작은 트집도 잡히지 않겠다는 뜻이 있었을 것이다.

만일 그가 치수 중에 집안에 들어갔다면, 순임금은 이를 핑계로 그가 직무에 소홀히 하고, 집안일을 위하여 나랏일을 방치했다는 모략을 씌웠을 것이다. 우는 검소한 것으로 유명하였는데, 이것도 그가 처한 상황이 어쩔 수 없게 그를 그렇게 만들었으리라. 우는 원한을 품고 원수 밑에서 일을 하고 있는 처지이다. 여리박빙如履薄氷하여야 했다.

홍수는 국가의 가장 큰 우환이다. 치수는 자연히 국력을 집중해야 하는 최우선의 국책이었다. 나라의 백성이 모두 동원되었고, 모든 관청, 모든 자원이 치수에 우선적으로 배치되었다. 이 과정에서, 국가의 권력 중심은 무형 중에 치수 지휘부의 우에게로 통합되기 시작하였다. 관리들의 생사여탈권과 인사상의 진퇴가 모두 치수를 중심으로 결정되게 된다. 이는 순임금이 어쩔 수 없이 그렇게 한 것이다.

결국 우는 구하九河를 소통시키고, 강을 바다로 끌어들여, 광세의 공을 세우고 천자를 뛰어넘는 권위를 가지게 된다. 더욱 중요한 것은 치수 과정에서 무형적으로 전체 국가기관을 통제하게 되었고, 국가의 재물을 장악하게 되었다는 것이다. 우가 선양을 받는 것도 자연스러운 일이 된 것이니, 역사는 간단하게 재현되었다. 우가 순으로부터 선양을 받았다. 순이 전에 했던 것이 그대로.

우는 비록 순을 핍박하여 물러나게 하고 강제적으로 천자의 자리에 올랐지만, 순이 효도로 명성을 날린 것과 비교하자면 그는 어쨌든 천하창생을 위한 불세의 공을 세웠던 것이다. 그가 천자위에 오른 것은 인심이 그러했고 실질을 얻은 후 명분까지 얻은 것이 된다. 우에게 천하를 물려준 순은 남방을 순수巡狩하다가 창오蒼梧의 들에서 붕어崩御한다. 그리고 그곳에 무덤을 만든다. 불쌍한 농사꾼 출신의 퇴위 천자를 위하여 부인인 아황娥皇과 여영女英이 그의 무덤을 눈물로 적신다.

그런데 여기서 다시 한번 비틀어보자. 소위 순수巡狩라는 것이 이상하다. 퇴위한 천자가 무엇 때문에 천하를 순수하는가? 하물며 그때는 남방이 지금처럼 개발된 상태가 아니었다. 당시만 해도 말만 들어도 황량하고 공포스러운 밀림의 땅이었으며, 원래는 유배지였다. 순임금이 순수를 했다는 것은, 실제는 정치적으로 유배 갔다는 말이 아니었을까? 그렇지 않다면 아황, 여영이 그렇게 곡을 하며 상심할 필요가 없었을 것이다.

한대의 유향劉向이 지은 『열녀전』에는 순의 왕비가 된 요의 두 딸이 순이 창오산에서 죽자, 소상강蕭湘江을 건너지 못해 남편의 시체가 있는 곳을 바라보며 통곡하다 강물에 투신자살했다고 기록하고 있다. 소상강은 동정호로 흘러드는 강이다. 이 일대는 풍경이 매우 아름다워 「소상팔경도」의 주제가 되었다. 전설에 따르면, 아황과 여영이 소상강에서 죽기 전에 통곡하며 흘린 눈물방울이 대나무에 얼룩져서 반죽斑竹이 되었다고 전한다. 대나무에 얼룩진 점들이 그녀들의 피눈물의 흔적이라는 얘기다. 전국시대 초나라의 충신인 굴원屈原이 지은 「구가九歌」에는 아황과 여영이 죽어 상수湘水의 여신인

소상강瀟湘江에 빠져 물귀신이 된 요堯의 두 딸
아황娥皇과 여영女英

상령湘靈이 되었다고 하는데, 그 여신이 상군湘君과 상부인湘夫人이다. 상군과 상부인은 좋게 말하면 상수의 여신이고, 통속적으로 말하면 물귀신이다. 왜 물귀신이 됐어야만 했을까?

선양은 유가에서는 성현정치를 대표한다. 공자와 그의 제자들이 오매불망하며 꿈속에서 그리던 선양은 도통道統이 정통政統에 승리한 표지이다. 천하는 덕이 있는 자가 다스리고, 정권을 잡은 집권자는 동시에 도덕적으로 완벽한 사람이어야 한다. 이것이 바로 성인치국이다. 이 논리에 따르면, 요순우탕堯舜禹湯, 문무주공文武周公은 모두 성인치국의 대표적인 인물이다.

공자부터 역대 유가의 지도자들은 모두 상고의 성현정치를 회복하고자 노력했다. 그러나 그들은 성인이 정권을 잡는 것까지 바라지는 않았다. 그저 정권을 잡은 사람이 성인으로 되기를 희망했다. 즉 '치군요순治君堯舜' 이다. 그러나 선양이라는 상고시대 정치적 몽상은 정말로 존재했던 것일까?

요와 순, 그리고 우의 선양은 역사에 의하여 신화로 남게 된다. 우리는 무엇이 정치적 신화이고, 무엇이 정치적 왜곡인지 잘 알고 있다. 왜 거짓말도 여러 번 반복되면 절대 진리와 뒤집을 수 없는 신화로 되는지도 잘 알고 있다. 비록 혁명처럼 격렬하지는 않았지만, 평화의 가면 아래에도 피눈물은 충분했다. 인간성의 어두운 일면이 적나라하게 드러난다. 이것은 한 가지를 증명한다. 선양은 강력한 권력에 억지로 덧붙인 도색塗色이다. 절반 밖에 못 가리면서도 이를 대거 선전하는데 썼다.

위에서 요임금과 순임금의 선양, 그리고 순임금과 우임금의 선양에 대하여 살펴보았다. 그런데 여기서 우리가 주목해야 하는 한 구절이 있다.

> 순舜은 제풍諸馮에서 나서 부하負夏로 옮아가고 명조鳴條에서 죽었으니 동이東夷의 사람이다.(舜生於諸馮 遷於負夏, 卒於鳴條 東夷之人也.)〈『맹자』 이루하離婁下〉

이건 또 무슨 말인가? 순임금이 우리의 조상 동이족이라는 말이 아닌가. 아성亞聖인 맹자의 말이다. 그렇다면 요와 순의 선양, 아니 쿠데타는 순의 동이족東夷族이 중원을 정벌한 이야기가 말하는 것은 아닐까? 또 동이족인 순이 화하족華夏族인 우에게 밀리고 하나라가 세워진 것도 동이족에 대한 화하족의 반격이라고 파악할 수 있으며, 하나라를 물리치고 동이족의 나라 은殷나라가 중원을 차지한 것도, 그리고 또다시 화하족인 주周나라의 반격으로 은나라가 멸망의 길을 걸은 것 또한 같은 맥락에서 살펴보아야 하는 것은 아닌가.

도대체 그때 중원에서는 무슨 일이 있었던 것일까? 상상의 나래가 마냥 펼쳐진다.

# 용龍은 동이족東夷族의 상징이다!!

— 요하문명遼河文明은 동이족이 이룩한 세계 4대 문명이다 —

지난 2021년 9월부터 11월까지 서울 용산에 있는 국립중앙박물관에서 아주 특별한 전시가 열렸다. 「중국 고대 청동기, 신神에서 인간人間으로」라는 주제로 상해박물관이 수장하고 있는 대표 청동예기 67점이 전시된 것이다. 이 전시에 대해 "전쟁과 같은 생사를 가르는 중대사를 결정할 때 왕은 직접 신에게 제사를 지냈습니다. 이 의식에 사용하는 청동 그릇에 들이는 정성은 무엇과도 비교할 수 없었습니다. 무서운 괴수 얼굴이 떠오르는 기괴한 무늬, 탄성을 자아내는 압도적인 크기와 형태는 신에게 바치기 위한 제례 도구의 특징을 보여줍니다. 이처럼 신을 위해 사용되던 청동기는 시간이 지나면서 왕과 제후의 권력을 상징하는 수단으로 변화합니다. 그리고 춘추전국시대에 철기가 사용되자 청동기는 일상 용기로 쓰임새가 다시 한번 바뀝니다."라고 설명하고 있다.

이 전시는 코로나19의 여파로 많은 사람들의 관심을 끌지는 못하였으나 우리 역사에 있어서 특별한 전시이었다. 실로 약 3000여 년만에 우리의 조상 동이족이 세운 은殷나라 유물이 서울에 등장한 것이다.

국립중앙박물관에서 전시된 「중국 고대 청동기」의 포스터

그런데 이 유물들을 살펴보면, 아주 무서운 모습의 문양이 있다. 정면을 향한 짐승의 얼굴을 중심으로 몸체가 양쪽에 대칭적으로 배치되거나 생략되기도 한다. 부릅뜬 눈과 눈썹, 위로 말린 큰 뿔, 송곳니 등이 뇌문雷文을 바탕으로 양식화된 형상을 하고 있다. 이러한 문양을 도철문饕餮文과 기룡문夔龍文 등으로 부르는데, 이는 우리가 알고 있는 용龍의 원형이다.

당시의 청동기는 주로 제기로 활용하였다. 그런데 제기에 왜 용의 문양을 넣은 것일까? 그것은 은殷나라, 즉 동이족이 용을 숭상하여 상징, 심벌(symbol), 또는 토템(totem)으로 사용하였기 때문인 것이다. 그렇기에 나라의 가장 중요한 행사인 조상에게 지내는 제사의 제기에 용을 새겨 넣은 것이다. 그러면 언제부터 용이 동이족의 상징이 되었는지 살펴보기로 하자.

우리는 세계 최초의 사대문명이 강을 중심으로 존재해 왔음을 알고 있다. 중국의 '황하문명', 인도의 '갠지스문명', 중동의 '티그리스문명', 그리고 이집트의 '나일문명'이다. 이 세계 사대문명의 하나인 '황하문명'은 오랜 기간 동안 중국의 자랑이었다. 그러나 최근 중국의 자랑인 황하문명보다 수천 년 이상 빠른 고대문명이 새롭게 등장하여 교과서를 다시 쓰게 하고 있다.

전 세계를 놀라게 한, 무려 9000년 이상 된 고대문명의 출현은 20세기 고고학 최대의 발굴 사건으로 「요하문명遼河文明」 또는 「홍산문명紅山文明」이라고 불린다. 더욱 놀라운 사실은 그 요하문명의 주인공이 바로 우리의 조상인 동이족, 즉 한민족이라는 사실이다.

요하는 만주지방 남부 평원을 흐르는 총길이 1,400km에 이르는 강이다. 대흥안령산맥 남부에서 발원해 동쪽으로 흐르는 시라무룬(西拉木倫)江이 라오하(老哈河)강과 합하여 서요하를 이룬다. 서요하는 장백산맥에서 발원한 동요하와 합하여 요하가 되어 발해만으로 흘러 들어간다.

요하문명이 처음 모습을 보인 홍산은 철이 많아서 붉게 보인다고 하여 '홍산紅山'이라고 하였다. 이 산을 몽골 사람들이 '우란하따(오란합달烏蘭哈達)'라고 부르는데, 이 붉은 바위산 인근에서 거대한 제단과 신전(廟), 그리고 적석총 등 후기 신석기시대 유적들이 발견된 것이다. 그런데 이 홍산 인근에서 발굴된 유적들은 그 동안의 역사 상식을 일거에 부숴버렸으니, 그것은 하나의 '국가(state)'라고 불리는 체제, 즉 원시사회를 벗어나 고대국가 체제의 모습을 완벽하게 갖춘 모습이었다. 그리고 여기에서 발굴된 적석총은 세계적으로 아시아의 동북지방과 만주, 한반도 일대에서만 발견되는 무덤 형태였다. 그러기에 요하문명, 홍산문명은 중화와는 결코 연관이 없는 우리 동이족, 즉 한민족의 문명인 것이다.

요하문명의 발굴은 1908년 일본학자인 도리이 류조우(鳥居龍藏)가 만주의 적봉赤峯 일대의 지표를 조사하다가 우연히 신석기 유적과 적석총을 발견하면서부터 시작되었다. 그 뒤 1922년 프랑스의 에밀 리쌍(E. Licent)이 유적 발굴에 참여하였고, 1930년대 들어와 중국 근대 사상가 양계초梁啓超의 아들인 양

5000년 전에 만들어진 옥룡玉龍

사영梁思永이 내몽골의 적봉 홍산 유적지를 조사한 이래 많은 학자들이 연구에 뛰어들었다. 그러다 1937년, 중일전쟁으로 홍산 유적은 한동안 잊히게 된다.

그 후 문화대혁명이 한창이던 1971년 8월, 내몽골의 옹우특기翁牛特旗에 사는 한 농민이 과수원에서 갈고리 모양의 물건을 발견하고는 녹슨 폐철이라 여기고 집으로 가져갔다. 그의 어린 동생이 그것을 가지고 놀다가 녹이 벗겨지며 광택이 나타나자 관청에 신고를 하였다. 관청에서도 이것을 창고에 넣어둔 채 방치하다가, 10여 년이 지난 뒤 북경대 고고학자 소병기蘇秉琦 교수에게 보내어 감정한 결과, 5000년 전에 만들어진 옥기임을 알게 된 것이다. 당시로선 가장 오래된 용 유물인이 'C자형 옥룡'을 중국 정부는 '중화제일룡'이라고 이름 붙였다.

높이 26cm인 이 옥룡은 몸체는 용 모양이고, 머리는 돼지 모양이

며, 목덜미엔 물고기 지느러미 모양이 날렵하게 부착되어 있어 흡사 날개처럼 보인다. 당시 가공의 도구로는 석기가 전부였을 텐데 현재의 도구로도 다듬기 힘든 옥제품을 이처럼 가공했다는 것은 감탄하지 않을 수 없다. 이렇게 요하문명이 세상에 다시 나오게 된 것이다.

그런데 동양인이 신성시하는 용은 언제, 어디서 출현한 것일까? 지금까지 밝혀진 사실은 요령성에 있는 '사해查海'라는 마을에서 발견된 약 8000년 전 용龍 유적이 가장 오래돼 그 시원지로 보고 있다. 사해 유적지는 고조선 이전의, 즉 우리의 조상인 동이족의 활동 무대였는데, 서쪽은 대릉하, 동쪽은 요하로 이어져 발해만으로 연결되고, 북쪽은 내몽고 초원 지대와 접해 있다. 지금과는 달리, 당시는 물이 풍부해 사람 살기 좋은 자연 환경이었을 것으로 보고 있다.

이 유적지에는 100여 가구가 집단을 이루어 온 것으로 확인되었는데, 마을 가운데 용 모양의 조형물이 발견되어 중국 학계를 떠들썩하게 했다. 이른바 석용石龍으로 지금의 용 모양과 흡사하다. 주먹보다 조금 큰 돌을 쌓아서 용의 형상을 만들었는데 길이가 19.7m, 폭이 넓은 곳은 2m, 좁은 곳은 1m이다. 중국 학자들은 이것을 두고 '중화제일촌', 그리고 또다시 '중화제일용'이라 부르고 있다.

요하문명의 용은 옥기에서 절정을 이룬다. 요하문명의 특징 가운데 하나인 옥기류는 대표적 유물이다. 수많은 유형의 옥제품 가운데 가장 관심을 끄는 것은 용 형상을 나타낸 것이다. 8000년 전부터 이어져 온 용 숭배 사상은 요하문명의 절정기인 5000~6000년 전에 옥으로 용을 표출해 예술품으로 승화시켰다. 옥을 소재로 홍산인의 정신세계에 깊숙이 내재한 용신 사상을, 세련된 예술적 감각으로 다듬어 놓았다.

그런데 특정 관념을 배제하고 옥기를 본다면, 보는 이에 따라 새의 모습으로도 볼 수도, 태아의 모습으로도 볼 수도 있겠다는 생각이 든다. 사물은 보고 싶은 대로 보이는 경우가 많다. 다수의 중국학자들에게 이 장신구는 옥으로 만들어진 용으로 보였다. 더 세밀하게 본 학자들은 돼지의 이미지를 포착하여 옥저룡玉猪龍으로 불렀다. 그냥 돼지면 돼지지, 왜 돼지용이 되어야 하는지 의문스럽다. 그런데 그들은 그 옥저룡에서 또 곰을 보았다. 그래서 이 옥기를 '옥웅룡玉熊龍'으로 불렀다. 웅룡熊龍이라는 해석을 통해 유라시아 대륙에 널리 퍼져 있는 곰 문화가 중국 문화의 뿌리이며, 이 뿌리가 중원의 용 문화와 이어져 있다는 사실을 강조하려고 한 것이다. 여기에서 중국인들의 동북공정의 진면목이 나온다. 우리 한민족의 단군사화檀君史話에 나오는 웅녀를 중국의 조상으로 훔쳐가려는 시도인 것이다. 곰과는 전혀 상관없는 화하족들이 갑자기 곰의 후손이라고 자처한 것이다. 기가 찰 노릇이다.

중국인들은 요하문명이 나타난 이후 황하문명보다 오래된 요하문명에서 중국의 원류를 찾고자 하였다. 흔히 중국의 '용의 후손(龍的傳人)'이라 부른다. 그러기에 가장 오래된 유적에서 용을 찾아내 자신들의 신화를 접목하여 소위 중화의 정체성을 설명하려는 이 같은 스토리텔링을 만들어 낸 것이다. 그들이 상상의 동물 용을 '중화민족'의 상징으로 만들고 있는 것이다.

그러면 중국인들은 어떻게 '용의 후손(龍的傳人)'이 되었는가?

甲骨文 → 金文 → 篆書 → 隷書 → 楷書

〈 '용龍' 자의 자형字形 변천變遷〉

용을 중화민족의 상징으로 만든 것은 1940년대의 학자 문일다聞一多의 「인수사신상人首蛇身像을 통해 본 용과 토템」이라는 논문에서 비롯된 것이라고 한다. 항일전쟁 시기 외세에 맞선 민족의 단결을 강조해야 하는 시대적 분위기의 영향을 받았던 것이다.

그러다가 대만의 청년 후덕건候德建은 1978년 12월, 미국이 대만과 국교를 단절했다는 소식을 듣고 크게 분노하였다. 이 분노는 아편전쟁 이후 중국이 외세로부터 받았던 고통에 대한 인식에서 솟구친 감정이었다. 그는 그날의 감정과 중화적 애국주의를 노래에 담았다. 이 노래는 대만에서 크게 유행했고, 그가 대륙으로 망명한 뒤에도 크게 주목을 받았다. 이 노래는 마침내 1985년 중국 최대의 명절인 춘절에 즈음하여 방영되는 TV프로그램 「춘절련환만회春節聯歡晚會」의 무대에 올랐고 이후 국민가요가 되었다. 장강과 황하를 호명하면서 시작되는 가사는 용과 중국을 부르는 데서 절정에 이른다.

遙遠的東方有一條江　　저 멀리 동방에 강이 흐르는데,
它的名字就叫長江　　그 이름 장강이라 불리우네.
遙遠的東方有一條河　　저 멀리 동방에 강이 흐르는데,

| 它的名字就叫黃河 | 그 이름 황하라 불리우네. |
| 古老的東方有一條龍 | 옛날 동방에 용이 있었는데, |
| 它的名字就叫中國 | 그 이름 중국이라 불리우네. |
| 古老的東方有一群人 | 옛날 동방에 사람이 살았는데, |
| 他們全都是龍的傳人 | 그들은 모두 '용의 후예(龍的傳人)'라네. |

「용의 후예(龍的傳人)」라는 제목의 노래 일부다. 이때부터 '용龍'은 중화민족의 상징이 되었다. 신화에는 화하족(漢族)의 시조는 황제黃帝다. 그렇다면 중국인들이 용의 후손이 되려면 논리상 황제는 용이 되어야 한다. 그러나 문헌 자료 어디에도 황제가 용이라고 기술되어 있지 않다. 그런 신화가 존재하지 않았다는 말이다.

후대에 이르러 용이 제왕의 권위와 신성성을 상징하는 동물로 등장하기는 한다. 한고조 유방劉邦의 탄생신화가 그렇다. 그의 어머니 유온劉媼이 큰 연못가에서 쉬다가 신神과 만나는 꿈을 꾸었다는데, 그때 천둥 번개가 치며 깜깜해졌다. 남편인 태공太公이 가서 보았더니 유온의 몸 위에 교룡이 있었고, 그로 인해 유방을 낳았다는 이야기다. 또 유방이 매번 술에 취할 때마다 그의 머리에는 용의 형상이 나타난다는 것이다. 유방은 이런 고사를 지어내 자신을 바로 용의 아들이라고 선전했으며, 용의 신비스런 위력을 빌려 황제의 권위를 높이고 권력을 강화하였다. 이를 시작으로 한나라 이후 후대의 황제들도 모두 자신을 용의 아들로 상징화해 나갔다. 다시 말해, 용은 곧 황제를 대표하고 황제의 상징이 된 것이다. 때문에 만약 일반 백성이 섣불리 용의 장식, 자기 등을 만들거나 사용하다 발각되면 즉각 죽음을 면치 못했을 정도였다.

명·청시대 황제들이 거주했던 북경의 자금성은 '용龍의 세계(龍的世界)'로 불린다. 자금성 곳곳에 셀 수 없을 정도로 수많은 용의 형상이 있기 때문이다. 누군가가 자금성 태화전太和殿에서 용龍 장식을 자세히 세어본 결과, 무려 12,654개의 용이 새겨져 있었다는 사실을 확인했다. 이 자금성에 무려 9,000개에 이르는 건축물이 들어서 있으니 얼마나 많은 용이 있을 지는 상상을 초월한다.

우리나라에서도 용은 왕을 상징하고 있다. 박혁거세의 부인 알영閼英도 '계룡鷄龍'이 옆구리로 낳았고, 고려 왕건의 할아버지 작제건作帝建은 서해 용왕의 딸 '용녀龍女'와 결혼하여 고려 왕실의 조상이 된다. 조선의 국조 신화가 담겨져 있는 『용비어천가』 제1장에는 건국하기까지의 여섯 선조를 '해동육룡海東六龍'으로 표현하였으며, 『동국이상국집』의 동명왕편에는 하느님의 아들 해모수가 하늘에서 지상으로 내려올 때 5마리의 용이 끄는 수레인 '오룡거'를 타고 왔다고 언급되어 있다.

진태하 교수는 『한자는 우리의 조상 동이족이 만들었다』에서 용에 대하여 음운학적으로 우리 민족과 연관되어 있음을 설명하고 있다.

'용龍'에 대하여 『훈몽자회訓蒙字會』에 '미르 용'이라 훈을 달아 놓았고, 『아언각비雅言覺非』에 '용위예龍爲豫 미리'라 풀이하였고, 『광주천자문光州千字文』에는 '龍 미르용'이라고 훈을 달아 놓은 것을 보면, 龍의 우리말 고유어는 '미르, 미로, 미리' 등이었음을 알 수 있다. '미르, 미로, 미리'의 어원을 살펴보면, 은하수를 고유어로 '미리내'라 하고, 수근水芹, 곧 미나리가 물의 고어인 미(밀)와 나리의 복합어인 것을 참고할 때 '미르'는, 곧 용이 등천하기 전에는 평소 바다, 호수, 늪 등의 물속에서 사는 잠용을

갑골문에 나타나는 '용龍'

일컫는 것이라고 생각된다. (중략) '용龍' 자의 상고음上古音에 대하여 중국의 하금송何金松이 지은 『한자형의고원漢字形義考源』에서는 복보음複輔音, 곧 이두중자음語頭重子音을 [ml]로 고증하였다. 이렇게 볼 때 '용龍'의 자음은 우리말의 '미ᄅ, 미리, 미르'에서 취하였다고 추정할 수 있다. 용을 만주어에서는 'muduri', 몽골어에서는 'nage' 또는 'lou', 일본어에서는 'tatsu(たつ: 辰)'인 것을 참고할 때, 우리말의 '미리'와 만주어의 '무두리'는 음운적으로 연계가 있음을 알 수 있다.

『설문해자』에서는 '용龍' 자에 대하여 '동童' 자를 생략하여 '입立' 을 취하면서 그 자음 '동'에서 '용'의 음이 되었고, '육月'은 '육肉'이 생략된 것이고, '彗'의 형태는 하늘에 나는 모양을 그린 것이라고 풀이하였는데, 갑골문이나 금문의 자형으로 보면 허신의 풀이가 옳지 않음을 알 수 있다. '입立'은 '동童'의 생략된 자형이 아니라 갑골문에서는 뿔이 나 있는 머리의 모습이고, '육月'은 '육肉'의 생략된 사형이 아니라 큰 입의 모습이며, 긴 몸뚱이를 기진 상상의 동물을 그린 것이다.

용은 실존하는 동물이 아님에도 우리의 관념과 일상 속에 깊게 들어와 있다. 용은 11개의 실존 동물들과 12간지에서 어깨를 나란히 하고 있다. 볼펜을 분해하면 바로 나오는 '용수철龍鬚鐵'의 '용수龍鬚'는 용의 탄력 있는 수염을 가리키는 말이다. 흔히들 두 강자가 막상막하로 싸우는 모습을 가리켜 '용호상박龍虎相搏'이라고 표현하지만, 실제론 누구도 용과 호랑이가 싸우는 것을 본 적이 없다. 어째서 존재하지도 않는 용의 관념이 생겨나고 그것을 가리키는 글자가 생겨났을까?

고대인들의 삶은 자연현상과 밀접한 관계를 가졌다. 특히 '강우降雨'는 농경생활에 있어서 매우 중요한 요소였는데, 전설 속의 '용龍'은 구름을 만들어 내어 비를 내리게 하는 능력을 갖고 있다고 여겨졌다. 虹(무지개 홍)이라는 한자는 지금 자형으로는 그 모습을 유추하기 힘들지만 용 두 마리가 양쪽에서 물을 내뿜고 있는 그림에서 비롯되었다. 고대인들은 자연현상도 실체가 있는 생명과 연관시켜 받아들였고, 그 자연을 지키는 정령으로써의 동물을 관념적으로 필요로 했던 것이다.

"용은 물에서 낳으며, 그 색깔은 오색五色을 마음대로 변화시키는 조화능력이 있는 신이다. 작아지고자 하면 번데기처럼 작아질 수도 있고, 커지고자 하면 천하를 덮을 만큼 커질 수도 있다. 용은 높이 오르고자 하면 구름 위로 치솟을 수 있고, 아래로 들어가고자 하면 깊은 샘 속으로 잠길 수도 있는 변화무일變化無日하고 상하무시上下無時한 신이다."〈『순자』 수지편水地篇〉

"용은 인충鱗蟲 중의 우두머리[長]로서 그 모양은 다른 짐승들과 아홉 가지 비슷한 모습을 하고 있다. 즉, 머리는 낙타[駝]와 비슷하고, 뿔은 사슴[鹿], 눈은 토끼[兎], 귀는 소[牛], 목덜미는 뱀[蛇], 배는 큰 조개[蜃], 비늘은 잉어[鯉], 발톱은 매[鷹], 주먹은 호랑이[虎]와 비슷하다.

아홉 가지 모습 중에는 9 · 9 양수陽數인 81개의 비늘이 있고, 그 소리는 구리로 만든 쟁반을 울리는 소리와 같고, 입 주위에는 긴수염이 있고, 턱 밑에는 명주가 있고, 목 아래에는 거꾸로 박힌 비늘(逆鱗)이 있으며, 머리 위에는 박산이 있다."〈『광아廣雅』 익조翼條〉

은殷나라의 청동기

용안, 용상, 용포 등은 모두 황제와 관련된 말들이다. 역린逆鱗은 '임금의 노여움'을 의미하는 어휘로, 용의 몸에서 거꾸로(逆) 난 비늘(鱗)을 건드리면 용이 성을 낸다는 것에서 비롯된 말이다. 일반적으로 많이 알려진 용의 모습은 중국 한漢나라 이후에 만들어진 것으로, 9가지 종류의 동물을 합성한 모습을 하고 있다.

용龍과 관련해서 흥미로운 사실이 하나 더 있다. 용은 날씨를 자유롭게 나눌 수 있는 동물이어서 마음대로 먹구름을 동반한 번개와 천둥, 폭풍우를 일으키고 물을 파도치게 할 수도 있다. 또 기분이 안 좋을 때는 인간에게 가뭄을 내려 고통을 안겨준다고 한다. 그래서 인간들은 가뭄이 오래 지속되면 용의 기분을 풀어 비를 내리게 하기 위해 기우제를 지냈다.

이러한 용의 전설은 바로 중국에서 가장 오래된 지리서인 『산해경』에 등장하는 화하족의 황제 헌원軒轅과 동이족의 임금 치우蚩尤 간에 있었다는 전쟁 이야기다. 황제는 여발女魃이라는 가뭄 신을 보내 치우의 폭풍우를 멎게 하고 치우에게 승리하지만, 그 여발도 힘이 다해 승천하지 못하고 죽는다. 그래서 여발이 죽은 곳에는 가뭄, 즉 한발旱魃이 든다는 것이다. 『산해경山海經』은 이 여발이, 곧 황제라고 말한다.

용에는 계급이 있는데, 수중에서 서식하는 뱀 형태의 용에서부터 날개가 있어 날 수 있는 용, 천계에 속하여 날개 없이도 비약할 수 있는 용 등으로 구분할 수 있다. 지상에서 천계에 가까워질수록 계급이 높아지는데, 이는 용무늬가 역사적으로 발달해간 과정과도 동일하다. 용무늬의 발달과정에 따른 용의 종류를 살펴보면, 다음과 같다.

夔龍(기룡) : 용과는 다른 상상의 동물이나 그 형태가 용과 유사하여 붙여진 이름이다. 이 동물은 외발이며, 뿔이 있고, 머리가 소처럼 생겼고, 몸은 뱀처럼 생겼으며, 양손을 들고 있다고 한다. 무늬로 표현하면 뇌문과 비슷해 도철문饕餮文 같은 괴수의 형상을 하고 있다. 기룡문은 은대의 청동기와 동이족의 문화권에서 많이 보인다.

螭龍(이룡)·蟠龍(반용) : 이룡은 노란빛을 띠는 뿔이 없는 용을 말한다. 『박물도록』에 뿔이 없으며 만물에 해를 끼친다고 기록되어 있다. 궁정의 섬돌, 비석의 머리, 종정鐘鼎 등에 새겼다. 반룡은 하늘로 오르지 못하고 아직 땅 위에 있는 용을 가리키는데 구불구불 감겨진 형상으로 나타난다.

虯龍(규룡) : 붉은 빛을 띠고 뿔이 있는 용이다. 『설문해자주』에 따르면, 뿔이 있는 용이라 한다.

虺龍(훼룡)·蛟龍(교룡) : 훼룡은 물속에서 사는 용으로, 500년을 살면 교룡이 된다고 하였다. 훼룡의 형태는 은대 도철문에 자주 나타나는데, 이 무늬는 전국시대 이후에도 간간이 등장한다. 『광아』에서는 비늘이 있는 것을 교룡이라고 하였다. 모양은 뱀과 같고, 길이는 한 길이 넘는다고 한다.

角龍(각룡) : 뿔이 있는 용을 말한다. 『술이기』에 교룡이 1000년 후에 용으로 변하며 용이 된 후 500년이 지나서 각룡이 된다고 하였는데, 이를 통해 각룡이 노룡임을 알 수 있다.

應龍(응룡) : 날개가 있는 용이다. 『술이기』에 각룡이 1000년이 지나면 응룡이 된다고 하였는데, 이를 통해 응룡은 용 중에서도 우수한 것임을 알 수 있다.

한편 최고급 용은 날개가 화염이 되고 몸체에 비늘이 있으며, 5개의 발톱을 지닌 것으로 여겨졌다. 용의 종류를 언급할 때는 일반적으로 '용생구자龍生九子'와 관련짓는다. 이들 아홉 마리의 용들은 용이 되지 못한 돌연변이로 제각기 독특한 성격을 지닌다. 명明나라 때 양신소가 쓴 『승암외집升庵外集』에 따르면, 다음과 같다.

贔屓(비희) : 거북이를 닮았고 무기운 것을 지기 좋아한다. 돌비석 아래에 있는 귀부龜趺가 이것이다.

螭吻(이문) : 짐승의 모양을 하고 있으며, 먼 데를 바라보기를 좋아한다. 전각의 지붕 위에 있는 짐승머리가 이것이다. 일명 조풍嘲風이라고 하며, 높은 곳을 좋아한다. 또한 치미鴟尾라 하며, 화재를 진압할 수 있다.

蒲牢(포뢰) : 용을 닮았으며, 소리 지르기를 좋아한다. 종 위에 있는 것이 바로 이것이다. 천적인 고래의 공격을 받을 때 큰 소리로 운다. 그래서 종소리를 크게 하고자 할 때는 포뢰를 종 위에 조각하고 고래 모양으로 만든 당撞을 친다.

狴犴(폐안) : 호랑이를 닮았으며, 위력이 있어서 감옥의 문에 새긴다.

饕餮(도철) : 먹고 마시는 것을 좋아해 음식 그릇의 뚜껑과 옆면에 새긴다.

蚣蝮(공복) : 물을 좋아하여 다리의 기둥에 새긴다.

睚眦(애자) : 죽이기를 좋아한다고 하여 칼의 등이나 자루에 새긴다.

狻猊(산예) : 일명 금예라고 하며, 사자와 닮았고 연기와 불을 좋아하여 향로에 새긴다. 또한 앉기를 좋아하는데 불좌의

비희贔屭

이문螭吻

포뢰蒲牢

폐안狴犴

도철饕餮

공복蚣蝮

애자睚眦

산예狻猊

초도椒圖

사자가 바로 이것이다.

椒圖(초도) : 모양이 소라를 닮았으며, 닫기를 좋아하기 때문에 문고리에 붙인다.

용은 흔히 서양의 '드래곤(Dragon)'에 대응된다고 여겨지고 있으며, 대부분 용을 드래곤으로, 드래곤을 용으로 번역하는 경우가 많다. 서양의 드래곤은 등에 박쥐 날개가 달린 이족二足 보행을 한 공룡처럼 생긴 커다란 도마뱀이다. 이런 이미지는 비교적 근현대에 와서 확립된 것으로, 고대에는 거대한 뱀, 중세에는 지느러미 같이 생긴 날개가 달린 작은 괴물쯤으로 묘사하는 경우가 많아 이미지에 역변이 많았다.

그런데 우리와 달리 서양에서는 용을 싫어한다. 왜 용을 싫어할까? 이에 대해서는 파충류인 공룡은 변온동물이고, 인간의 조상이라 추론할 수 있는 포유류는 항온동물이기 때문에 밤낮의 주인이 번갈아 바뀌었을 것이라고 말한다. 즉, 밤이면 포유류가 기온이 떨어져서 꼼짝 못하는 공룡에게 다가가 그들의 알을 잡아먹었을 것이고, 낮이면 몸집이 큰 공룡이 낮 동안 잠든 포유류를 잡아먹었을 것이라 추측한다. 이때부터 공룡에 대한 적대적인 심리가 진화되어 인간에게 전해지지 않았을까 생각한다.

심지어 현재는 공룡 멸종의 원인을 대규모 운석 충돌로 인한 기상이변 때문으로 보고 있지만, 일부 고생물학자들은 포유류들이 밤마다 알을 먹어치운 것이 공룡의 멸종을 가속화했다고 믿고 있다고 전한다. 그래도 어찌 몸집이 작은 포유류가 거대한 공룡의 적수가 될 수 있을까 싶지만 몸무게 대비 뇌의 무게를 기준으로 볼 때 공룡은 포유류에 비해 아주 멍청했다고 한다. 당시 브라키오사우루스의 몸무게는 무려 87톤이었는데, 그의 뇌는 인간보다 작았다. 그러니 공룡과 포유류는 비록 몸집 차이는 엄청나지만 서로 먹고 먹히는 관계였을 것이다. 그리고 『성경』의 「창세기」에 나오는 에덴동산 추방의 원인이 파충류(뱀)에 있다는 것에도 작용하였을 것이다.

요하문명의 다양한 유적과 유물은 이 문화를 일구어낸 사람들이 동이족, 즉 한민족과 긴밀한 관계가 있다는 것을 보여준다. 발굴되는 수많은 유적·유물의 특징, 연대, 유적지의 지정학적 위치 등에 비춰 이곳에서 형성된 고대문화는 중국과는 전혀 다른 만주와 한반도를 잇는 문화권이다.

흥륭와興隆窪 유적에서 발굴된 옥룡 등 옥玉 유물은 한반도와 연결된다. 이곳에서 나온 옥은 수암현岫岩縣이라는 곳에서 온 것인데, 수암은 압록강에서는 서쪽으로 불과 130km 떨어진 곳이다. 이 시기와 같거나 앞선 시기에 강원도 고성의 문암리 유적과 남해안 안도패총에서도 수암에서 출토된 옥으로 만든 귀걸이가 나온다. 문암리 것은 중국 장강유역이나 일본 열도보다 최소한 1000년 이상 앞서는 것이다. 이러한 사실은 기원전 6000년경에는 요서, 요동, 한반도가 동일문화권이었다는 것을 보여주는 것이다.

또 요하문명 유적지에서 발굴된 복골卜骨도 동이족의 전유물인 복골의 전통을 보여준다. 복골은 점을 치는 행위에 사용된 동물 뼈를 일컫는 것으로, 거북이의 등이나 배 껍질(龜甲), 혹은 소나 사슴 등의 어깨뼈(肩胛骨)를 사용하였다. 복골을 매개로 한 점복들은 생산 활동이나 전쟁 등 주로 중요한 일을 앞두고 길흉을 점치는 내용으로 신성한 의식과 함께 거행되었던 것으로 보인다.

이 전통은 후에 동이족이 세운 은나라의 수도 은허에서 대량 발굴되었으며, 한자의 시초인 갑골문을 새겨 넣는 문자문화로 이어져온다. 요하지역에서 시작된 복골의 전통은 전파경로를 달리하여 한반도의 백두대간 동쪽을 타고 내려와 한반도 동남해안 일대에서도 많이 보인다. 비록 글씨를 새겨 넣지는 않았지만 한반도의 복골 문화도 결국 요하지역과 은나라가 동일 문화권이었다는 것을 웅변하고 있다.

욱일승천하는 용龍은 우리 한민족이 길러낸 기개의 상징이었다. 이제라도 우리 조상의 상징인 용을 찾아와야겠다. 그리고 크게 한 번 외쳐보자.

"용용 죽겠지, 메롱!"

# 동이東夷의 契(글) 갑골문甲骨文

갑골문甲骨文은 지금으로부터 약 3300년 전 상商 또는 은殷나라 (B.C. 1600~B.C. 1046)라고 불리는 시기에 사용되었던 문자로서 한 자漢字의 원형이다. 갑골甲骨은 귀갑수골龜甲獸骨의 약칭이다. 갑甲 은 거북의 뼈를 의미하고, 골骨은 짐승의 뼈를 의미한다. 여기에 새 겨진 문자를 갑골문甲骨文이라고 한다.

현재까지 발견된 것 중 체계가 있는 가장 최초의 한자인 갑골문 은 메소포타미아의 설형문자楔形文字와 이집트의 상형문자象形文字, 인도의 인더스 문자와 함께 세계 4대 고문자古文字로 불린다. 그러 나 갑골문 만이 역사의 세월을 관통해 지금의 한자와 일맥상통하고, 쓰는 방식도 지금의 모습과 거의 흡사하다. 예를 들어 위에서 아래 로, 우에서 좌로 쓰는 규칙은 후세까지 한자의 쓰기 방식이 됐다가 최근에서야 가로로 쓰는 방식으로 대체됐다.

그런데 은殷나라는 동이족東夷族이 만든 나라였다. 그렇기 때문 에 은나라에서 만든 갑골문은 동이족의 문자이고, 동이족이 우리의 조상임은 췌언贅言이 불필요할 것이다. 오늘 우리의 조상 동이족이 만든 갑골문에 대하여 살펴보자.

갑골문이 새겨진 구골龜骨과 수골獸骨

명明나라 말기 하남성河南省 안양현安陽縣 소둔촌小屯村은 농촌이었다. 종종 밭을 개간하던 농민들에 의해 상商나라의 유물인 청동기와 갑골문으로 추정되는 거북이 껍질이 발견되었는데, 청동기는 시장에 매물로 팔렸으나 갑골편은 그다지 귀해 보이지 않아 팔리지 않았다. 청나라 광서제光緖帝 말년에도 소둔촌의 농민들이 밭을 갈다가 또 갑골편을 발견하게 되었다. 농민들은 이 갑골편을 그저 문양이 새겨진 뼈라고 생각하였다. 뼈는 농사에 전혀 도움을 주는 물건이 아니었기에 이를 약방에 팔아버렸다. 이렇게 갑골편은 '용골龍骨'이라는 이름의 약재藥材로 팔리고 있었다.

청나라가 외세에 의해 기울어가던 1899년의 어느 날, 청의 수도였던 북경의 한 노인은 학질瘧疾에 걸려 약방에서 약을 지어 먹었다. 그런데 먹는 약에서 우연히 뼛조각 몇 개를 발견하였다. 그는 이리저리 뒤척뒤척 뼛조각들을 보면서 혼잣말로 중얼거렸다.

"이상하네. 왜 이 뼈에는 문자 비슷한 것이 새겨져 있을까?"

이 노인은 청나라 국자감國子監 좨주祭酒를 담당하는 왕의영(王懿榮, 1845~1900)이라는 사람으로, 오늘날의 국립대학교 총장과 비슷한

상(은)나라의 형세도와 천도遷都 모습　　　하남성河南省 안양시安陽市 소둔촌小屯村의 은허殷墟

관직에 있었다. 그는 박학다식하였고, 고문자 즉 금문金文과 대전大篆, 그리고 소전小篆에 대해 깊이 연구하고 있었다. 이 뼛조각들의 이름이 '용골龍骨'이라는 사실을 알게 된 그는 즉시 약방에 '용골'을 판매한 약재상을 소개해 달라고 요청하였다. 얼마 후 약방으로부터 연락을 받은 산동山東의 골동품상 범유경范維卿은 12관貫의 '용골'을 가지고 북경의 왕의영을 찾아왔다.

왕의영은 등불 밑에서 수집한 모든 용골을 자세히 관찰하며, 이를 분류해 정리했다. 금문, 대전, 소전들과 비교했을 때 그는 이 부호의 획劃이 가늘고 원형보다 사각형도 많은 오래된 고문자와 비슷함을 발견했다. 그는 이 부호들이 금문보다 훨씬 오래된 문자로 전설 속의 상商(은殷)나라 시기와 비슷하다고 추측했다. 비록 그 당시 왕의영은 이 뼛조각들의 중요한 의미를 분명히 파악하지는 못하였으나, 이것들이 범상치 않은 가치를 가지고 있다는 것을 이미 눈치채고 있었다. 3300여 년 동안 땅에서 숨어 있던 갑골문이 세상에 등

윗줄 좌로부터 왕의영王懿榮, 유악劉顎, 나진옥羅振玉
아래 줄 좌로부터 동작빈董作賓, 왕국유王國維, 곽말약郭末若

장하는 순간이다.

　옛날 은나라 사람들은 모든 일에 점치기를 좋아하였다. 그리고 그 점친 내용을 거북이와 동물의 뼈에 새겨 놓았다. 점占은 거북의 배 껍질 또는 소의 어깨뼈의 이면裏面에 일정한 홈을 만들고, 이 부분을 달궈진 나무나 금속으로 태우면 표면에 금이 생겨난다. 당시 사람들은 이 동물의 뼈 위에 생긴 금의 모양이 절대적인 하늘의 의지 표현이라고 생각해 빈번히 점을 쳤다. '복卜'이란 글자는 그 금 간 모양의 상형문자이고, '복'이란 글자의 음音은 금이 생길 때 나는 소리인 '뿍뿍'에서 유래한 것이다. '卜'字보다 더 복잡한 글자로는 '조兆'자가 있다. 조짐兆朕할 때의 그 자이다. 점을 마친 뒤에

'卜' 또는 '兆' 옆에 占을 친 이유를 새겼는데, 이것이 복사卜辭, 즉 갑골문자이다.

왕의영은 그 다음 해에도 범유경范維卿 등의 골동품상으로부터 수천 편의 갑골을 구입했다. 그러나 망해가던 청나라 북경에 일대 풍운이 일어나고 만다. 배외排外·반기독교反基督教의 결사집단인 의화단義和團이 북경에서 기독교도를 살해하고 교회를 불태웠으며 선교사를 축출했다. 이를 진압하기 위하여 미국을 비롯한 8개국의 연합군이 북경을 점령·진압한 사건이 발생한다. 이를 역사에서는 '의화단義和團의 난亂' 또는 '의화단운동義和團運動'이라고 한다. 이 때 왕의영은 서양 연합군이 북경에 쳐들어 온 것을 막지 못한 책임을 지면서 스스로 우물에 빠져 자결하였다.

나라도 집도 잃은 난세에 왕의영의 아들은 부친의 임종 유언에 따라 집에 소장된 갑골 조각을 부친의 친구인 유악(劉鶚, 1857~1909)에게 전해 주었고, 갑골을 전해 받은 유악劉顎은 연이어 골동품상에

1928년 은허殷墟의 발굴 모습

1928년 동작빈董作賓이 발굴을 지휘하고 있는 모습

은허殷墟에서 발굴된 청동기靑銅器 등의 유물

게서 수천 조각의 갑골을 수매해 연구하기 시작하였다. 1903년 그는 5,000여 조각의 갑골에서 문자가 비교적 많이 있는 1,058조각을 골라서 『철운장구鐵雲藏龜』라는 책을 출판하였다. 이는 최초의 갑골문 관련 책이다.

그 후 얼마 되지 않아 유악은 누군가의 모함에 빠져 타향으로 유배돼 객사하게 된다. 그의 죽음으로 집안 형편이 어려워지자, 그의 가족들은 수집된 갑골들을 몇 차례로 나누어서 팔려고 하였다. 이 갑골의 일부분은 영국인, 일본인에게 팔려 3300년 동안 땅속에 있다가 세상에 나와 햇빛을 본지 불과 몇 년 만에 해외로 유출될 위기에 직면한 것이다.

그때 중요한 인물이 한 사람 나타난다. 바로 나진옥(羅振玉, 1866~1940)이었다. 금석학 및 고증학에 저명한 학자로 알려진 나진옥은 사재를 털어 명明나라와 청淸나라 시대의 황실 문서 보존에 힘쓴 것으로 유명하다. 그는 유악의 사돈으로, 유악의 집에서 처음 갑골을 보는 순간 이 신비스러운 문자에 깊이 빠져들었다. 그는 무엇보다도 이 갑골들이 어디서 출토되는지에 대해 가장 관심을 가졌다. 수년 간 끊임없는 탐방 끝에 나진옥은 어떤 골동품상의 입에서 '소둔 小屯'이라는 지역명을 듣게 됐다. 소둔은 안양시安陽市 원하洹河 강변에 있는 자그마한 촌락이다. 『사기史記』에 의하면, '원수남洹水南, 은허상殷墟上'이란 기록이 있는데, 나진옥은 여러 고증을 거쳐 소둔촌이 바로 은나라 도성의 유적지인 은허殷墟의 소재지라는 결론을 내렸다.

은허殷墟의 면적은 약 36㎢로 원하洹河 양쪽에 걸쳐 있다. 현재 은허는 현대화된 시설들이 많지 않고, 녹지에 은나라 건축을 본뜬 건물이 몇 개 있을 뿐이다. 삼삼오오 짝지어 있는 관람객이 아니라면 이곳이 수천 년 문화의 보고이자 역사의 변천이 묻혀 있는 곳이라는 것을 알 수 없을 정도다.

나진옥의 노력은 그 당시 국민정부의 관심을 일으켜 고고학자들로 하여금 1928년부터 9년 간 15차례 안양시의 유적지를 발굴케 하였는데, 그 결과 여러 종류의 청동기, 옥기, 도자기를 다량 출토되었다. 특히 갑골의 출토량은 15만 조각이 넘었다. 이때 발굴에 참가한 동작빈董作賓 · 왕국유王國維 등의 젊은 학자들의 연구 과정은 쉽지 않았다. 유물을 노리는 전문 도굴단까지 나타나 연구원들에게 살해 위협을 하기도 하였다. 온갖 역경 끝에 거대한 능묘가 발견되고, 주거와 궁묘의 터가 확인되었다. 은나라가 실존했던 것을 증명한 것이다.

이제 어느 정도 연구를 하고 성과를 발표하고 자료를 출판하려는데 중일전쟁中日戰爭이 터졌다. 세상은 전란에 휩싸였고, 연구도 더

은허殷墟에 있는 중국문자박물관을 참관하고 있는 답사객들

할 수가 없었다. 학자들은 목숨보다 소중한 갑골들은 모아 이동하여 전쟁의 포화를 피할 수밖에 없었다. 무려 3300년 이상이나 땅 깊은 곳에 잠들어있던 뼈들은 전쟁의 충격에 버티기 힘들었다. 1,000km를 이동하는 과정에서 많은 갑골문이 훼손되었다.

그들은 우여곡절 끝에 홍콩에 도착하였다. 당시 영국의 식민지였던 홍콩은 일본군의 공격을 피할 수 있는 곳이었다. 하지만 이도 잠시, 태평양전쟁이 시작되어 영국과 일본이 전쟁을 벌이자 홍콩도 점령 당하였다. 때문에 연구 성과는 한참 늦어져서 결국 1948년에야 발표될 수 있었다. 그 뒤 중화인민공화국 수립 후 곽말약郭末若이 주도한 중국과학원은 그 당시까지 연구된 갑골과 그 성과들을 『갑골문학집甲骨文合集』이라는 책으로 편찬하였다. 우연과 모험, 노력으로 잊혀진 고대 문명의 실체가 마침내 드러나게 되었다.

갑골문이 어느 정도 해독이 되자, 학자들은 사마천司馬遷 『사기史記』의 내용에 주목하였다. 청나라 시대의 고증학에서는 『사기』의 오제본기五帝本紀와 하본기夏本紀, 은본기殷本紀의 상당수가 잘못되었다는 학설이 있었다. 그런데 갑골문을 연구할수록 갑골문에 등장하는 은나라 왕의 묘호廟號와 『사기』에 기록된 왕의 묘호의 순서가 대부분 일치하였다. 오히려 『사기』의 내용이 사실에 가깝다고 입증된 것이다. 그 뒤 은나라는 실존하는 국가로 인정받게 되었다. 한漢 무제武帝 때 사람인 사마천司馬遷이 『사기』를 썼을 무렵은 은殷나라에서 주周나라로 교체되고 천년 후의 일이었다. 다시 말해 현대에 살고 있는 우리가 신라新羅가 망하고 고려高麗가 세워진 시절의 일을 기록하는 것과 다름없는 것이다. 그러니 당연히 그 기록들은 불신되었다. 그런데 갑골문 출토 이후 이것이 사실인 것으로 확인된 것이다. 이는 『사기』의 위대함을 보여주는 일이 되었고, 사마천司馬遷은 위대한 역사가로 존경받게 되었다.

은殷나라는 중국 역사상 최초의 왕조이다. 전설상 은殷 왕조의 시조는 契(글, 계, 설)로 되어 있다. 契은 유융씨有娀氏의 딸이자 제곡帝嚳의 차비次妃인 간적簡狄이 제비의 알을 먹고 낳은 아이로 되어 있다. 契은 순舜 때에 우禹의 치수를 도운 공적이 인정되어 순舜에 의해 상商에 봉해져 자子씨 성을 받았다.

契로부터 13대째의 탕왕湯王은 하夏나라의 마지막 왕이자 폭군인 걸왕桀王을 현인 이윤伊尹의 도움을 빌려 쓰러뜨리고 제후들에게 옹립되어 왕이 되고 商(殷)나라를 개국하고 '박亳'을 수도로 삼았다. 상商나라는 여러 차례 수도를 옮겼는데, 반경盤庚 때에 마지막으로 옮긴 수도가 '殷'이었으므로, 이후 국호를 '殷'이라 불렀다.

은나라 시대의 정치는 신권정치였으며, 사회는 부권적 씨족제로서 처음에는 형제상속이었으나 곧 부자상속이 되었다. 귀족은 더없이 정교한 청동기·백도·옥기를 사용하고 있었다. 농민은 목제 농기구나 석제 농기구를 사용하여 보리·수수·기장 등을 재배하고 양잠養蠶을 하였으며, 말·양·돼지·소 등을 사육했다. 인신공양 풍습 또한 존재하였다.

갑골문은 은殷(지금의 안양安陽 은허殷墟)으로 천도한 반경盤庚 이후 제신帝辛(紂)까지 약 273년간에 왕실에서 주로 점복占卜에 사용되었던 기록이 내용의 대부분이다. 당시 제왕은 모든 행사에 앞서 꼭 점복으로 그 행사의 길흉성패를 점쳤던 것이니, 먼저 극히 간단한 문구로 많은 물음을 갑골에 새긴 뒤 불로 달군 쇠꼬챙이를 한가운데 꽂아 그 균열선의 방향으로 판단하였다. 점을 친 내용은 주로 제사·기원·출입·사냥·정벌·질병·풍우 등을 다 포괄하고 있다.

지금까지 발견된 갑골문의 개별 글자 수는 약 5,000여 자에 달한다. 이러한 숫자는 오늘날 중국을 비롯한 한국 및 일본에서 사용되고 있는 상용한자 수가 약 2,000~3,000여 자임을 고려한다면 상당히 방대한 숫자이다. 현재 완전하게 해독된 글자는 1,200~1,500자이다. 나머지는 후대에 알려지지 않은 인명이나 지명 등의 고유명사들일 것으로 추정하고 있다. 이렇게 볼 때 갑골문은 이미 초기 단계가 아닌 상당히 발전한 단계의 문자로 볼 수 있다.

이는 개별 글자 수가 많다는 사실에서 뿐만 아니라 글자 구조의 복잡성과 발전성을 통해서도 알 수 있다. 갑골문의 모든 글자는 단음절로 1자 1음이며, 육서六書라는 원칙에 의해서 만들어졌다. 동한東漢 때의 허신許愼은 『설문해자說文解字』에서 한자를 지사指事, 상형象形, 형성形聲, 회의會意, 전주轉注, 가차假借로 분류하고 있다. 갑골문에서도 위의 여섯 가지 형태를 모두 찾아낼 수 있지만 상형象形, 형성形聲, 가차假借의 세 종류가 더욱 빈번하게 나타난다. 지금까지 확인된 갑골문을 살펴보면 초기, 즉 무정武丁을 전후한 시기에는 상형자가 비교적 많았으나, 말기인 제을帝乙, 제신帝辛의 시기에 이르면 상형자는 점차 감소하고 형성자가 더욱 증가하였다. 이처럼 당시에 많은 문자가 음과 의미를 갖춘 기본적인 토대를 갖추고 있기 때문에 갑골문은 이미 엄격한 체계를 갖춘 고문자라고 할 수 있다. 갑골문은 글자를 새겼다는 의미에서 契文(계문), 殷契(은글), 甲骨刻辭(갑골각사)라고 하고, 점을 친다는 의미에서 복사卜辭, 은허복사殷墟卜辭라고 한다. 또한 출토된 지역의 이름을 따서는 殷墟文字(은허문자), 殷墟書契(은허서글)로도 불린다.

갑골문의 여러가지 형태들

오늘날까지 발견된 것의 대부분은 거북(龜)의 복갑腹甲 또는 소(牛)의 견갑골肩胛骨 등에 새겨져 있고, 녹두골鹿頭骨·인두골人頭

骨, 또는 양이나 돼지뼈에 새겨진 것도 약간 있다. 이러한 바탕 위에 기록된 문자들은 대부분 날카로운 도구로 각획刻劃된 것이나, 더러는 칠료漆料를 사용하여 서사書寫된 것도 있고, 각획된 것 중에는 주묵朱墨으로 칠을 한 것도 있다.

갑골문의 형태는 대부분 정방형이나 장방형으로 나타난다. 현재 남아 있는 갑골문를 살펴보면, 완전히 오늘날의 한자의 특성을 갖고 있음을 알 수 있다. 사람들은 한자를 방괴자方塊字(한글도 方塊字임)라고 부르고 있는데, 갑골문 역시 이러한 특징이 두드러지게 나타난다. 왜냐하면 갑골문 중에는 먼저 붓으로 그렸다가 후에 칼로 새겨진 극소수의 큰 글자를 제외하고는 일반적인 모든 글자가 청동칼로 거북껍데기와 소뼈의 표면에 직접 새겨졌기 때문이다. 거북껍데기와 소뼈는 모두 비교적 단단하여 새겨진 선들이 거의 직선으로 나타났기 때문에 절대 다수의 자형이 정사각형이나 직사각형을 이루었다.

이러한 독특한 문자의 예술은 오늘날까지도 보존되어 어떤 필체의 한자를 쓰든지 간에 여전히 방형이나 장방형의 모양이 주류를 이루는 것이다. 또한 갑골문에는 이미 적지 않은 편방자偏方字가 있으며, 그 형체를 살펴보면 일부 문자의 새김 방법이 오늘날의 것과 큰 차이가 없는 것으로 나타나는데, 이러한 문자들은 이미 3300여 년 전에 그 기본 형태가 갖추어졌을 알 수 있다.

수집된 갑골들은 '정인貞人'이라는 특수 집단이 관리하였고, 점을 쳤다. 정인이란 요즘 시대의 무당巫堂과 같은 역할을 했던 사람이다. 당시의 무당은 신과 교감을 할 수 있는 특별한 능력을 가진 사람들이다. 점복의 해독, 즉 신탁信託의 길흉은 왕이 직접 풀이하지만, 신神에게 묻는 행위는 정인이 담당했다. 그리고 점복의 결과가 나오면 이를 기록하는 것도 정인의 역할이었다. 갑골문에는 모두 120여 명의 정인이 갑골을 관리, 정리, 기록했던 것으로 연구되고 있다.

점복은 인간이 하늘의 뜻을 물어 응답을 구하는 신성한 행위이다. 점을 치는 데는 순서가 있다. 정인이 제사를 지내기 위해 따로 마련된 제단인 향享에서 점복 준비를 마치면, 왕을 비롯한 많은 사람들이 점복 행사에 참여하면서 점복이 시작된다. 정인은 먼저 모월모일某月某日에 누가 어떤 내용을 신에게 묻는다고 고한 다음, 쑥대 같은 것에 불을 붙여 홈을 파 놓은 뒷면에 대어 占을 치면, 앞면에는 '卜'자 형태의 균열龜裂이 나타난다. 이 '卜'의 모양의 균열을 보고 왕이 직접 길흉을 판단했다. 선이 바르거나 위로 향하면 길한 것으로, 부정확하거나 밑으로 향하면 흉한 것으로 풀이했다. 정인은 왕으로부터 풀이된 내용을 듣고 이를 기록하고, 또 뒤에 왕이 풀이한 길흉이 맞는지 여부도 기록했다. 이것이 갑골문을 기록한 형식이었다.

부호婦好를 나타내는 갑골문

1976년 5월 16일, 중국 안양 은허 종묘 터에서 무덤 하나가 발굴됐다. 유적을 발굴 중이던 여성 고고학자 정진향鄭振香은 경악했다. 확인된 명문 청동기 190점 가운데 반이 넘는 109점에서 무덤의 주인 이름인 '부호婦好'라는 상형문자가 보인 것이다. 갑골복사에서 숱하게 보였던 은殷나라의 중흥군주 무정武丁의 왕비인 바로 그 '부호'였기 때문이었다.

함께 출토된 200여 점의 갑골편에 따르면 부호는 자신의 봉지를 다스리며 3,000명의 군사를 보유한 지역 수장이기도 하였으며, 왕실에서는 조정 회의에 참석해 의견을 개진하고, 나라에 중대한 일이 있으면 점을 쳐 복사를 해석했다. 제사를 주관하고, 제문을 읽고, 제사에 참여하는 복관卜官을 임명하기도 했으니 고도의 정치적 활동에 깊이 참여한 것이었다. 또한 왕과 신하들이 그녀의 건강과 장수를 신에게 축원하기를 여러 차례였다. 어느 해, 북방 정벌전이 수월치 않자 그녀는 출전을 자청하였다.

이번에 왕이 부호에게 명을 내려 토방土方을 정벌하려고 하는데 신의 보호가 있을까요?(今或王登人 乎婦好伐土方 受有又.)

이 갑골문은 무정이 토방土方(북쪽 이민족) 정벌에 부호를 지휘관으로 파견하면서 점을 친 내용을 갑골편에 남긴 것이다. 무정은 내키지 않으나 점을 쳐보니 길하다는 답이 나오자, 총수라는 직과 함께 병사를 내줬고, 그녀는 대승을 거두었다. 과연 갑옷을 입고 청동꺾창을 들고 출전한 부호는 단 한 번의 정벌만으로 토방을 격퇴시켰으나 그녀는 만족하지 않고 토방을 맹렬하게 추격하여 결국 전멸시켰다. 그 후 토방은 상商나라를 넘보지 못했다. 이후 무정의 명을 받아 출전하기를 여러 번하여 북쪽의 토방과 동쪽의 이방夷方을 정벌하였으며, 서쪽의 강족羌族을 정벌할 때에는 13,000명의 군사를 지휘하기도 했다.

동이東夷의 여전사女戰士 부호婦好의 상像

> 부호에게 군사 3,000명을 징집하게 하고, 또 1만 명을 징집하
> 여 강방을 정벌하라고 할까요?(登婦好三千, 登旅萬 呼伐羌.)

부호가 은나라 시기 전쟁 사상 최다 병력인 1만3,000명의 대군을
이끌고 강방羌方을 정벌했음을 알려주는 갑골문이다. 구체적인 출
병규모까지 나온 보기 드문 기록이다. 전쟁에서 승리해 귀환할 때
에는 무정이 친히 80㎞ 밖까지 마중을 나가기도 했으니 총애만이
아니라 전공도 대단했던 모양이다.

부호는 이렇듯 전장을 호령한 여전사였지만, 남편(武丁)의 사랑
을 독차지하고픈 영락없는 여인네였다. 특히나 부호의 임신과 출산
은 무정의 지대한 관심사였다. 갑골문을 보면 남편 무정은 부호의
임신과 출산에 촉각을 곤두세우고 있다.

830kg이 넘는 엄청난 크기의 후모무정后母戊鼎

두 마리 호랑이가 사람을 씹어 먹는 형상인 쌍호복서인두문雙虎扑噬人頭紋이 새겨진 '상부호대동월商婦好大銅鉞'은 그 무게가 9kg에 이른다.

부호에게 출산능력이 있을까요.(婦好有受生.)

부호에게 아이가 있다는 소식이 있을까요? 3월에?(婦好有子 三月)

부호가 아이를 갖겠습니까? 4월에?(婦好 有子 四月)

남편은 부호의 임신 여부를 월 단위로 묻고 있다. 어지간히 안달하고 있었던 것이다. 다행히 임신하고 출산에 임박하면 또 불안에 떨었다. 아들을 원했기 때문이다.

부호가 아이를 낳으려 합니다. 아들일까요?(婦好娩 嘉.)

신일申日에 낳으면 길하니 아들일 것이다.(申娩吉 嘉.)

갑인일甲寅日에 아이를 낳았다. 길하지 않았다. 딸이었다.(甲寅 娩 不吉 女.)

갑골문을 보면 무정은 아들을 바랐지만, 결국 출산 날짜를 맞추지 못하는 바람에 딸을 낳았다. 그래서 매우 실망했음을 알 수 있다. 갑골의 내용을 보면 아들을 낳으면 '길吉' 하고, '기쁘다' 는 뜻의 '가嘉' 로 표현했다. 반면 딸은 '불길不吉' 하고 '기쁘지 않다(不嘉)' 라고 했다. 은殷 말기엔 아들이 왕위를 계승했기 때문에 아들을 낳아야만 왕비로서의 자격을 얻을 수 있었기 때문이었다. 정벌 작전을 지휘했던 여걸이었지만 남아선호 사상의 그림자를 피할 수는 없었던 것이다.

여장군이자, 왕비였던 부호의 삶은 이처럼 파란만장했다. 부호는 모계사회에서 부계사회의 남성우위 사회로 접어든 은나라 말기를 풍미했다. 새삼 부호의 삶을 돌이켜보면, 과연 동이의 여인답다. 결혼에, 임신에, 출산을 모두 감당하면서도 스스로의 운명을 개척하는…. 여기에 나라까지 구했다니 그야말로 '슈퍼우먼' 이 아니었던가. 무려 3200년 전이었는데도 말이다.

다행히 그녀의 묘는 도굴의 흔적도 없었다. 발굴된 유물이 옥기 755점, 골제품 564점, 청동기 468점, 석기 63점, 도기 11점, 상아제품 5점, 순장자 16명, 개 6마리 등이며, 이 중 명문銘文이 있는 청동기가 190점이며, 그중 '부호婦好' 라는 갑골문이 새겨진 유물이 109점이나 된다. 특히 두 마리 호랑이가 사람을 씹어 먹는 형상인 쌍호복서인두문雙虎扑噬人頭紋이 새겨진 '상부호대동월商婦好大銅鉞' 은 그무게가 9kg에 이르고, 용무늬가 새겨진 무게 8.5kg의 도끼도 있어 대장군으로서 그녀의 위용이 뚜렷하다.

1899년 처음 알려지기 시작한 이래로 지금까지 발견된 갑골문의 수는 약 15만 점에 이른다. 갑골문은 현재 전 세계에 흩어져 있는데 9만 점 이상이 중국에 있고, 3만 점 이상이 대만에 있으며, 일본에

7,999점, 캐나다에 7,407점, 영국에 3,141점, 미국에 1,860점, 독일에 851점, 러시아에 200점, 스웨덴에 111점, 스위스에 69점, 프랑스에 59점, 싱가포르에 28점, 네덜란드에 10점, 뉴질랜드에 10점, 벨기에에 7점, 대한민국에 7점이 보관되어 있다. 이상 14개 나라에 있는 갑골문을 모두 합하면 총 21,758점이다.

그런데 웃어넘기지 못하는 사실이 있다. 갑골문 연구에 매진하였던 왕의영王懿榮, 유익劉顎 그리고 니진옥羅振玉과 그의 제자 왕국유王國惟의 삶이 모두 비극에 끝났다. 왕의영王懿榮은 의화단사건 이후 외국 군대가 북경에 진주하게 되자 이에 분노하여 자결하였고, 백화문白話文으로 사회를 풍자한 『노잔유기老殘遊記』를 남겼던 유악은 백성들의 참상을 보다 못해 정부의 허가없이 관곡을 풀어 나누어준 죄로 유배되어 객사하였다. 유악의 사돈이었던 나진옥은 일본에 망명한 뒤 만주국 설립 이후에는 참의부 참의 및 감찰원장 등을 맡는 등의 행동을 보여 모든 명예를 잃어버렸다. 그리고 왕국유王國惟는 청淸나라의 전통 복장을 하고 변발辮髮을 허리까지 드리우고 다니며 淸의 마지막 황제 부의溥儀에게 제왕학을 강의하기도 하였는데, 그는 청조의 몰락을 바라보다가 이를 비관하여 청淸의 황실정원 이화원頤和園 곤명호昆明湖에 투신하여 자살했다. 이집트 투탕카멘의 저주가 있었듯이, 사람들은 이를 갑골문의 저주라고 부르기도 했다.

은殷나라 때의 갑골문은 내용도 매우 풍부하며, 사회의 다양한 측면을 반영하고 있기 때문에 매우 중요한 사료적 가치를 지니고 있다. 이런 이유로 인해 갑골문은 기타의 다른 학문과도 매우 밀집한 관계를 맺으며 도움을 주고 있다. 첫째, 갑골문은 은허문화 등의 시기구분에 결정적인 자료를 제공 해주었다. 둘째, 갑골문은 신빙성이 높은 1차적 자료이기 때문에 지금까지 과제로 남았던 많은 역사적 문제를 해결해 주었다. 셋째, 고대 과학기술의 이해에도 많은 도움을 주었다. 농업기술을 비롯해 의료기술에 대한 연구에도 갑골문이 큰 역할을 했다. 이처럼 갑골문의 연구는 한자학이나 언어학적인 측면 이외에도 당시의 정치, 사회, 경제, 문화 등을 이해하는데 매우 주요한 사료임이 틀림없다.

갑골문은 지금부터 3천 년 전 이상의 시대에 쓰인 문자인데, 발견 뒤 겨우 몇십 년의 연구 성과로 후대에 알려지지 않은 인명이나 지명 등의 고유명사를 제외하고 거의 해독되었다. 이는 세계 고대 문자 해독의 역사에서 보면 경이적인 발전이다. 갑골문자가 이렇게 짧은 시간에 해독될 수 있었던 것은 기존의 축적된 문자학적 연구 성과와 왕국유王國惟나 동작빈董作賓 등 훌륭한 학자가 어려운 환경에도 불구하고 진지하게 연구하여 성과를 거두었기 때문이다. 그러나 무엇보다도 큰 이유는 한자가 수천 년의 긴 세월동안 끊임없이 사용되었고 글자와 언어 체계를 바꾸지 않았기 때문이다.

갑골문은 고대 글자와 고전적인 기록유산으로서 대체 불가능한 가치를 지니고 있다. 갑골문은 증명하기 어려웠던 고대 역사를 3000년 전까지로 밀어 올렸고, 한때나마 잃어버렸던 殷나라를 다시 한번 우리 눈앞에 드러나게 했다.

이제 우리는 한자漢字를 배워야 한다.

그리고 갑골문甲骨文을 연구하여야 한다.

그래야 우리의 잃어버린 동이족東夷族의 역사를 찾을 수 있을 것이다.

우리의 역사를 찾을 수 있을 것이다.

# 기자箕子가 동쪽으로 간 까닭은?

— 기자조선은 동이족의 귀환이다 —

우리나라 사람이면 누구나 알고 있는 『삼국유사』의 맨 머리에 고조선(단군조선)에 대한 기사가 쓰여 있다.

기자상箕子像

『위서魏書』에는 이러한 말이 있다. "지금부터 2천여 년 전에 단군왕검이 있어서, 아사달阿斯達에 도읍을 세우고 나라를 열어 조선이라 하였으니, 바로 중국 요堯임금과 같은 시기였다."(魏書云 乃往二千載 有壇君王儉 立都阿斯達 開國號朝鮮 與堯同時.)〈『삼국유사』 기이紀異 고조선古朝鮮〉

그런데 이 글과 함께 곧바로 딸려 나오는 글이 있다. 곧 기자조선箕子朝鮮에 관한 글이다.

주周나라 무왕이 왕위에 오른 기묘년에 기자를 조선에 봉하였다. 그래서 단군은 장당경藏唐京으로 옮겼다가 후에 아사달로 돌아와 숨어서 산신이 되었으니, 나이가 1,908세였다.(周武王卽位己卯 封箕子於朝鮮 壇君乃移於藏唐京 後還隱於阿斯達爲山神 壽一千九百八歲.)〈『삼국유사』 기이紀異 고조선古朝鮮〉

『삼국유사』에 의하면 기자조선은 중국 은殷나라에서 살았던 기자가 조선으로 망명한 뒤 단군조선에 이어 나라를 다스렸으며, B.C. 194년에 위만衛滿에 의해 멸망하기까지 900여 년간 이어졌다고 한다. 이처럼 기자가 동쪽으로 왔다고 하는 기자동래설이 수천 년간 이어져 내려오고 있다.

이 기자조선에 관해서는 우리나라 역사를 연구하거나 공부하면서, 알듯 모를듯하고, 진짜로 있었는지? 아니면 없었는데 왜곡하여 만들어 낸 것인지 누구도 자신 있게 말하지 못하고 있다. 이러한 의문은 수천 년 해묵은 논쟁거리로 남아 21세기인 지금까지도 설왕설래하고 있다.

고조선이 사라진 이후 고구려부터 시작해 역대 한반도 왕조를 거쳐 20세기까지 기자조선은 큰 영향력을 미쳤다. 전근대에는 고고학이 발전되지 않았던 시대적 한계 때문에 문헌 기록에 의존해야 했으므로, 기자조선의 존재를 마땅히 부정할 근거도 없었기 때문이다.

기자에 대한 숭배 기록은 7세기 고구려에서도 확인할 수 있다. 『구당서舊唐書』와 『신당서新唐書』에는 거의 같은 내용으로 "고구려는 영성신靈星神, 태양신太陽神, 가한신可汗神, 기자신箕子神을 섬긴다."고 하였다. 이후 고구려 유민을 통합하고자 했던 신라에서도 기자조선에 대한 인식과 계승의식이 드러나는데, 당 현종이 743년 신라에 보낸 국서에 "(대대로) 대현大賢의 가르침이 신라에 미쳤다."는 글이 있다. 여기의 '큰 현인賢人'은 기자를 가리키는 것이다. 그리고 최치원이 당나라에 쓴「양위표讓位表」에도 고조선의 여덟 가지 법을 의미하는 기자의 팔조지교八條之敎를 이어받는다는 구절이 등장한다.

문제는 고려 중기다. 건국 당시의 역동성이 사라지고 문신 위주의 중화 사대주의 풍조가 널리 퍼지면서 기자는 날개를 폈으며, 기자동래설은 부동의 사실로 용인되어 고려 숙종 7년(1102) 기자사당을 세우고 국가적으로 제사를 지내기 시작했다. 김부식의『삼국사기』에는 "기자로 인하여 우리 역사가 시작됐다."고 선언하였는데, 이는 김부식의 생각만이 아닌 그 시대 지배층들의 보편적 인식을 반영한 것이리라.

이어 30여 년의 몽골 항쟁을 거친 뒤,『삼국유사』·『제왕운기』에서는 고조선을 우리 역사의 시원으로 제시하였고, 단군에 이어 기자를 서술하였다. 특히『제왕운기』에서는 전조선의 시조로 단군을, 후조선의 시조로 기자를 나란히 노래하였다. 곧 천손인 단군은 민족적 독자성과 유구성의 표상이었으며, 주나라 무왕에게 홍범洪範을 교시해준 기자는 문명화의 상징으로 인식된 것이다.

조선왕조의 개국공신인 정도전은 '조선朝鮮'이라는 국호의 연원을 단군조선에서 찾지 않고 기자조선에서 찾았으니, 조선왕조는 단군조선이 아닌 기자조선을 계승한 왕조이었다.

"우리나라는 국호가 일정하지 않았다. … (고구려 · 백제 · 신라·고려 등은) 모두 한 지방을 몰래 차지하여 중국의 명령도 없이 스스로 국호를 세우고 서로 침탈만 일삼았으니, 비록 그 국호가 있다 해도 쓸 것이 못 된다. 오직 기자만은 주나라 무왕의 명령을 받아 조선후朝鮮侯에 봉해졌다. … (명나라 천자가 '조선'이라는 국호를 권고하시니) … 이는 아마도 주나라 무왕이 기자에게 명했던 것을 전하여 권한 것이니, 그 이름이 이미 정당하고 말은 순하다."〈『조선경국전』국호〉

매우 친명적親明的이고 친한족적親漢族的이며 모화적慕華的이다. 조선 초기 기자에 대한 숭앙심을 가지게 된 이유는 조선이 소중화小中華라는 의식 때문이었다. 당시 사람들에게는 기자의 교화 사실은 조선이 중국에 못지않게 일찍 문명화되었음을 말해주는 것으로 이해되었다. 이는 곧 유교 이념에 입각해 조선사회를 재편성하고자 하는 사대부들의 현실적인 바람을 나타낸 것이다.

성리학의 발전에 직접 영향을 받아 조선은 단군에 대한 무관심과 상대적으로 기자에 대한 연구가 활발하게 나타나게 된다. 『조선경국전』을 필두로 15세기의 『동국통감』, 『삼국사절요』, 『응제시주』, 『동국세년가』 등을 거쳐, 16세기 후반 『기자지』까지 편찬됐다.

'동방거유東方巨儒'라는 칭송을 받는 송시열宋時烈은 "오로지 우리 동방은 기자 이후로 이미 예의의 나라가 되었으나 지난 왕조인 고려시대에 이르러서도 오랑캐의 풍속이 다 변화되지는 않았고 … 기자께서 동쪽으로 오셔서 가르침을 베풀었으니 오랑캐가 바뀌어 중국인(夏)이 되었고 드디어 동쪽의 주나라가 되었습니다."〈『숙종실록』〉라고 하였다. 송시열의 주장은 '중국의 속국인 기자조선이 한반도 역사의 출발'이라는 현대 중국 정부의 동북공정의 주장과 일치한다.

1756년(영조 32년)엔 기자묘가 있다는 평양 이외에 한양과 전국 각 도에 기자묘를 세워 기자를 영원히 숭배하자는 상소가 등장하기도 했다. 행주기씨幸州奇氏, 청주한씨淸州韓氏, 태원선우씨太原鮮于氏 같은 일부 가문은 기자의 후손으로 자처하기 시작했다.

기자의 실존설에 대한 비판이 조선시대에 없었던 것은 아니다. 이규경李圭景은 『오주연문장전산고五洲衍文長箋散稿』에서 "중국에만 기자묘가 세 군데 있는데, 어떻게 평양에 기자묘가 있는가?'라고 따졌다. 조선을 만들었다는 사람의 묘가 어떻게 중국에 있느냐는 것이다. 그러나 이규경의 문제 제기는 작은 소리에 불과하였다. 어쩔 수 없었다. 퇴계와 율곡이 이렇게 이야기 했다면 끝인 것이다.

"만약 단군시대라면 아득한 태고시대라 증명할 수 없고, 기자가 처음 봉해지고 나서야 겨우 문자는 통했으나 삼국 이전은 대개 논할 만한 것이 없다."〈퇴계 이황, 『대동야승』〉
"단군이 맨 먼저 출현한 것은 문헌상 상고할 수가 없다. 삼가 생각건대, 기자께서 조선에 이르시어 우리 백성을 천한 오랑캐로 여기지 않으시고, 후하게 길러주시고 부지런히 가르쳐서… 우리나라는 기자에게 한없는 은혜를 받았으니…."〈율곡 이이, 『기자실기』〉

그런데 기자조선의 존재를 부정하거나 한민족과 관련이 없다는 주장은 항일기의 일본 학자들, 즉 한국 침략과 식민지배의 학문적

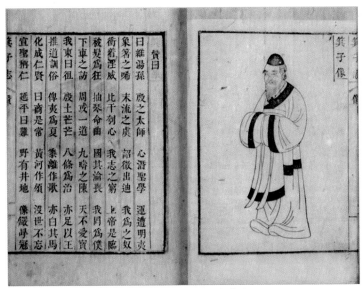

조선시대 윤두수尹斗壽의 『기자지箕子志』

기반을 확고히 하기 위하여 조작해낸 역사관인 식민사학을 만든 백조고길白鳥庫吉, 금서룡수西龍 등에 의해 시작되었다. 이는 삼국시대 이전의 한반도의 역사를 말살 부정하기 위한 의도였다. 일본의 식민사학자들은 기자동래설은 후대에 꾸며낸 허구이며 실제로 존재했더라도 중국에서 기원했으므로 중국인이 세운 나라로 조선과는 관계없다고 주장하였다. 그리고 식민사학의 교육을 받은 후예들은 지금도 그들의 이론을 따르고 있다.

그러나 20세기에 접어들어 민족주의 의식이 고양됨에 따라, 그리고 현실적으로 제국주의 열강의 각축 하에서 중국문화 자체도 후진적인 것에 불과한 상황에서, 기자의 동래 자체를 부인하는 단계로 나가게 되었다. 오랫동안 믿어왔던 기자동래설과 기자조선의 존재

1913년 일본이 간행한 도록에 실린 평양의 기자묘.
출처 : 서울역사박물관 아카이브

중국 하남성 상구시의 기자묘

에 대한 부정과 재검토가 본격적으로 시도되었다.

광복 이후 1964년 교과서에서는 기자조선을 삭제하기로 결정하였다. 1974년에는 교과서 개편을 앞두고 고조선에 대한 논쟁에서 기자조선의 실재성이 논의되었으며, 교과서에 기자조선이 각주로 언급되었다. 1990년부터 발행되는 역사교과서에서도 각주로 언급되었으나, 2010년부터 현재까지 대한민국의 역사 교과서에서는 기자조선이 언급되지 않고 있다. 북한 학계에서도 기자조선을 날조된 역사로 여겨 인정하지 않는다.

그러면 차근차근 기자와 동래설에 대하여 살펴보자.

기자는 은殷나라의 왕족이었기 때문에 성은 자子, 이름은 서여胥余(또는 수유須臾)이다. 기箕(지금의 산서山西 태곡太谷)에 봉해져 기자라고 한다. 은의 28대 군주인 문정文丁(또는 태정太丁)의 아들로 주왕紂王의 숙부이다. 농사와 상업, 예법 등에 두루 능통하였으며, 은을 떠나지 않고 주왕의 폭정에 대해 간언하였다. 비간比干, 미자微子와 함께 은 말기의 세 명의 어진 사람인 은말삼인殷末三仁으로 꼽힌다.

기자가 봉해진 기는 은의 영토 가운데 가장 북쪽이고, 토방, 귀방 등으로 불리는 북방 이민족이 강성했던 지역이다. 기자는 이들 이민족들을 효과적으로 통치하여 복속시켰고, 그러한 공을 인정받아 태사太師로서 형인 제을帝乙을 보좌하며 은을 융성케 하였다.

하지만 제을帝乙의 뒤를 이어 주왕紂王이 즉위한 뒤 은은 급격히 쇠락하였다. 주왕은 자신의 재능을 과신하여 신하의 간언을 듣지 않았으며, 달기妲己를 총애하여 호화로운 궁궐을 짓고 '주지육림酒池肉林'의 방탕한 생활을 하였다. 기자는 형인 비간比干과 함께 주왕에게 거듭 간언하며 정치를 바로잡으려 하였다.

하지만 주왕은 폭정을 멈추지 않았으며, 간언을 하는 숙부 비간의 충심을 확인한다며 몸을 갈라 심장을 끄집어내는 만행을 저질렀다. 사람들은 기자에게 은을 떠날 것을 권했지만, 기자는 신하된 도리로 임금이 간언을 듣지 않는다고 떠나는 것은 임금의 악행을 부추기는 것으로 따를 수 없다고 거절하였다. 그리고 머리를 풀어 미친 척을 하며 남의 노비가 되려 하였다. 하지만 주왕은 그를 사로잡아서 유폐시켰다.

주周의 무왕武王은 충신을 잔인하게 살해한 주왕紂王을 토벌한다는 명분을 내세우고 제후들을 규합하여 은殷을 공격하였으며, B.C. 1046년 은殷을 멸망시켰다. 그는 갇혀 있던 기자箕子를 풀어주고, 그를 찾아가 정치에 대해 물었다. 기자箕子는 무왕에게 하夏의 우禹임금이 정했다는 아홉 가지 정치의 원칙을 전했다고 한다. 『서경書經』
에 의하면, 이를 '홍범구주洪範九疇' 혹은 '기주箕疇'라고 하였다.

주나라 무왕 재위 13년 봄에, 상나라 즉 은나라 정치를 뒤집어
엎은 후 정치는 옛날의 정치를 따르도록 했다. 그리고 감옥에 갇
혀있던 기자를 석방하여 주었다.〈『서경書經』〉

주나라 무왕은 은을 정벌한 후에 기자를 풀어 주었다. 기자는
주나라에 의해 풀려난 치욕을 참을 수 없어 조선으로 도망했다.
무왕이 이를 듣고 그를 조선후朝鮮侯에 봉하였다. 기자는 이미 주
나라의 봉함을 받았기 때문에 신하의 예禮가 없을 수 없어 (무왕)
13년에 내조來朝하였는데 무왕은 그에게 홍범에 대해서 물어보
았다.〈『상서대전尙書大傳』〉

기자는 은나라 주왕의 친척이다. 이때 주나라 무왕이 기자를 조
선의 제후로 책봉했다. 그러나 기자는 주나라 무왕의 신하되기를
거부하였다. 그러나 그 뒤에 기자는 주나라 무왕에게 인사드리러
갔다.〈『사기』 송미자세가〉

은나라의 도가 쇠하니 기자가 조선으로 가서 그 나라 백성에게
예와 의와 밭농사와 누에 치는 것과 옷감 짜는 것, 물건 만드는
것과, 낙랑조선 백성들에게 범죄를 금지하는 8조를 가르쳐주었
다.〈『한서』 지리지〉

이상이 중국 사서에 나오는 기자조선과 관련된 기록들이다. 즉,
秦나라 이전의 문헌인 『죽서기년竹書紀年』・『상서尙書』・『논어論
語』 등에는 기자가 은나라 말기의 현인으로만 표현되어 있다. 그러
나 한漢나라 이후의 문헌인 『상서대전尙書大傳』은전殷傳, 『사기史

記』송미자세가宋微子世家,『한서漢書』지리지地理志 등에서 기자는 은나라의 충신으로서 은나라의 멸망을 전후해 조선으로 망명해 백성을 교화시켰다고 하는 것이다. 그러나 역사는 승자의 기록이다. 그렇기 때문에 역사는 항상 비틀어 볼 준비를 하고 읽어야 한다.

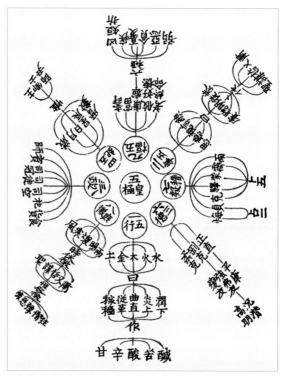

기자가 무왕에게 전했다는 홍범구주洪範九疇를 도해한 그림(규장각 간행)

주나라 무왕이 은나라의 주왕을 죽이고 은나라를 종식시켰다. 이것은 동북아 고대사의 판도를 뒤바꾼 대사건이었다. 하나라를 무찌르고 동아시아의 주인공이 된 동이족의 천하가 종지부를 찍게 된 것이다. 중원의 주인이 바뀐 것이다. 즉 화하족華夏族(하夏) → 동이족東夷族(은殷) → 화하족華夏族(주周)으로 정권이 교체가 된 것이다.

기록에 의하면, 주 무왕은 주나라의 수도인 풍읍豊邑에서 전차 300대와 45,300명을 직접 이끌고 출정했다. 그러자 주왕의 학정에 못이긴 은나라의 제후들도 전차 4,000여 대를 지원했다. 주왕은 70

만 대군을 동원, 그 유명한 목야牧野에서 큰 전투를 벌였으나, 전쟁은 너무도 성겁게 끝이 났다. 주왕의 학정에 몸서리를 친 은의 군사들이 주나라 군사에게 길을 열어준 것이다. 은나라 군사들은 창을 거꾸로 쥔 채 배반한 것이다. 결국 주왕은 분신자살했고, 그의 애첩 달기는 목을 맸다. 『사기』는 "은나라 사람들이 모두 교외에서 무왕을 기다렸고, 두 번 절을 하며 머리를 땅에 조아렸다."고 썼으며, 주왕의 폭정에 시달린 은나라 사람들은 주 무왕의 정벌을 반겼다고 하였다.

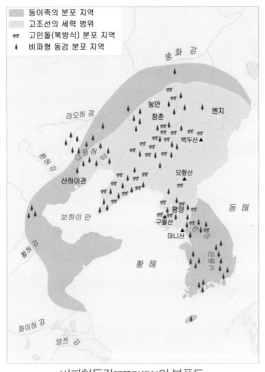

비파형동검琵琶形銅劍의 분포도

과연 그랬을까. 수백 년을 이어온 나라가 망하였는데 반발이 없다는 것이 말이 안 된다. 더구나 지배 종족이 달라지는 상황이라면 더욱 그러하다. 『사기』를 꼼꼼히 살펴보면 은 백성의 반항이 만만치 않았음을 보여준다.

은의 멸망 후 주 무왕은 은나라 사람들을 달래려 몇 가지 정책을 단행한다. 은의 3인仁 중 한 사람인 기자를 석방시키고, 주왕의 아들인 무경

武庚을 제후로 봉하면서 은나라 유민들을 다스리라고 하였다. 또 은나라 역법曆法까지 그대로 사용해도 좋다고 하였다. 역법은 정권의 상징이다. 오직 왕만이 달력을 만들 수 있는 것이다. 그런데 은의 역법까지 쓰라고 했으니, 얼마나 은나라 백성들의 눈치를 본 것인가. 그리고 주 무왕은 자신의 친동생들인 관숙管叔과 채숙蔡叔을 무경武庚의 사부로 임명하여 무경과 유민들을 감시토록 하였다. 그래도 안심하지 못한 무왕은 은나라 유민들의 정신적인 지주인 기자를 찾아가 천하의 상도常道를 묻고 '홍범구주洪範九疇'의 가르침을 받는다.

하지만 이종족인 은나라 백성들의 민심을 잡는 것이 녹록한 일은 아니었다. 우선 기자를 조선에 봉했지만(武王乃封箕子於朝鮮), 그를 신하로 여기지 않았을 만큼(而不臣也) 경외했다. 이것은 해석에 따라 기자가 무왕의 신하가 되기를 거부했다(不臣)는 뜻으로도 된다. "폭력으로 폭력을 바꾸었다.(以暴易暴兮)"는 백이伯夷·숙제叔弟의 비난이 당대 여론의 주류였을 것이다.

무력으로 천하를 통일한 스트레스가 컸을까. 무왕은 은나라를 멸한 지 3년 만에 병으로 죽고 만다. 나이 어린 왕(성왕成王)이 등극하자 무왕의 동생인 주공周公 단旦이 섭정에 들어간다. 이때 문제가 생긴다. 은나라 제사를 이은 무경武庚과, 무경의 감시자였던 관숙管叔과 채숙蔡叔이 반란을 일으킨 것이다. 셋은 의기투합했고, 망국의 한을 품은 은殷나라 사람들이 반란군 세력으로 나섰다.

하지만 반란군은 진압되었고, 은나라 백성을 이끈 관숙管叔과 채숙蔡叔은 주살되었다. 은 유민의 저항에 놀란 성왕은 은나라 세력을 둘로 쪼개 약화시켰다. 은말殷末의 3인仁이었던 미자를 망한 은 왕조의 후사로 삼았으니, 그것이 바로 송宋나라다. 또 주 무왕의 다른 동생인 강숙康叔에게 은의 유민들을 다스리게 하였다. 강숙康叔과 은殷 유민은 은허殷墟에 거주하게 했는데, 이것이 위衛나라다.

그렇다면 무왕에게 '홍범구주' 의 가르침을 준 기자는 어디로 갔을까. 『사기』는 분명히 "무왕이 기자를 조선에 봉했다."고 썼다. 그러면서 무왕이 기자를 (존경한 나머지) 신하로 부르지 않았든지, 아니면 신하이기를 거부했든지 어쨌거나 기자는 무왕의 품을 떠났다.

그런데 한 가지 이상한 점이 있다. 중국 역대 왕조의 이름을 보면 모두가 한 글자로 되어있다. 모두가 외자 이름을 쓴 건 고대 작명 원칙과 관련이 있다고 한다. "가장 위대한 건 하나이고, 그 지배를 받는 게 둘과 그 다음" 이기 때문이란 것이다. 문명인인 중국인의 이름은 한 글자, 그렇지 못한 이민족은 두 음절 이상 이름을 써야 한다고 생각했다. 주나라의 제후국 이름을 보면 한결같이 진秦·한韓·위魏·노魯·제齊·송宋·채蔡 같은 한 글자이다. 그런데 조선朝鮮은 두 글자이다. 중국은 이민족의 이름은 두 글자로 썼다. 중산中山, 흉노匈奴, 선비鮮卑, 오환烏桓, 여진女眞, 돌궐突厥 등등. 그러므로 주나라는 기자와 기자조선을 중국으로 보지 않았다는 이야기다.

그렇다면 기자는 왜 은의 유민들을 이끌고 찾아간 요하지역으로 찾아간 것일까. 기자가 동쪽으로 간 까닭은 무엇인가?

시베리아 청동기 문화의 영향으로 시작된 우리나라 청동기 문화는 무늬 없는 토기(무문토기)·고인돌(지석묘)·돌널무덤(석관묘), 그리고 비파형동검·세형동검·청동거울 등으로 특징지어진다. 특히 비파형동검 등 청동 유물은 우리나라 청동기 문화의 기원 및 분포 지역과 일치하여 주목되는 유물이다.

즉, 우리나라의 청동기 문화는 대릉하大凌河 중심의 요녕遼寧 지방으로부터 한반도 일대에 걸쳐 분포하였는데, 선주민의 신석기 문화뿐만 아니라 중국의 청동기 문화와도 이질성을 보인다.

요하문명(遼河文明, B.C. 3000)은 중앙아시아 알타이 지역의 청동기 문화가 요서遼西의 신석기 문화(B.C. 6000~5000)인 홍산문화紅山文化로 전파되어, 그것을 배경으로 성립되어 나온 문명이다. 홍산문화 시기에는 제단祭壇, 여신묘女神廟, 적석총積石塚, 옥룡玉龍 등이 출현했던 시기로 고대 초기 국가가 성립된 시기이다.

그렇다면 중원지역에서의 황하문명은 어떻게 형성되어 나온 것인가? 현재 학계에서 파악한 황하문명의 실체 중에서 가장 오래된 것으로 확인된 것은 하남성河南省 언사현偃師縣 이리두二里頭 유적으로, 학계에서는 바로 이곳을 하나라의 수도로 비정하고 있는데, 이 유적지를 비롯한 인접지역의 유적들은 B.C. 2000년경을 전후해서 형성된 것으로 보고 있다. 요하문명보다 약 1000년이 늦다.

최근의 연구에 의하면, 서아시아 북부의 초원지로부터 출발한 청동기 문화는 카자흐스탄 초원지역으로부터 중국 서북지역의 영하寧夏자치구와 내몽골의 남부를 거쳐 산서성山西省과 섬서성陝西省의 경계를 이루는 황하를 타고 남하하여 중원으로 전파해 나갔다. 그래서 그것은 산서성山西省의 분수汾水, 섬서성陝西省의 위수渭水, 하남성河南省의 서부지역 등으로 이루어진 중원지역에서 초기 청동기 문화를 형성시켰던 것으로 추정된다.

황하지역보다 먼저 이룩된 요하의 청동기 문화는 요하 남부의 난하灤河 하류지역으로, 그리고 또 더 남쪽의 황하黃河 하류 지역으로 전파되었다가, 그곳에서 중원지역의 하남성河南省 쪽으로 서진해 나갔다. 그 결과 그곳에 자리 잡고 있던 이질의 청동기 문화와 충돌하게 된다.

이것이 당시의 세계대전으로 오제신화五帝神話라는 이름으로 전해지고 있다. 즉 화하족華夏族 황제黃帝와 동이족東夷族 치우蚩尤의 전투, 그리고 요堯에서 순舜으로, 순舜에서 우禹로 이어지는 선양禪讓이라는 모습의 정권교체인 것이다. 이러한 문명의 충돌을 배경으로 하나라가 성립되었던 것이다.

그 후에도 동이족이 일으킨 요하遼河의 청동기 문화는 지속적으로 남하하였고, 그곳에서 다시 황하 중류로 전파해 나감에 따라 B.C. 18세기 전반에 이르러서는 결국 하를 몰아내고 보다 동쪽에 위치한 하남성河南省을 중심으로 상商(은殷)나라를 성립시켰다.

다시 시간은 흘러 청동기시대가 지나가고, 중국에도 철기문화가 전파되기 시작하였다. 중앙아시아 지금의 카자흐스탄 남부 초원지대를 통해서였고, B.C. 1200년경 중국의 서쪽 신강新疆 지역에 도달하였다. 그 철기문화를 수용한 화하족華夏族에 의하여 은殷나라는 무너지고 주周나라가 B.C. 1122년에 성립되었다.

화하족華夏族은 섬서성陝西省의 화음현華陰縣의 남쪽에 위치한 산, 즉 오악五嶽 중의 하나인 화산華山 일대를 중심으로 형성된 하씨夏氏 일족을 중핵으로 성장해 나온 민족 집단으로 볼 수 있다. 그들은 요하지역에서 출현하여 은殷을 일으킨 동이족과는 다른 민족이었다. 황하 상류로부터 출현한 주周가 황하 하류에서 발전한 은殷을 멸망시키자, 이후 황하의 동이족東夷族 문화가 다시 요하遼河 지역으로 귀환歸還, 북상北上하게 된 것이다.

중앙아시아에서 시작된 청동기靑銅器 문화가 요하遼河와 황하黃河로 전파되었다.

　그렇게 은殷나라의 후예인 기자記者와 그의 추종자들이 동진東進해 와서 자리를 잡게 된 곳은 당시 '단군조선'의 정치적 중심지와 멀리 떨어져 있지 않은 난하灤河 하류지역이었다. 그 후 그 지역은 근 1000여 년간 기자조선의 중심지가 되었다가 B.C. 281년 연燕나라 진개秦開의 침입으로 기자조선은 난하 하류에서 요하 하류 지역으로 천도하였다. 그 후 B.C. 256년 주가 멸망하고, B.C. 221년 진秦에 의해 전국戰國이 통일되었으며, B.C. 204년 한漢에 의해 다시 통일되었다. 그 과정에서 연나라 사람 위만衛滿이 B.C. 195년에 기자조선箕子朝鮮을 멸망시킨 다음 위만조선衛滿朝鮮을 건설하였으나, 한무제漢武帝에 의하여 B.C. 108년에 위만조선은 멸망하게 된다. 그리고 그 지역에 악랑군樂浪郡 등 한사군漢四郡을 설치한 것이다.

1970년대부터 북경과 만주 사이의 길목인 대릉하大陵河 유역에서 기자조선이 실존하였음을 증명할 수 있는 고고학적인 유적이 발견되었다. 그 출발점은 문화혁명이 한창이던 1973년 요녕성遼寧省의 객좌喀左 북동촌北洞村 뒷산이었다. 현지의 농민들이 돌산을 갈다가 소중하게 차곡차곡 청동기를 쌓아놓은 구덩이를 발견했다. 이 청동기들은 하夏 · 은殷 · 주周로 이어지는 고대 중국의 왕조에서 청동제기祭器로 권력을 유지하는 중요한 물건이었다. 은나라와 주나라의 귀족들이 쓰던 그 소중한 청동제기가 요서의 돌산에서 무더기로 발견된 것이다.

대릉하大陵河 일대에서는 북동촌北洞村 이외에도 비슷한 청동기가 포함된 유적이 10개 가까이 더 발견되었다. 이 청동기가 원래 어디에서 온 것인지는 그릇의 표면에 새겨진 명문銘文에서 단서를 찾을 수 있는데, 그 가운데에는 '기후箕族의 제후' 이라는 뜻인 '기후㠱侯' 와 고죽국孤竹國이라는 뜻의 '고죽孤竹' 이 새겨진 네발 솥도 있었다. '기㠱' 는 '기箕' 의 고자古字이다. 기자가 살았던 시대와 비슷하고 기후箕侯이라는 글자까지 나왔으니, 이것이야말로 기자가 동쪽으로 온 증거라는 주장이 등장한 것도 무리는 아니다.

은말주초殷末周初의 명문 청동기는 비단 북동에서만 발견된 게 아니다. 객좌현喀左縣 산만자山灣子 · 소전자小轉子 · 소파태구小波汰溝와 의현義縣 초호영자稍戶營子 등에서도 나왔다. 그런데 북동에서 나온 청동기의 '기후箕侯' 와 '고죽孤竹' 명문 외에도 산만자山灣子 · 소전자小轉子 · 소파태구小波汰溝 등에서는 숙윤叔尹, 술戌, 백구伯矩, 어魚, 주舟, 차車, 사史, 아亞, 윤尹, 채蔡, 사벌史伐, 과戈 등 여러 씨족들의 징표가 보인다.

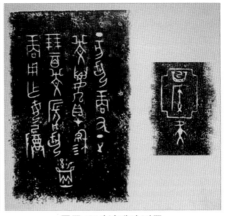

중국 베이둥촌 출토.
기족 제후라는 명문이 새겨진 다리솥

중국 요녕성에서 발굴.
유적에서 발견된 '기후방정'

이는 은殷이 망한 뒤 기자가 주나라의 백성이 되기를 거부하고 여러 씨족들을 이끌고 동북으로 향했다고 봐야 할 것이다. 그리고 머나먼 조상 때부터 하늘신과 조상신 제사를 끔찍이도 모셨던 그들은 신주 모시듯 했던 청동제기靑銅祭器들을 남부여대男負女戴하고 옛 고향으로 떠난 것은 아닐까.

최근에는 '기자'의 실체 여부와 상관없이 당시 상황을 복원해보려는 움직임이 일고 있다. 그 논리는 '기자동래설'의 주인공 기자가 한 사람을 의미하는 것이 아니라 어떤 집단이나 종족을 뜻하는 것으로 이해하는 것이다. 즉 동이 또는 한韓·맥貊·예濊 등으로 기록된 종족들이 기자 집단을 자칭하며 이동해 왔을 가능성을 인정하는 것이다. 즉 동이족東夷族의 한 갈래였던 기자족記者族이 은나라에서 제후국이 되었다가, 주나라가 들어서며 압박을 받자 동으로 이동했다는 이야기다.

'기후箕侯' 명銘 청동기의 출토지역

『사기』에는 "은殷은 이夷이고, 주周는 화華이다."로 되어 있으며, 역시 『사기』 은본기에 "(은시조殷始祖) 계契의 어머니가 목욕하다가 현조玄鳥가 떨어뜨린 알을 삼켜 설을 낳았다."고 기록되어 있다. 『시경詩經』 상송商頌에는 은나라 스스로 "하늘이 검은 새를 보내 은나라를 낳게 하였다."는 신화를 널리 보급시켰다고 한다. 그런데 이 신화는 우리 조상의 시조 신화, 즉 난생 신화와 일치한다. 부여는 은과 습속이 거의 같아서 흰색을 숭상했으며, 하늘에 제사를 지내거나 군대를 일으킬 때 점卜을 쳤고 은력殷曆을 사용하였다. 이는 은나라 멸망 이후 잔존 세력들이 요하 지역으로 유입되었음을 의미하는 것은 아닐까. 『후한서』도 "동방東方을 이夷라고 한다."(동방왈이東方曰夷)고 했듯이, 은나라는 동이족의 국가이며, 은의 신하인 기자가 만든 '기자조선' 역시 동이족의 나라라 할 수 있다. 결국 은나라는 동이의 나라, 기자는 동이족이라는 말이다.

기자조선은 요하문명에서 발흥하여 중원을 정복하였던 동이족이 시대가 지나 다시 요하 지역으로 귀환한 것으로 보는 것이 옳을 것이다.

# 공자왈孔子曰
## "나는 원래 은殷나라 사람이었다."

　　B.C. 710년경에 중국에서 미인 탈취사건이 일어났는데, 그 내용이 번지고 번져 임금도 죽이는 사건이 있었다. 이 사건을 '화씨지란華氏之亂'이라고 한다. 『춘추좌씨전』의 환공桓公 원년조元年條를 살펴보면, 공자孔子의 6대조인 공보가孔父嘉는 송宋나라에서 군정의 일을 맡아보는 사마司馬라는 벼슬을 하고 있었는데, 그의 처인 공자의 6대조 할머니는 절세의 미인이었다고 한다.(※ '부父'는 남자에 대한 미칭으로 사용할 때는 관용적으로 '보'로 읽는다.) 이들 부부는 목금보木金父라고 하는 아들을 낳으며 잘살고 있었는데 뜻하지 않은 변고가 발생하였다. 당시 송宋나라의 태재인 화보독華父督이 길에서 절세미녀인 공보가의 처를 본 다음부터 흑심을 품고 지내오다가 그 이듬해 봄에 공보가의 집을 공격하

공자孔子

춘추시대 형세도

여 공보가를 살해하고 미모의 아내를 빼앗은 것이다.

이러한 행위를 한 화보독은 "송 상공이 즉위한지 10년 동안에 11번 전쟁을 했는데, 이는 군정을 담당하는 사마 공보가의 잘못이므로 공보가는 죽어 마땅하다."고 한 것이다. 사실이 그렇지 않다고 임금이 질책을 하자, 화보독은 임금마저 시해하고 자신의 마음에 드는 인물을 불러다가 왕으로 세우고, 자신은 재상이 되었다.

이후 화보독은 후환이 두려워 모든 사실을 비밀로 하고자 공보가의 후손을 찾아서 마저 죽이고자 하였으나, 이 사실을 알아차린 공보가의 손자인 방숙防叔은 송宋나라에서 노魯나라로 피신하여 살아남았으니, 그가 바로 공자의 증조부인 것이다. 곧 공자는 송나라 귀족의 후예인 것이다. 이러한 일은 사마천의 『사기』「송미자세가」에 자세히 나와 있다.

송나라는 동이족이 세운 은(상)나라의 왕족이자 주왕紂王 제신帝辛의 이복형인 미자계微子啓가 분봉받은 나라로, 곧 동이족의 나라이다. 수도는 상구商丘로, 지금의 하남성 상구현 남쪽 일대에 위치하고 있었다. 서주西周가 통일한 직후에 분봉 받은 땅이 중원의 제후국 중에서 손에 꼽을 정도로 넓었고, 그 작위는 모든 제후국 중에서도 으뜸가는 공작公爵이었다. 즉 공작公爵 후작侯爵 백작伯爵 남작男爵 자작子爵 중 맨 위인 공작인 것이다.

공신으로 유명한 제齊나라의 태공망太公望 강상姜尙이 후작인 걸 감안하면 엄청난 지위인데, 그 이유는 송의 시조인 미자微子가 은나라의 왕족이었기 때문이다. 무엇보다도 이렇게 우대를 받은 이유는 비록 주周가 은殷나라를 멸망시키기는 했으나 정복국가였던 은殷은 국력이나 문명 수준이 주周보다 높았기 때문이다. 그래서 멸망당한 은殷의 유민들도 자존심이 강해서 주周에 쉽게 복종하지 않았기에, 높이 대우하여 그들을 회유할 필요가 있었던 것이다.

그럼 은나라는 어떤 나라인가? 탕왕湯王이 폭정을 일삼은 하夏나라 걸왕桀王을 물리치고 세운 나라로, 시조 설契은 '은설殷契'로도 불리는데, 사마천은 『사기』「은본기」에 다음과 같이 적고 있다.

은殷나라 시조 설契의 어머니 간적簡狄은 유융씨有娀氏의 딸로서 제곡帝嚳의 두 번째 비妃였다. 세 사람이 목욕하러 갔을 때 검은 새(玄鳥)가 알을 떨어뜨리는 것을 보고 간적이 삼켰더니 임신하여 설을 낳았다.(殷契 母曰簡狄 有娀氏之女 爲帝嚳次妃. 三人行浴 見玄鳥墮其卵 簡狄取呑之因孕生契.)〈『사기』「은본기」〉

은殷나라도 난생卵生이 건국신화임을 말해준다. 북경대 대리 총장이었다가 대만으로 가서 대만대 총장이 되는 중국 근대 역사의 석

2016년 중국의 동이문화를 답사하던 모습

학인 부사년傅斯年은 1920년대 은허殷墟의 발굴을 주도했는데, 그는 '이하동서설夷夏東西說'에서 은설殷契의 이야기를 실으며 "이러한 난생은 동북민족과 회이淮夷의 신화"라면서 『논형論衡』에 나오는 탁리국槀離國(扶餘) 시조 동명東明과 『위서魏書』의 고구려 시조 주몽朱蒙, 그리고 「호태왕비好太王碑」의 추모왕鄒牟王의 난생신화를 원문대로 실어 은殷과 부여·고구려의 시조신화가 같음을 보여주었다. 곧 은殷은 동이족이라는 것이다.

실제로 존재한 것이 확인된 중국 최초의 왕조인 은殷(商)나라는 기원전 1600년경부터 황하 중류에서 등장한 도시국가 연맹으로부터 출발하는데, 마지막으로 옮긴 수도가 은殷(지금의 안양시 은허)이기 때문에 은나라로 부르기도 한다.

은나라의 왕은 제사장을 겸하였는데, 점을 쳐서 점괘의 결과로 나라의 대소사를 결정하는 신권정치, 즉 제정일치의 사회였다. 이때 점의 내용을 거북이의 복갑腹甲(배딱지)이나 소의 견갑골肩胛骨(어깨뼈)에 기록하였고, 이를 가리켜 배딱지의 '갑甲', 어깨뼈의 '골骨'을 써서 '갑골문甲骨文'이라 부른다. 이 갑골문이 한자의 시작이다.

그러므로 한자는 우리의 조상 동이족이 만든 것이다.

> 황제의 사관 창힐이 새와 짐승의 발자국을 보고, 나누어진 무늬가 서로 구별될 수 있음을 알고 처음으로 서글書契를 만들었다.(黃帝史官倉頡見鳥獸蹄迒之跡 知分理之可相別異也 初造書契.)〈『설문해자』 서〉

중국의 전설에 따르면, 한자는 창힐蒼頡이 만들었다고 한다. 그는 새와 동물들이 남긴 발자국에 착안해 문자를 고안해냈다는 것이다. 창힐은 일반적으로 네 개의 눈을 가진 모습으로 묘사된다. 그는 아주 예리한 눈빛으로 사물을 관찰해서 순식간에 그 특징을 파악, 도형화하는 능력을 가지고 있었다. 그가 만든 글자의 이름이 '서글書契'이다.

'契'라는 글자는 '계, 설, 글' 세 가지로 발음이 되는데, 국명인 경우에는 '契丹'이라고 쓰고 '거란, 글안'으로 발음한다. 인명을 사용할 경우 은나라의 조상인 '契'과 근대의 이상설李相卨 선생의 '卨'('契'의 이체자)과 같이 '설'로 발음한다.

그런데 갑골문을 창시한 은나라 종족의 시조의 이름이 문자와 관련이 있는 '契'이라고 하는 것은 시사하는 바가 크다. '글(契)'은 문자를 의미하는 순우리말이다. 은殷나라 시조 '설契'은 어미 간적이 제비 알을 먹고 잉태했다고 한다.

창힐이 만든 문자도 '서글書契'이다. 그렇다면 문자에 뛰어난 창조성을 보여준 창힐과 은나라의 시조 설契은 새를 토템으로 하는 동이족임이 확실하다.

진태하 교수는 다음과 같이 말하였다.

은殷나라의 청동기 「정鼎」

갑골문

"1899년 은殷나라의 마지막 수도였던 은허殷墟에서 갑골문이 출토되었다. 그 갑골문에는 '㓞'의 자형이 문자의 명칭으로 써 있다. 이 글자가 뒤에 더욱 구체적으로 표시하여 나무판(木)에 칼(刀)로 숫자를 새겼(丰)다는 뜻의 '㓞'의 자형으로 변하여, 다시 이러한 약속은 큰 약속, 곧 '대약大約'에 행한다는 뜻으로 '契'의 자형으로 바뀌었다. 현재 이 '契'자의 음이 '계, 설' 등으로 쓰이지만, 고음古音은 '기흘절欺訖切'의 반절음反切音으로서 '글'이었다. 문자의 명칭을 '글'이라고 하는 민족은 세계는 물론 아시아에서도 우리 한국뿐이 없다. 은나라 때 문자의 명칭으로서 이미 '㓞'의 자형이 있고, 또한 그 자음이 '글'이라면, 이 글자를 만든 민족이 누구일 것인가? 오늘날까지 그 말을 사용하고 있는 우리 한민족의 조상인 동이족이 만들었음은 췌언贅言이 불필요하다."

은殷나라는 무기와 제사 도구는 청동으로, 농기구는 돌이나 나무로 제작하여 사용하였고, 청동으로 만들어진 세 발 솥(鼎)을 보면 당시의 생활상을 엿볼 수 있다. 또한 달이 차고 기울어지는 현상을 기초로 날짜를 계산하는 태음력太陰曆이 사용되었고, 왕이 죽었을 때 사람을 함께 땅에 묻는 순장殉葬의 풍습이 있었다고 한다.

중원을 정복하여 통치하던 동이족의 은나라 말기에 이르러 왕 제을帝乙은 아들 둘을 두었는데, 제을이 죽은 뒤 큰아들 미자微子 계啓는 첩의 자식이어서 왕위를 계승할 수 없었기에 둘째 아들 주紂를 천자로 세웠다. 흔히들 은의 마지막 왕인 주왕紂王은 하夏나라 걸왕桀王과 함께 '걸주桀紂'라고 하여 폭군의 대명사로 알려져 있다. 주왕은 특히나 충신의 심장을 가르고, '포락지형炮烙之刑'을 지켜보

며 부인(妲己)과 깔깔댄 폭군으로 악명이 높다. 더욱이 '주지육림酒
池肉林'을 만들어 흥청망청하는 바람에 망국의 길로 접어든 것으로
알려져 있다.

그러나 여기서 우리는 역사를 비틀어 읽어보자.

자공이 말했다. "주왕의 선善하지 못한 점이 그 정도로 심한 것
은 아니었다."(子貢曰 紂之不善, 不如是之甚也.)〈『논어』 자장편〉

주왕紂王에 대한 평가가 춘추전국시대에도 너무 악행들로만 쓰
여 있어 그 진위가 매우 의심스럽다고 할 정도였다. 주왕에 대해 재
평가가 이루어진 것은, 먼 후대에 갑골문이 발견(1899년)되면서부
터였다. 갑골문에 의하면, 주왕은 천지신명에 충실하게 제사를 지
냈고, 정복전쟁을 벌여 오히려 국세는 왕성했다고 한다. 이는 주왕
이 제사를 게을리하고 국정은 내팽개친 채 주지육림에 빠져 지냈다
는 『사기史記』의 기록과는 사뭇 다른 것이다.

방탕과 사치의 상징인 주지육림도 제사의 관점에서 해석해야 한
다는 지적이 많다. 게다가 갑골문에 의하면, 은殷나라 시대의 전통
적인 제사 방법인 인신공양人身供養, 즉 산 사람을 희생물로 바치는
제도를 폐지한 것이 바로 주왕이라고 나온다. 이로 미루어 본다면,
그가 방탕하고 난폭한 인물이라는 기록은 왜곡된 기록일 개연성이
크다. 주왕이 제사를 충실하게 지내는 것을, 주周의 문왕文王과 무왕
武王이 왜곡시켜서 술 연못과 고기 숲을 만들었다고 소문낸 것은 이
전 왕조의 마지막 왕을 깎아내리고, 새로운 왕조를 개창하는 것에
대한 정당성을 얻기 위함이었을 것이다.

무왕武王이 입성하자, 당시 은殷나라 사람인 백이伯夷와 숙제叔齊가 이탈하는 등, 이 기습 공격이 정당하지 못하다는 여론이 형성되자, 이를 무마하기 위해서 하늘의 뜻에 따라 폭군을 주살했다는 식으로 포장한 내용이 『사기史記』에 왜곡되어 기록된 것은 아닐까. 그렇다면 주왕紂王의 난행은 어찌된 것인가. 동이족의 나라 은殷을 멸망시키고 주周나라를 세운 화하족華夏族은 의도적으로 은나라와 주왕을 무도한 나라, 그리고 천하를 난도질한 망나니로 폄훼한 것이다. 사마천의 『사기』는 화하족이 기록한 '승자의 역사'이기 때문이다. 하夏의 걸왕桀王과 은殷의 주왕紂王, 그리고 우리 백제의 의자왕義慈王 등등의 패행을 비교하여 보면 어쩌면 저리도 비슷한지 놀랄 지경이다. 요즘 말로 하면, 표절이다.

어쨌든 역사에 주왕은 폭군으로 기록되어 있다. 폭군 주왕의 잔혹무도에 대하여 많은 신하들이 충간을 하였는데, 그중 대표적인 사람이 기자箕子, 비간比干과 미자微子 3명이었다. 기자는 주왕에게 간諫을 하였으나 듣지 않자 일부러 미친 척하여 노비로 강등되었고, 비간은 계속 간언하다가 주왕의 노여움을 사 살해 당하였으며, 미자는 은나라를 떠나 다른 곳을 찾았다. 공자는 이 세 사람이 비록 방식은 다르지만 모두 '인仁'의 수준에 도달했다고 생각했다. "은에 어진 이가 3명이다.(孔子曰 殷有三仁焉.)"라고 하였다.

주왕의 폭정에 불만이 쌓인 주周나라 무왕은 주변의 여러 나라와 연합하여 군대를 일으키고 은殷나라를 공격하니, 주왕은 이에 대항하였으나 불가항력이어서 불속에 뛰어들어 목숨을 끊었다.

주왕의 악행은 도저히 용서할 수 없다지만 술과 음악을 지나치게 좋아한다거나(好酒淫樂) 악공과 광대를 불러놓고 밤새도록 술판을 벌인 일(大聚樂戲 以酒爲池)에 대해서는 할 말이 있다. 바로 음주가무飮酒歌舞야말로 동이족 은殷나라 풍습의 영향을 받은 우리 민족의 '전매특허'가 아닌가. 요즈음의 K-팝이 이때부터 시작된 것이다.

> 하늘에 제사 지내고 음식과 가무를 즐겼다.(連日飮食歌舞.)〈『삼국지』 위지 동이전 부여조〉
>
> 무리가 모여 노래하고 춤추며 술을 마시는데 밤낮으로 쉼이 없다.(群聚歌舞飮酒 晝夜無休.)〈『삼국지』 위지 동이전 마한조〉
>
> 술 마시고 노래하며 춤추기를 좋아한다.(憙飮酒歌舞.)〈『후한서』 동이열전〉
>
> 노래하기를 좋아해서 노랫소리가 끊이지 않는다.(好歌吟 音聲不絕.)〈『후한서』 부여〉
>
> 밤에는 남녀가 떼 지어 노래 부른다.(國中邑落男女 每夜群聚爲倡樂.)〈『후한서』 고구려〉

이 모습은 왜 현재 우리나라 전국에 4만여 곳의 노래방이 성업 중인지를 설명해주는 근거가 될 것이다. 그런데 우리 민족이 아무런 생각 없이 음주가무를 즐겼던 것일까? 『삼국지』 위지 동이전에서 보듯 우리 민족은 무절제한 음주가무가 아니라 하늘에 제사를 지낸 뒤 며칠씩 밤낮으로 술을 마시며 놀았다. 그것은 천·지·인이 만나 한바탕 신명을 떨친 축제였다. 천지신명과 조상에게 만물의 소생을 기원하고 추수감사를 드리는 전통축제였던 셈이다. 하늘에 제사를 올리고 축제를 벌인 것이 바로 굿이고, 그것이 오늘날까지 이어진 것이라고 말한다.

은殷과의 전쟁에서 이긴 주周 무왕은 주왕紂王의 시체를 찾아 머리를 베어 커다란 흰색 기에 매달고, 옥에 갇혀 있던 기자箕子를 풀어주며, 비간比干의 무덤은 봉분封墳을 하도록 하였다고 전한다. 그 후 주왕의 아들 무경武庚을 은후殷侯로 임명하고 봉토를 내주어 은의 제사를 잇게 하도록 하였으며, 자신의 숙부 관숙管叔과 채숙蔡叔을 은에 파견하여 무경武庚의 동태를 감시토록 하였다.

그러나 주무왕이 죽고, 어린 아들 성왕成王이 즉위하자, 무경과 관숙, 채숙이 반란을 일으켰다. 이때 미자微子는 그 반란이 덧없이 부적절하고, 백성의 헛된 죽음을 애석하게 여겨, 은왕실의 제기祭器를 성왕에게 바치며 항복을 하였다. 이후 무경과 관숙, 채숙의 반란은 진압되었고, 이후 주 성왕은 미자에게 은 왕실의 종묘와 사직을 잇도록 하고, 나라 이름을 송宋이라 하였으며, 미자를 공작으로 봉하였다.

따라서 은의 종묘사직은 송으로 이름만 바뀐 채 은 왕실의 제례를 통해 그대로 이어졌다. 미자微子 계啓 다음의 공위公位는 동생 미중微仲 연衍과 그의 자손들이 대대로 공위를 계승하게 되었다. 미중연 이후 송공계宋公稽 → 정공신定公申 → 혼공공湣公共 → 불부하弗父何 → 송보주宋父周 → 세자승世子勝 → 정고보正考甫 → 공보가孔父嘉로 이어졌다. 불부하 이후는 송나라의 상경上卿 벼슬을 하였고, 공보가부터 '공孔' 씨이다. 공보가 때에 앞에서 살펴보았던 '화씨지란華氏之亂'으로 가문이 기울자 그 후손이 노魯나라로 도망쳤다. 이후 목금보木金父 → 공기보孔祈父 → 방숙防叔(노魯에 망명) → 백하伯夏 → 숙량흘叔梁紇 → 공구孔丘(孔子)이다. 공자의 아버지 숙량흘에 이르러 모든 작위는 사라지고 일개 군인의 신분이 된다.

송宋은 은殷의 후신인 만큼 주周 계열의 다른 제후국과는 다른 특이한 풍속이 많았다고 전해진다. 또한 그에 관련하여 송에 대한 특이하면서도 우스운 고사들이 많이 전해지는데, 대표적인 것이 '송양지인宋襄之仁', '수주대토守株待兎'와 '알묘조장揠苗助長'이다.

주나라 시대 이후 우스꽝스러운 일이 있으면 덮어놓고 '송인宋人의 소행'이라 기록할 정도로 송나라를 희화화하는 기록을 많이 볼 수 있다. 이는 당대에 송나라를 바라보는 비하적 인식이 자리하고 있다고 보여진다. 아무래도 멸망한 왕조의 후예다 보니 인식이 좋지 않았던 것으로 보인다. 보기에 따라서는 송양지인宋襄之仁, 수주대토守株待兎 같은 고사성어는 오늘날로 따지면 일종의 지역차별로 이해할 수 있을 것이다. 이런 망한 왕조에 대한 비하적 인식은 하夏나라의 후예로 알려진 기杞나라에도 마찬가지로 존재했다. '기우杞憂'의 고사가 그 예이다.

공자뿐만 아니라 묵자墨子도 송나라의 대부였는데, 초대 공작 미자微子 계啓에서 갈라져 나온 묵씨墨氏가 묵자의 시조였다. 또한 노자의 조상은 은殷의 지배층으로 노자老子는 은과 송의 도읍이 있었던 하남성에서 출생했고, 장자莊子도 이곳 출신이었다. 공자에게서 맹자가 나왔고, 맹자에게서 순자가 나왔으며, 순자에게서 한비자가 나와 법가法家를 집대성했고, 병가兵家는 법가와 도가를 바탕으로 했으니, 제자백가諸子百家의 유儒·도道·법法·묵墨·병兵이 모두 이곳에서 발현된 셈이었다.

"나는 원래 은殷나라 사람이다."

죽음을 앞둔 공자의 생생한 육성 유언이었다. 다소 충격적인 말이다. 다시 한번 자세히 살펴보자. 『사기史記』 「공자세가孔子世家」
의 마지막에 나오는 글귀이다.

　자공에게 "천하에 도가 없어진 지 오래되었으니 아무도 나를
존중하지 않는구나! 하夏나라 사람들은 동쪽 계단에다 관을 모
셨고, 주周나라 사람들은 서쪽 계단에다 모셨으며, 은殷나라는
두 기둥 사이에다 모셨다. 어제 저녁 꿈에 두 기둥 사이에서 제사
받는 꿈을 꾸었다. 나는 원래 은나라 사람이다."라고 했다. 7일
뒤 세상을 떠났다.(謂子貢曰 天下無道久矣 莫能宗子. 夏人殯於
東階, 周人於西階, 殷人兩柱閒. 昨暮予夢坐奠兩柱之閒, 予始殷
人也. 後七日卒.)〈『사기』 공자세가〉

　공자는 곳곳에 동이에 관한 이야기를 전하고 있다. 공자는 송나라
귀족의 후손으로, 동이족의 후예답게 어릴 때부터 타고난 듯 예법을
따랐다. 『사기史記』
공자세가에는 "소꿉
장난을 할 때 늘 제
기인 조두俎豆를 펼
쳐놓고 예를 올렸
다."고 하였다. '조
두'에서 조俎는 제사
지낼 때 편육을 진설
하는 도마처럼 생긴
제기이고, 두豆는 대

제사 음식을 올려놓던 「조俎」

나무·청동·도자기 등으로 만든 제사 지낼 때 음식을 담는 그릇, 곧 제기를 말하는데, 이런 조두를 어렸을 때부터 가지고 제사 놀이를 하며 놀았다는 것이다.

『후한서後漢書』와 『삼국지三國志』의 '동이전東夷傳'에는 "이夷는 만물이 땅에서 나오는 근본이다. 동이는 즐겁게 술 마시고 노래하고 춤추며 그릇은 조두를 쓴다. 중국의 천자가 예를 잃으니 사이四夷에서 이것을 구했다."고 하였다. 여기에 나오는 '조두'는 공자가 제사 놀이를 할 때 지녔던 바로 그 제기를 말한다. 동이족 사람들은 제사에 쓰이는 조두를 평상시 음식을 먹을 때도 사용한다는 것이다. 그러니 제사의 일상 생활화가 아니겠는가.

공자는 아마 부친의 혈통에 대한 강한 자긍심을 바탕으로 유년시절부터 예법禮法을 배웠을 것이다. 물론 공자도 처음에는 주나라 문화를 크게 달가워하지는 않았다. 그러던 공자가 후에 주나라 수도인 낙읍洛邑을 답사하고 나서야 비로소 주나라에 동화되기 시작하였다. 요즘 말로 변절이다.

> 공자께서 말씀하셨다. 주周나라는 (하夏나라와 은殷나라) 2대를 거울로 삼았다. 찬란하도다, 주나라의 문화여. 나는 주나라를 따르겠노라.(子曰 周監於二代 郁郁乎文哉 吾從周.)〈『논어』 팔일편〉

공자가 주나라의 문화를 찬란하다고 감탄하면서 "나는 주나라를 따르겠노라."라고 선언한데는 자신의 정체성에 대한 공자의 깊은 고뇌가 담겨 있었다. 공자는 동이족 국가인 은나라 사람의 후예라는 의식이 강했다. 그러나 공자가 살던 때는 강성했던 주나라(西周)

가 쇠퇴하고 도읍을 동쪽으로 이주한 동주시대로서 보통 '춘추시대'라고 부르던 시대였다. 이때는 주 왕실의 영향력이 미미해지고 각지의 제후국들이 사실상 독립국가 상태로 패자를 꿈꾸던 때였다.

『사기』공자세가를 살펴보면, 공자 나이 34살 때인 노魯 소공昭公 24년(西紀前 518년) 노魯나라의 실력자였던 맹리자孟釐子가 죽었다. 그 후 그 후계자가 된 맹의자孟懿子와 그 동생 남궁경숙南宮敬叔이 공자를 찾아와 예를 배웠다고 한다. 이 무렵 남궁경숙이 노 소공에게 "공자와 함께 주나라에 가고 싶다."고 청했는데, 이는 주나라의 수도였던 낙읍, 즉 지금의 낙양을 가고 싶다는 뜻이었다. 노 소공은 이를 받아들여 말 두 마리가 끄는 수레 한 대와 심부름할 동자 한 명까지 딸려 보냈다. 그래서 공자는 꿈에도 그리던 주나라의 수도 낙양을 방문하게 되는데, 이 답사를 마친 공자가 남긴 말이 "찬란하도다 주나라의 문화여!"라며 "나는 주나라를 따르겠노라."라는 것이었다.

공자가 주나라의 문화를 찬란하다고 한 이유는 "주나라는 2대를 귀감으로 삼았기 때문(周監於二代)"이라는 것이다. 2대란 하나라와 은나라를 뜻하는데, 주나라가 하나라는 물론 은나라의 문화까지 계승했으니 공자가 주나라를 따르겠다고 말한 것이다. 보통 하나라 걸왕이 폭군이기 때문에 은 탕왕이 무너뜨렸고, 은 주왕이 폭군이기에 주무왕이 역성혁명을 단행했다고 설명해왔다.

그러나 역사는 승자의 기록이기 때문에 폭군이냐, 아니냐의 여부는 그 당시에도 그리 간단한 것이 아니었고, 그래서 공자도 주나라를 인정할 것인가 말 것인가를 가지고 무수히 고민했던 것이다. 그러다 낙양을 답사한 후 주나라가 하·은나라의 문화를 계승했다고 보고 "나는 주나라를 따르겠노라(吾從周)."라고 선언했던 것이다. 역사에서 계승문제는 이렇게 중요하다.

그럼에도 불구하고 죽음을 앞에선 공자는 마지막 말로 "나는 원래 은나라 사람이다."라고 말하고 있다. 즉, 춘추시대를 살고 있던 공자는 혼란한 자신의 시대 이전의 안정적인 주나라의 문화를 찾아 편안한 도덕 세상이 되길 원했던 것이다. 물론 주나라에 망한 자신과 집안의 혈통인 은나라의 예악禮樂문화를 되찾고, 더 나아가 요순시대로 돌아가길 원했던 것이다.

공자 묘 앞의 답사객들

공자가 구이九夷에서 살기를 원하였더니 어떤 사람이 묻기를, 구이는 누추하다고 하자, 공자가 답하기를, 군자가 거주하였는데 무슨 누추함이 있겠느냐.(子欲居九夷 或曰 陋如之何 子曰 君子居之 何陋之有.)〈『논어』 자한편子罕篇〉

그러나 결론적으로 공자는 동이東夷의 나라에서 살고 싶었던 것이다.

# 활 잘 쏘는 동이족東夷族의 명궁名弓 이야기

## — 태양을 쏜 예羿와 문무겸전 정조正祖의 백발백중 —

'동이족東夷族'은 중국 동북방에 분포한 민족을 화하족華夏族(한족漢族의 전신, 후에는 한인漢人, 당인唐人으로 부른다)이 부르던 종족 명칭이다. 중국 역사 초기에 등장하는 '동이東夷'라는 개념은 화하문화와 상대적인 문화개념으로 호칭된 것이다. 진시황에 의한 중국이 통일 이전에는 방위 개념에 따라 산동반도 등 동쪽의 변방까지를 포함하여 동이라 하였으나, 통일 후에는 만주와 한반도 지역의 특정 종족을 가리키는 개념으로 성격이 점차 바뀌었다.

후한시대(A.D. 100년경) 허신許愼이 편찬한 『설문해자說文解字』의 '夷'字에 대한 풀이를 보면 "東方之人也, 從大從弓."(큰 大와 활 弓에서 비롯되었고, 동방에 사는 사람을 뜻한다.)이라고 한 바와 같이 동방의 사람이라고만 언급하였다. 허신의 풀이에 대하여 청대의

甲骨文　　金文　　篆書　　隷書　　楷書

〈'夷(이)' 자의 자형 변천〉

단옥재段玉裁는 『설문해자주說文解字注』에서 "惟東夷從大 大人也, 夷俗仁, 仁者壽, 有君子不死之國."〔오직 동이만이 큼을 따랐으니 큰 사람(大人)이다. 동이의 풍속은 어질고, 어진이가 오래 살며, 군자가 죽지 않는 나라다.〕이라고 한 바와 같이 동이의 풍속이 어질고, 그래서 장수하는 민족이며 군자가 끊어지지 않는 나라라고 극찬하였다.

또한 『후한서後漢書』 동이전東夷傳에는, "동방東方을 이夷라 한다. '夷'라고 하는 깃은 뿌리(柢)이다. 말허기를 어질고 살리기를 좋아한다고들 한다. 모든 것은 땅에 뿌리박고 있으므로 천성이 유순하고 道로써 다스리기 쉬워서 군자가 죽지 않는 나라가 있게 된 것이다."(東方曰夷 夷者柢也. 言仁而好生. 萬物柢地而出. 故天性柔順. 易以道御. 至有君子. 不死之國焉.)라고 하여 '夷'의 문화적 특성과 동경을 언급하고 있다. 이 밖에도 대부분의 사서에서 동이에 대한 인식을 기술하고 있다.

'夷'라는 말은 산동반도로부터 회수淮水와 사수泗水 유역, 즉 현재의 강소성江蘇省·안휘성安徽省·황해黃海 연안 등에 분포된 집단을 말하며, 역사에 등장하는 것은 동이족이 건국한 상商나라 때부터이다. 그러나 중국인들이 점점 여러 종족의 차이를 인식하면서 만蠻·융戎·적狄의 구분이 생기고, 그 뒤 음양오행사상이 발달함에 따라 방위개념이 첨가되어 동이東夷·서융西戎·남만南蠻·북적北狄 등의 명칭으로 고정되었다. 그 후 『후한서』와 『삼국지』의 동이전에는 부여·고구려·백제·신라·마한·진한·변한 등 현재 우리 민족과 직접 관련 있는 나라들이 나타난다.

진태하 교수는 그의 역저 『한자는 우리의 조상 동이족이 만들었다』에서 '夷'에 대하여 다음과 같이 이야기 하고 있다.

고구려高句麗 고분古墳 무용총舞踊冢에 보이는 수렵도狩獵圖

　　'夷' 字를 갑골문과 금문에서 찾아보면 '𠂤, 𠂤, 𠂤, 𠂤'(갑골문), '𠂤, 𠂤, 𠂤, 夷, 夷, 夷, 夷'(금문) 등과 같이 허신이 풀이한 '大+弓'이 아니라, 갑골문에서는 활의 모양만을 상형한 것인데, 금문에 이르러 활 위에 화살을 포개놓은 모양을 상형하였음을 알 수 있다. 소전체에 이르러 자형이 '夷'와 같이 변하여 '大' 字에 '弓' 字를 더한 것 같이 보이지만, '大'는 곧 화살의 형태가 변형된 것임을 알 수 있다. 여하간 '夷'는 본래 활을 상형한 것임은 틀림없다. 이로써 볼 때 '東夷'는 곧 동쪽의 활 잘 쏘는 민족을 지칭한 것임을 알 수 있다.〈진태하, 『한자는 우리의 조상 동이족이 만들었다.』〉

　　주대에 확립된 예禮, 악樂, 사射, 어御, 서書, 수數의 육예六藝는 군자가 두루 갖추어야할 덕목이었다. 이 중에 활쏘기에 대해서 공자는 『논어』 팔일편八佾篇에서 "군자는 다투는 일이 없으나, 꼭 하나 있다면 그것은 활쏘기다! 그러나 절하고 사양하며 활 쏘는 자리에 오르고, 내려와서는 벌주를 마시니 그 다투는 모습도 군자답다."(君子無所爭 必也射乎揖讓而升 下而飮 其爭也君子.)라고 하였다. 따라서 활쏘기는 선비가 갖추어야 할 기본 소양으로 단순한 유희가 아닌 예의 실천이자 자기 수양을 위한 방편 중 하나였다.

『史記』의 공자세가孔子世家에 보면, "옛날에 무왕武王이 상商을 극克하고 도道를 구이九夷와 백만百蠻에 통하여 이에 숙신肅愼이 호시속노(楛矢石砮, 돌촉을 단 광대싸리나무 화살)를 바쳤다."라고 기록하고 있다. 『삼국지』 위지 동이전에는 "읍루挹婁는 그 활의 길이가 4척이니 그 힘이 노弩와 같으며, 화살은 고楛나무를 사용하니 그 길이가 1척 8촌이며 청석靑石으로 화살촉을 만든다. 옛날의 숙신국肅愼國은 활쏘기를 잘하여 사람을 쏘매 모두 맞고 화살촉에 독을 발랐으므로 사람에게 맞으면 모두 죽는다."는 기록이 보인다. 수, 당시대의 기록으로도 중국의 동북방 민족들(東夷)은 활을 매우 잘 쓰는 족속이며 중국의 경계에서 크나큰 골칫거리라고 기록되어 있고, 이러한 궁술 등을 중국이 입수하려고 노력하기도 했다.

이처럼 우리 한민족은 예나 지금이나 명실상부한 세계 최강의 활 잘 쏘는 민족이다. 양궁이 올림픽 종목으로 재편입된 1972년 뮌헨 올림픽 이후 27개의 금메달을 포함하여 43개의 메달을 따냈다. 2위인 미국과도 2.5배 이상의 차이가 나며, 1988년 서울 올림픽부터 시작해 2020년 도쿄 올림픽까지 이뤄낸 여자 단체 9연패는 전무후무한 대기록이다. 특히 1996년 미국 애틀랜타 올림픽 양궁 여자 개인 결승에서 김경욱 선수가 10발 중 2발을 '퍼펙트골드'에 맞힌 것이 아직도 인구에 회자되고 있다. 70m 거리에서 직경 12.2cm의 10점 과녁, 그것도 정 가운데 점인 정곡正鵠(퍼펙트골드)을 맞힐 확률은 1만2,500분의 1이라 하니 '대단하다'라는 말밖에 할 수 없다. 이때 우리는 활 잘 쏘는 동이족의 혈통을 이어받아 올림픽에서 우승하였다고 대대적으로 선전하였다.

활 잘 쏘는 민족인 동이족, 그중 선사자善射者, 즉 명궁을 꼽으라고 하면 누구를 꼽을 것인가. 제일 먼저 명궁으로 태양을 쏘아 떨어트린 동이족의 영웅 '예羿'를 꼽을 수 있을 것이다.

중국에는 오래된 책들이 많이 있다. 삼경三經과 제자백가諸子百家, 그리고 『사기史記』와 『한서漢書』 등등이 그것이다. 그중 사마천의 『사기』보다 오래전에 만들어졌으나 황당무계하고 기괴하다 하여 신빙성에서 믿지 못하겠다고 사서로 취급받지 못하는 책이 있다. 『산해경山海經』이라는 책이다.

『산해경山海經』은 중국 선진先秦 시대, 즉 춘추전국시대에 저술되었다고 추정되는 대표적인 신화와 지리에 대한 책으로, 전한시대에는 궁중의 비밀 장서였는데, 유학자 유흠劉歆에 의하여 다시 정리되었고, 동진東晉의 곽박郭璞에 의하여 주석이 갖추어진 뒤 전해지고 있다. 이 책은 중국 안팎의 산천, 산과 바다에 사는 이물異物, 날짐승의 종류, 신기神祇(하늘의 신을 신神, 땅의 신을 기祇), 신화, 전설 및 제사에 관한 것 등 기괴하고 허황한 것까지 많이 실렸다. 『사기』에서 사마천은 감히 말할 수 없는 '기서奇書'라고 하여 믿을 수 없다고 할 정도로 기피되었으나, 황제黃帝·치우蚩尤·소호少昊·전욱顓頊·고신씨高辛氏·예羿·요堯·순舜이나, 조선朝鮮·청구靑丘·천독天毒 등의 실제로 있었던 지명이 등장하기도 하여 연구자들로 하여금 외면

하지 못하게 하고 있다. 이 『산해경』에 다음과 같은 구절이 보인다.

羿蓋東夷民族之主神 故稱夷羿.(예는 대개 동이민족의 주신이
므로 그래서 이예라고 칭했다.)〈산해경〉

羿가 동이족의 주신이라는 이야기이다. 그럼 예는 누구인가. 예는 후예后羿 또는 이에夷羿라고도 하며, 동이족의 일파인 유궁씨有窮氏 부락의 우두머리로 堯임금 때의 인물이었다. 예에 대한 전설을 나름대로 재구성하여 보았다.

활로 태양(三足烏)을 쏘아 떨어트리는 동이족東夷族의 영웅 '羿'

요堯임금 시대에는 태양이 한 개만 있는 것이 아니라 모두 열 개가 있었다고 한다. 이들은 모두 동방의 천제 제준帝俊과 태양의 여신 희화羲和 사이에서 태어난 자식들이었다. 열 개의 태양은 신성한 세 발 까마귀 삼족오三足烏로 동방의 탕곡湯谷이라는 곳에서 살고 있었다. 이들은 열흘을 주기로 순서대로 하루에 하나씩 번갈아 떠오르게 되어 있었다. 이것은 태양신인 어머니 희화羲和가 만든 규칙이었고, 그녀는 삼족오三足烏들이 자신의 지시대로 일하는 것을 지켜보곤

하였다. 처음에는 일이 순조롭게 돌아갔지만 수천, 수만 년 동안 똑같은 일을 되풀이 하다 보니 열 명의 아이들은 그 일에 질리고 말았다. 지겨움에 장난기까지 발동한 그들은 어느 날 이른 새벽 어머니가 일어나기 전을 틈타 일제히 떠올라 멋대로 공중을 날아다니기 시작하였다. 열 명의 자식들은 처음 느끼는 해방감에 이렇게 즐거운 일을 그만둘 수 없다며 더 이상 어머니의 규칙을 따르지 않기로 하고 제멋대로 하늘을 날아다니며 놀았다. 그런데 지상은 하늘에 열 개의 태양이 떠올라 완전히 지옥으로 변해버렸다.

희화가 잠에서 깨어나 보니 자신의 아이들이 집을 떠나 하늘을 헤집고 돌아다니고 있어서, 깜짝 놀란 그녀는 아이들을 달래보았지만 수만년 만에 사춘기가 찾아온 삼족오三足烏들은 도무지 말을 듣지 않았고, 세상은 점점 불지옥으로 변해갔으며, 강물은 마르고 초목과 곡식은 다 타버렸다. 이에 백성들은 열기로 인한 고통에 갈증과 굶주림까지 동시에 와버려서 고생이 이만저만이 아니었다.

요임금과 백성들은 모두 절망감에 빠져버렸고, 결국 인간들의 비탄과 한숨이 하늘에까지 닿아 천제 제준의 귀에까지 들어가게 되었다. 천제天帝는 곧바로 천계天界에서 가장 활을 잘 쏘는 용사 예羿를 불러 그에게 재앙을 물리칠 수 있는 신비한 힘이 담긴 붉은 활과 흰 화살을 하사하며, 그걸로 자기 자식들의 기세를 꺾고 지상을 원상태로 돌려놓으라고 명하였다.

명을 받은 예는 아내인 항아嫦娥와 함께 신주神舟를 타고 지상으로 내려왔다. 그리고는 9개의 태양을 활을 쏘아 떨어트리고, 단 하나의 태양만을 남기었다. 하나를 남긴 이유는 인간들이 살아가기 위해, 하나는 필요해서 남겨두었다는 설도 있으며, 자식들이다 죽어가는 것을 참지 못한 천제 제준이 마지막 남은 자식에게 예가 활을 쏘려고 했을 때 팔꿈치를 쳐서 빗나가게 했다거나, 태양이 모두 사라지면 암흑세계가 될 것이기 때문에 요임금이 화살 하나는 숨겨서 그렇다는 등 다양한 이야기가 전해온다.

사태를 진정한 예는 다시 하늘로 올라가기 위해 천제께 그동안의 일을 아뢰고 이제 임무가 끝났으니 천상에 다시 올라가도 좋으냐고 여쭈어보았다. 그러나 천제는 아무런 응답을 하지 않았다. 그 이유는 자식들의 기강紀綱을 잡으라고 했더니 다 죽여버려서 천제의 노여움을 산 것이다. 예와 그의 아내 항아는 천계에서 인간계로 추방되어 버리고 만 것이다.

예의 부인 항아는 남편 때문에 자신도 천계로 돌아가지 못한다고 한탄하였고, 예 역시 지상으로 내려와 온갖 고생을 다했는데, 그 대가가 지상으로 추방당하는 것에 의욕을 잃고 방황하였다.

한편 곤륜산崑崙山의 서왕모西王母는 예의 용기와 공로를 인정하여 불사약不死藥을 얻고 싶다는 그의 청을 들어주었다. 예 부부가 영원히 청춘을 유지할 수 있도록 불사의 단약을 두 알을 주었고, 예는 그것을 들고 집으로 돌아와서 길일에 아내와 함께 먹기 위해 그것을 잘 간수해 두었다. 하지만 그 단약은 한 알을 먹으면 불사가 되지만, 두 알을 먹으면 선인이 될 수 있는 약이었다. 항아는 다시 선인이 되어 천계로 가고자 혼자서 단약을 다 먹고 신주神舟를 타고 하늘로 올라가 버렸다.

그러나 남편을 버리고 혼자서 달아난 항아를 괘씸하게 생각한 천제가 그녀를 달로 유배를 보냈고, 그녀를 흉측한 두꺼비로 만들었다고 한다. 그것이 달 속에 있는 두꺼비라고 한다. 달 속에 섬서蟾蜍 곧 두꺼비가 있다고 하는 전설이 된 것이다. 그래서 달을 섬백蟾魄, 섬륜蟾輪, 섬반蟾盤, 섬궁蟾宮이라고 일컫기도 한다.

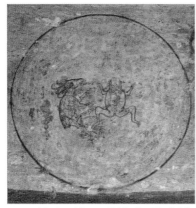

고구려 고분古墳에 보이는 달에 있는 두꺼비와 태양에 있는 삼족오三足烏

이렇듯 영웅 예는 전설시대부터 활 잘 쏘는 명궁으로 이름이 났으며, 동이족도 활 잘 쏘는 종족으로 명명되어 지금까지 전해져 오고 있는 것이다.

과학이 최고조로 발달한 21세기일지라도 유인 왕복우주선을 쏘아 올려 성공한 나라는 미국과 러시아, 그리고 중국뿐이다. 중국은 그들의 우주 프로젝트에 재미있는 작명을 선보이고 있다.

지난 2021년 중국은 첫 번째 태양 탐사 위성을 쏘아 올렸는데 '희화羲和'라 불린다. '희화'는 예의 전설에 보이는 태양의 여신이다. 태양 탐사 위성의 이름으로는 아주 적격인 셈이다. 그뿐인가. 2007년부터 쏘아 올리기 시작한 달 탐사선의 이름은 '항아', 즉 예의 부인으로 달에 유배간 여신이다. 그들의 달 탐사 프로젝트는 '항아 프로젝트'라고도 불린다. 항아 5호까지 발사했는데, 2018년 달의 뒷면에 착륙한 항아 4호의 중계위성 이름은 '오작교烏鵲橋'이다. 전설 속 견우와 직녀를 이어주듯 '오작교'는 지구와 달의 정보 연동을 실현하는 교량 역할을 했다. 물론 그들은 해와 달의 여신만 하늘로 올려 보내지 않았다. 1999년에는 '神의 배'라는 뜻을 가진 유인우주선 '신주神舟'가 2017년에는 '하늘의 배'라는 뜻을 지닌 화물 우주선 '천주天舟'가 우주를 향해 대항해를 시작했다. 그리고 우주정차장을 만들었는데, 양쪽에 날개처럼 태양전지판을 붙이고 있는 우주정거장의 모습을 '중국'을 의미하는 '中'자 형태로 만들었다. 신화 속의 새에서부터 해와 달의 신까지 모두 하늘로 올려 보낸 것이다. 그리고 그 신들이 머무는 그들의 궁전인 우주정차장 '천궁天宮'이 마침내 등장한다.

유인우주선과 달 탐사선에 '신주神舟'와 '항아嫦娥'라는 이름은 중국이 하늘과 땅의 중심이라는 중화사상의 사고방식이 우주개발과 맞물려 절묘하게 작명을 하여 그 야심을 드러내놓고 있는 것이다.

그런데 여기에서 나오는 '신주'하면 우리 고려의 역사와도 깊은 관계가 있다. 송나라 서긍의 『선화봉사고려도경宣和奉使高麗圖經』과 원나라의 탈탈이 편찬한 『송사宋史』 고려전에는

중국 유인우주선 '신주神舟'

다음과 같은 기록이 보인다.

　　신이 듣기에 신종황제神宗皇帝가 고려에 사신을 보낼 때 유사有
司에게 조詔를 내려 거함巨艦 두 척을 만들게 한 적이 있다고 한다.
하나는 '능허치원안제신주凌虛致遠安濟神舟' 라 했고, 또 하나는
'영비순제신주靈飛順濟神舟' 라 했는데, 그 규모가 매우 웅장하였
다. … 이에 유사에게 詔를 내려 다시 배 두 척을 건조케 하였는
데, 그 규모를 크게 하고 이름도 거창하게 하였다. 하나는 '정신
이섭회원강제신주鼎新利涉懷遠康濟神舟' 이고, 또 하나는 '순류안
일통제신주循流安逸通濟神舟' 이다.〈『선화봉사고려도경宣和奉使高麗圖
經』신주〉

　　송宋 신종神宗 원풍원년元豐元年(1078)에 처음으로 안도安燾와
좌간의대부 진목陳睦을 고려에 보내 임시로 기거寄居하게 하고,
사람을 불러 초빙하여 명주明州에 두 척의 큰 배(艦)를 만들도록
하였다. 하나는 '능허안제치凌虛安濟致' 이며, 다른 하나는 '영비
순제靈飛順濟' 라 하였는데 모두 신주神舟라 명명하였다.〈『송사宋
史』 권487, 열전246 외국3 고려〉

　　여기의 '신주' 는 고려인의 조선 기술로 만들어졌다. 오늘날 한국
이 세계 1위 조선 강국인 것은 우연이 아니다. 그런데 이러한 사실은
『송사』 고려전에만 등장하고 본기 등의 다른 기록에는 나오지 않는
다. 이는 고려에 의한 신주 건조 사실을 숨기고 싶어서였을 것이다.

　　전설의 명궁이라는 '예羿' 는 문자 그대로 '신화의 존재' 이니 그
렇다 치자. 고구려의 시조 주몽이나 안시성의 양만춘 장군, 조선을
개국한 태조 이성계와 중흥군주 정조 등의 활솜씨는 가히 활 잘 쏘

는 동이족의 후예라는 말이 무색해질 정도로 명궁이다.

우선 고구려의 시조 주몽의 이름인 '주몽'은 부여의 말로는 '선사자善射者(활을 잘 쏘는 사람)'를 뜻한다. 『삼국사기』 '동명왕조' 등을 보면 주몽은 7살 때부터 활과 화살을 스스로 만들었으며, 백발백중의 명궁이었다고 한다. 주몽이 22살이 되어 졸본천에서 나라를 세운 뒤 비류국의 국경을 넘는다. 『삼국사기』에는 사냥을 하다가 국경을 넘었다고는 하지만, 영토 확장을 위해 도발한 것이다. 예전에 사냥은 군사훈련 내지 전쟁을 의미한다. 주몽은 비류국 왕인 송양松讓과 팽팽하게 맞섰는데, 송양은 주몽이 자꾸 "천손의 아들 운운"하자 재주를 시험하고픈 마음에 결투를 신청했다. 활쏘기로 자웅을 겨루자는 것이었다.

> 사슴을 그려 100보 안에 놓고 쏘았다. 송양은 화살이 사슴의 배꼽에 들어가지 못했는데도 힘에 겨워했다. 하지만 왕(주몽)은 옥지환玉指環(옥으로 만든 반지)을 100보 밖에 두고 쏘았다. 화살을 맞은 옥지환玉指環이 기와 깨지듯 부서졌다.〈이규보, 『동명왕편』〉

100보步라? 만약 여기서 말하는 보가 사람의 보폭이라면 100보는 70m(보폭이 70㎝일 경우) 정도 된다. 그 경우 요즘 양궁 경기의 거리(70m)와 비슷하다. 그 거리에서 옥반지를 맞췄다고 한다. 조선조에 편찬한 『경국대전經國大典』이나 『문헌비고文獻備考』 등에 나오는 1보는 요즘 거리로 대략 120㎝ 된다. 100보라면 무려 120m이다. 그 거리에서 지름 3㎝도 안 될 옥반지를 산산조각 냈다면? 주몽의 활솜씨는 가히 신의 경지라 할 수 있다.

물론 기가 죽은 송양은 그로부터 몇 달 뒤 주몽에게 항복하고 말았다. 주몽의 뒤를 이은 아들 유리명왕瑠璃明王은 지나가는 아낙네의 물동이를 쏘아 구멍을 냈다가 진흙으로 된 활을 쏘아 구멍을 막았다고도 하니 부전자전이라 할 수 밖에 없다.

조선을 건국한 이성계李成桂의 활솜씨도 유명하다. 『태조실록太祖實錄』을 보면, 화살 한발에 까치 5마리가 떨어졌다는 기록도 있고, 화살 한 발에 노루 두 마리를 꿰뚫었다는 이야기도 있다. 또 고려 공민왕이 은경 10개를 80보 밖에 두고는 신하들에게 경쟁을 시켰는데, 80보라면 약100m에 이르는 거리를 이성계는 은거울 10개를 모두 맞혔다고 한다. 그때 공민왕은 "오늘날의 활쏘기는 다만 이성계 한 사람뿐"이라고 인정할 정도로 활쏘기에 있어서 독보적인 존재였다.

우왕 때의 일이다. 50보 거리를 두고 주발 크기로 큰 과녁을 만들고, 그 가운데 은으로 작은 과녁을 만들어 복판에 붙였다. 현대의 양궁으로 비교하면 10점 골드 안에 '퍼펙트골드(X10)' 과녁을 더 만든 것이다. 그 X과녁의 직경은 2치(6㎝)였다. 리성계는 정확히 그 퍼펙트골드에 화살을 명중시켰다.

역사적으로 가장 잘 알려진 활솜씨는 우왕 6년(1380) 왜구倭寇와의 전투로 유명한 황산대첩 때 유감없이 발휘되었다. 왜구들이 삼남지방으로 무려 군사 5,000을 이끌고 쳐들어왔던 적이 있었다. 당시 왜장 '아지발도阿只拔都'는 창검을 쓰는 기술이 매우 뛰어났을 뿐만 아니라, 머리부터 발끝까지 투구와 두꺼운 갑옷으로 빈틈없이 무장하고 있어 이성계의 화살이 수차례 그를 명중시켰음에도 전혀 뚫지 못했다. 그런 적장이 지휘하는 왜구들은 나날이 기세등등해졌고 전세戰勢는 고려군에게 불리하게 돌아갔다.

그때 이성계는 그의 영혼의 단짝으로 여진족 출신인 이지란李之蘭과 함께 꾀를 내어 시간차 공격으로 아지발도를 공격했다. 먼저 이지란이 활을 쏘아 아지발도의 투구 끝을 맞추고, 투구가 약간 뒤로 젖혀진 그 순간 놀란 아지발도가 입을 벌렸을 때 이성계가 화살을 쏘아 그의 목구멍을 꿰뚫었다. 장수를 잃은 왜구들은 더 이상 싸울 생각을 못하고 패퇴하기 시작했고, 이성계는 그 기세를 몰아 크게 승리하였는데, 이것이 황산대첩이다. 이를 바탕으로 이성계는 고려를 무너트리고 조선을 건국하는 기반을 마련하였다.

1409년 태종 이방원은 세자 양녕대군에게 활쏘기를 익히도록 명하였는데, 이를 두고 여러 신하들이 반대를 하고 나섰다. 활쏘기로 인해 학문을 소홀히 할까 염려된다는 것이 이유였다. 이에 대해 태종은 "임금이 굳세고 용감하면 능히 아랫사람을 제압할 수 있고, 활쏘기와 말 타기는 굳세고 용감한 기질을 키우는 것"이라고 하며 활쏘기 수련의 필요성을 강조했다.

세자에게 활쏘기 '조기교육'을 명했던 태종의 모습에는 역성혁명으로 조선을 건국했던 무인 집안의 기질이 고스란히 느껴진다. 활쏘기만 놓고 보면 조선 최고의 혈통을 이어받았다고 해야 할 것인데, 잘 알려진 바와 같이 양녕대군은 여러 불미스러운 일 끝에 세자의 자리에서 내려왔기 때문에 그의 활쏘기 실력이 어떠했는지 정확히 알 수는 없다.

태종이 강조했던 것처럼 활쏘기는 왕이 스스로 심신을 단련하기 위한 수단이기도 했으며 군통수권자의 위치에서 유사시를 대비해 군비를 갖춘다는 측면에서도 중요한 의미가 있었다. 실제로 왕이 직접 활을 쏘는 일 못지않게 활쏘기를 지켜보는 일도 적지 않았다. 1425년 세종은 경복궁 경회루에서 군사들이 말을 타고 활 쏘는 것을 참관했다. 이 자리에서 성적이 좋은 이들에게는 상으로 활을 하사하기도 했다. 이른바 '관사'라는 이름으로 행해지는 이 활쏘기 참관은 기본적으로 무예를 권장하는 성격이 있었다. 그러나 왕이 참관하는 활쏘기에 무관들만 참여한 것은 아니었다. 세종은 종친과 여러 신하들을 모아 활을 쏘게 해 보고 싶은데, 이에 대해 밖에서 희학한다는 말들이 나오지 않을까 염려하며 주위에 의견을 물었다. 이에 도승지 곽존중은 "활 쏘는 것은 육예의 하나이요, 또 활을 쏘아 그 덕을 보는 것은 옛 제도입니다. 희학과는 다릅니다."라고 답했다.

그러나 세종이 염려했던 것처럼 왕의 활쏘기 참관이 '놀이'로 비쳐질 여지도 적지 않았다. 1450년 문종이 활쏘기를 참관하자, 신하들은 군사적 준비를 잊지 않는 뜻이라고 평가하면서도 상중에 활터에 나오는 것은 옳은 일이 아니라고 지적했다. 이에 문종은 "놀이를 한 것이 아니고 부득이해서 한 것"이라고 변명처럼 들리는 대답을 내놓는다.

활쏘기 참관으로 인해 성종과 신하들 사이에 만들어진 긴장 관계를 살펴보면 그 성격이 더 구체적으로 보인다. 성종은 매월 무신들의 활쏘기를 보겠다고 했다. 이유인즉슨 문신은 경연을 통해 자주 보지만, 무신들은 그렇지 않으니 활 쏘는 것을 보면서 접견하겠다는 것이었다. 누구도 이의를 제기하기 어려운 이유였다. 그럼에도 불구하고 성종은 경연을 중지하고, 활쏘기 구경을 했던 일로 간언을 듣기도 했다. 간언의 요지는 활쏘기 구경은 유희일 뿐인데, 어찌 학문하는 일을 중지할 수 있겠냐는 것이었다. 성종은 순순히 잘못을 인정했지만, 논란은 여기서 그치지 않았다.

왕이 종친들을 거느리고 활쏘기를 참관하는 일이 잦아지자, 종친들이 활쏘기 때문에 학문을 게을리하게 된다거나, 왕과의 친근함에 길들여져 예의를 벗어나게 되지는 않을까 하는 등의 고언이 쏟아졌다.

조신의 르네상스를 이끌었던 정조는 문무를 겸비한 임금이었다. 세손 시절부터 다독을 통해 누구보다 고대의 경전에 능통했던 사람이기도 했지만, 태생적으로 강한 무인의 기질을 타고난 사람이었다. 정조는 평소 조선 선비들이 문무겸전이라는 건국 초기의 기상을 잃고 사변적인 논쟁에만 매달리는 것을 안타깝게 생각했다고 한다. 그래서 즉위하자마자 장용영壯勇營이란 친위부대를 만들어 직접 군사훈련의 지휘도 하고 『무예도보통지武藝圖譜通志』를 편찬케 하는 등 무인으로서의 자질도 여실히 보여줬던 임금이었다.

그런 무인 군주로서의 정조는 활쏘기를 즐겨 하고, 활 솜씨 또한 대단한 명궁이었다고 한다. 정조는 활쏘기에 몰두하는 이유에 대해, "사예는 곧 우리 집안의 법도이니, 다만 내가 천성으로 활쏘기를 좋아할 뿐이다."라고 했다. 또 "활쏘기의 묘미는 정신을 집중하는 데 있다."라고 하며, 활쏘기는 육예 중 하나로 자기를 바로잡기 위해 마음(心)을 다스리는 공부라는 점을 강조하는 기록이 그의 시문집인 『홍재전서弘齋全書』에 나타나고 있다.

명궁인 정조는 궁 안팎의 중요한 행사 때에는 활쏘기를 적극 권장하였다. 큰 행사에 수반된 활쏘기뿐 아니라, 신하들과 빈번하게 궁원에서 활쏘기를 했다. 이를 뒷받침하는 기록으로 정조 4년(1780)

5월 22일에 교리 강침이, 왕이 후원에서 자주 사예를 겨루는 폐단에 대해 상소하기도 했다.

> 춥건 덥건 물론하고 바람이나 안개를 피하지 않으며 자주 옥지를 힘들여 친히 확포(矍圃 : 공자가 확상의 밭에서 제자들과 대사례를 행할 때에 구경하는 사람들이 주위에 담장처럼 둘러서 있었다고 한다.)에 납시는데, 미천한 무신과 쇠뇌를 당기는 군졸까지도 그 사이에 끼고 분수에 맞지 않는 자급과 공로가 없는 상이 또 따라서 나가니….(『정조실록』 4년 5월 22일)

이런 기록을 볼 때, 정조는 날씨를 가리지 않을 정도로 활쏘기를 즐겼고 참여하는 사람의 직위도 다양했으며, 활쏘기 후에는 후한 상을 내리기도 했던 것으로 보인다. 이렇듯 정조는 단순히 활쏘기만 한 것이 아니라 참여한 신하들에게 과일이나 술과 음식, 물품 등을 하사하거나 내원의 경치를 구경하게 한 점이 특기할 만하다. 백탑파인 이덕무는 정조 3년(1779) 9월에 있었던 연사례에 참석하였다. 그가 이날 지은 시가 『청장관전서青莊館全書』에 실려 있어 그 모습을 짐작할 수 있게 한다.

| | |
|---|---|
| 拂雲亭上清蹕移 | 불운정 위에 임금의 행차 옮기어 |
| 大射工奏貍首詩 | 활쏘기 하니 악공은 이수시를 아뢴다. |
| 四耦周旋抗大帿 | 넷씩 짝을 지어 주선하며 큰 과녁을 쏘니 |
| 虎熊雉猿幡幡垂 | 호랑이·곰·꿩·원숭이의 깃발이 펄럭이네. |

不中有飮中有祝　맞추지 못하면 벌주 마시고 맞추면 축하하니

君子之爭以禮讓　군자의 다툼은 예양으로써 한다네.

黃封內酒旨且芳　나라에서 내린 술 향기로워

今夕何辰樂一堂　오늘 저녁이 무슨 때인가 한 당을 즐긴다.

〈『청장관전서靑莊館全書』 아정유고〉

※ 이수는 고대의 분실된 시의 편명으로, 활을 쏠 적에 행하는 의식으로 연주하는 곡이다.

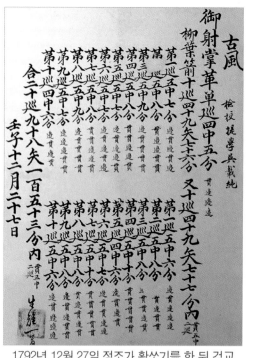

1792년 12월 27일 정조가 활쏘기를 한 뒤 검교 제학檢校提學 오재순吳載純에게 내린 '고풍古風'

정조 16년(1792) 10월 30일 정조가 창경궁 춘당대에서 활쏘기 행사를 펼친 결과 50발 중 49발을 과녁에 맞혔다. 점수는 72점(分)이었다. 과녁을 맞히면 1점, 그중에서도 정곡正鵠(과녁의 한가운데)을 맞히면 2점이었으므로 49발 중 23발이 정곡을 꿰뚫은 것이다. 정조의 화살 49발이 과녁에 꽂히자 "고풍古風이요"하는 고함소리가 울려 퍼졌다.

「고풍」은 조선시대 왕의 활쏘기 풍습에서 생산된 문서이다. 임금이 활을 쏘아 적중하면 임

금 곁의 신하가 축하의 의미로 상을 청하는 풍습 또는 임금이 활을 쏜 내역과 하사품을 수록한 문서를 일컫는다. 바로 그날 정조가 화살 50발 중 49발을 맞힌 뒤 검교제학 오재순의 '고풍'에 자신의 활솜씨를 자랑하며 손수 써준 어필이 최근에 언론에 공개되었다.

임금이 쏜 유엽전柳葉箭(촉이 버드나무 잎처럼 생긴 화살) 10순(1순이 5발이므로 50발) 중 49발을 맞혔고 점수는 72점(分)이라 했다. 맨 처음 5발을 쏜 제1순에서는 관貫(정곡)에 3발, 변邊(주변)에 2발 맞아 8分(점)을 기록했다. 제2순은 관에 2발, 변에 3발 맞아 7점(分)이었다. 이렇게 제10순까지 정조가 과녁의 어떤 부분을 맞혔고 각 순별 점수가 어땠는지 정확하게 기록돼 있다. 정조가 오재순의 '고풍' 밑 부분에 써준 '어필御筆'의 내용도 그 날짜『정조실록』의 기록과 토씨 하나 다르지 않다. 정조는 오재순의 '고풍'에 다음과 같은 글을 손수 썼다.

원래 활쏘기는 우리 가문의 법도(射藝卽我家法也)인데, 이후 10여 년 동안 쏘지 않다가 최근 팔 힘을 시험해보려고 몇 차례 10순(50발)씩 쏘았는데, 40여 발씩 명중시켰다. 그랬더니 경들이 축하의 글을 올리기에 장난삼아 '그래 내가 49발까지 맞히면 그때 가서 고풍을 청하라'고 했다. 그런데 마침내 오늘 명중한 화살 수가 약속한 숫자와 맞아 떨어졌으니 선물을 내리려 한다.〈검교제학 오재순의 '고풍'〉

정조는 규장각 관리들에게 반숙마半熟馬(길들이지 않은 말) 1필씩을 하사하고 검서관檢書官(규장각 5급) 이하 관리에게는 차등 있게 선물을 내렸으며, 참석자 중 맨머리에 있던 오재순에게 특별히 임금의 소감문을 써준 것으로 보인다. 그런데 이 '고풍'에는 정조의 마지막 발(50번째) 점수가 공란으로 남아 있다. 여기에는 깊은 뜻이 있다.

> 활 쏘는 것이라면 하늘에서 타고난 재주였다. 그러나 50발을 쏠 경우에 항상 그 하나는 남겨두고 있었는데, 모든 것이 가득 차면 안 되기 때문이었다. 〈『正祖實錄』「正祖大王 行狀」〉

백탑파인 초정楚亭 박제가朴齊家는 "당시 사람들은 '하늘이 내린 임금의 활쏘기 솜씨에서 50대 중 1대를 빠뜨린 것은 겸양의 미덕'이라 했다."고 전했다. 이 대목에서 박제가는 "문무를 겸비한 우리 성상은 백왕을 뛰어넘으셨다."고 엄지손가락을 치켜세웠다.

정조는 "문과 무의 병용이야말로 국운을 장구하게 하는 계책"이라는 소신을 갖고 있었다. 문신들에게도 '무예를 연마하라'고 다그쳤다. 정조가 그토록 총애했던 다산 정약용에게 굴욕을 안긴 사건이 1791년(정조 15년 9월) 일어난다. 다산의 『여유당전서』 '북영벌사기'에 의하면, 이날 규장각 신하들을 대상으로 열린 50발 활쏘기에서 다산 등 7명이 단 4발도 맞히지 못했다. 그러자 정조는 "문장은 좋지만 활쏘기를 모르면 문무를 갖춘 재목이 아니니 그대들을 북영에 잡아놓고 하루에 20순씩 쏘아서 매 순마다 한 발씩은 맞힌 뒤에야 풀어주겠다."고 명했다. 낙제점을 받은 다산 등 7명에게 10일 간의 '북영 입소'를 명했다. 지금으로 치면 '해병대 캠프 입소'가 아닌가. 게다가 100개 중 최소한 20개는 맞힐 때까지 풀어주지 않겠다는 것이었다. 졸지에 북영北營(훈련도감 본영)로 끌려간 다산은 이때의 생고생을 생생한 필치로 토로한다.

활쏘기

북영으로 갔다. 처음에는 활이 망가지고 화살은 굽었으며, 깍지(決, 활을 쏠 때 오른쪽 엄지손가락에 끼는 기구)는 떨어져 나가고 팔찌(拾, 활을 쏠 때 왼팔 소매를 걷어 매는 띠)는 질질 끌렸으며, 손가락은 부르트고 팔뚝은 부었으며, 말 타는 솜씨도 서툴러서 보는 사람이 크게 웃지 않는 자가 없었다. 며칠이 지나자 활시위를 당기는 솜씨가 점점 능란해져서, 1순을 쏘면 세 발을 맞추는 때가 많았다.〈『여유당전서』 북영벌사기〉

다산은 그렇게 10일간 훈련하고 나서야 겨우 북영에서 풀려났다. 다산으로서는 섭섭할만했다. 자신을 그토록 총애했던 정조가 안면 몰수하고 해병대 유격훈련까지 보냈으니 말이다. 그러나 캠프에 다녀온 다산은 오히려 "난 행운아였다."고 정조의 처사를 고마워했다.

문화재청은 2020년 7월 30일 활쏘기를 국가무형문화재 제142호로 지정하였다. 일본의 궁도가 세계 여러 나라가 참여한 국제궁도연맹을 창설하고 세계궁도대회를 개최하는 등 세계화를 가속화하고 있으며, 튀르키예(터키)의 전통 활쏘기는 2019년에 유네스코 인류무형문화유산으로 등재된 시점에서 우리의 전통무예 활쏘기가 국가무형문화재로 지정되었음은 다행스럽고 진심으로 축하할 일이나. 그러나 동이족의 후예인 우리로서는 만시지탄이지만 미래의 정곡을 맞추는 신의 한 수가 되길 기원한다.

白塔

塔

落穗

2부

# 자원字源으로 풀어보는 역대 중국 국호國號의 뜻

도가도道可道 비상도非常道

명가명名可名 비상명非常名

노자老子의 『도덕경道德經』의 첫 구절이다. "도道라고 불리는 것에는 도道가 없고, 이름(名)을 이름이라 하면, 참된 이름이 아니다." 즉 어떤 명칭을 특정한 개념으로 규정하거나 정의를 내려버리면, 그것은 그 규정된 의미에 갇혀버려서 진정한 이름 역할을 할 수 없다는 뜻이다. 이렇듯 '이름' 이라는 것은 많은 의미를 가지고 있으며, 존재를 규정하거나 정의할 수 있는 것이다.

이름이라는 것은 존재의 본질과 의미를 상징한다. 다시 말하면, 다른 것과 구별하기 위하여 사물, 단체, 현상 따위에 붙여서 부르는 말이 이름이다. 존재하는 것은 모두 이름이 있다.

중국의 정식 명칭은 '중화인민공화국中華人民共和國' 이다. 중국이라고 정식으로 국호를 쓴 경우는 예나 지금이나 없다. 곧 중국이라는 나라는 없다는 말이다. 그러나 통칭으로 중국이라고 예나 지금이나 사용하고 있다.

중국이라는 단어는 『시경』에서 맨 처음 등장한다. 『시경』 대아 민로民勞에 "혜차중국惠此中國 이수사방以綏四方(중국이 혜택을 받고 사방이 안정이 되었노라.)"과 역시 『시경』 재재梓材에 "황천기부중국민皇天既付中國民 월궐강토越厥疆土(황천이 중국에 백성을 주고 강토를 개척하게 하니라.)" 하였다. 여기서 언급한 '중국'은 천자가 통치하는 중앙지역으로 경사京師 또는 서울 지역을 의미한다. 서주西周 때 주공周公이 낙양을 건설하고, 천하의 중심이라 하여 '중국'이라 불렀으며, 맹자는 등문공상滕文公上에 "북학어중국北學於中國"(북쪽으로 중국에 와서 학문을 배웠다.)고 기록하고 있으며, 화하華夏와 중화中華를 중국의 대명사로 사용하기도 했지만, 정식 국명으로는 사용한 적이 없다.

다시 말하면, '중국'이라는 용어는 주周나라의 수도를 일컫는 말로 쓰였다. 중원, 중화라고도 했다. 어느 쪽이든 '중심 지역', '가운데 지역'이라는 의미인데, 주변에 비해 발달된 문명을 가졌던 자신들을 주변 '이민족' 또는 '야만족'과 구분하기 위해 쓰이는 경우가 많았다.

중국 역대 왕조의 이름을 보면, 모두가 한 글자로 되어있다. 모두가 외자 이름을 쓴 건 고대 작명 원칙과 관련이 있다고 한다. "가장 위대한 건 하나이고, 그 지배를 받는 게 둘과 그 다음"이기 때문이란 것이다. 문명인인 중국인 이름은 한 글자, 그렇지 못한 이민족은 두 음절 이상 이름을 써야 한다고 생각했다. 훗날 같은 이름이 많아지며, 두 글자 이름의 중국인이 늘어났다.

전한을 멸망시키고 신新을 세운 왕망은 이러한 것에 분개했다. 그는 "두 글자 이름은 야만인과 같아 수치"라며, 한 글자만으로 이

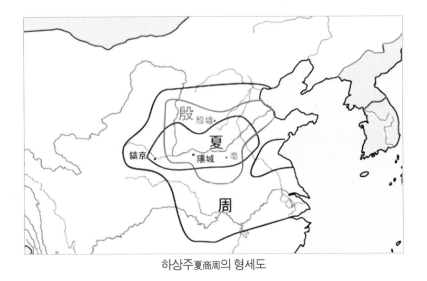

하상주夏商周의 형세도

름을 지으란 명령을 내렸다. 중국은 인접 국가가 단음절 국명을 쓰는 것도 용납하지 않았다. 단음절로 만들어진 역대 중국의 국호를 문자학적으로 탐구해 보자.

흔히 하夏, 상商, 주周란 중국 전설 속의 왕조였다. 또는 하夏·은殷·주周라고도 한다. 전설 속의 임금인 요堯, 순舜에 이어지는 이 세 왕조는 기록의 부재로 인하여 반듯하게 역사 체계 안으로는 들어서지 못했던 왕조였다. 그러던 것이 중국의 역사 만들기의 일환인 '하상주단대공정夏商周斷代工程'을 통하여 전설상의 왕조를 역사 속으로 끌어내었다.

2001년 11월 신화통신사에 발표된 소식에 따르면, "하나라 시대는 기원전 2070년에 시작되었고, 하나라를 이어 상나라가 들어선 것은 기원전 1600년, 반경盤庚이 은으로 천도한 것은 기원전 1300년, 상나라를 이어 주나라가 등장한 것은 기원전 1046년"이란 것이다. 중국의 기원을 무려 1200여 년 앞당기고 있는 것이다. 중국은 이러한 작업 과정을 통해 중국의 역사를 기원전 2000년까지 끌어올리는 데 성공한 것이다. '역사 만들기'의 쾌거인 것이다.

夏 우선 중국 최초의 왕조인 하夏라는 나라의 실체는 구체적으로 나타난 것은 없다. 최근 하남성 이리두二里頭라는 곳이 하의 본거지일 것이라는 연구가 나오고는 있으나 계속 주시해야 할 것이다. 중국 민족을 의미하는 말은, 한족과 중화족 외에 하나라로부터 시작되었다고 해서 하화족이라고 부르기도 한다. 진태하 교수는 '夏' 자에 대하여 다음과 같이 분석하였다.

夏(여름 하)는 본래 화려하게 꾸민 귀족, 곧 대인大人의 모습을 상형하여 '夆, 夒, 夒'의 형태로 그리어 '크다'의 뜻으로 쓰인 것인데, 생물이 크는 것은 여름철이기 때문에 뒤에 '여름'이라는 뜻으로 변하여 해서체의 '夏' 자가 된 것이다.〈『상용한자 자원풀이 1800자』〉

식물이 크는 것은 여름철에 크기 때문에 '夏(클 하)' 자가 뒤에 '夏(여름 하)' 자로 쓰이게 된 것이다. '夏'의 자형은 갑골문에서 해서체에 이르기까지 많이 변하였으나, 자음은 '하(ha)'로서 반절음인 '호가절胡駕切'로 볼 때, 상고음上古音이 그대로 유지되고 있음을 알 수 있다. … 우리말에서는 '하(ha)'가 '크다', 또는 '많다'의 뜻으로 예로부터 현재까지 쓰이고 있다. 『월인석보』에 '내 모미하커', 「송강가사」에 '하도할사'의 예와 '한내(大川)', '한밭(大田)', '한아비(祖)' 등의 '한'은, 곧 '큰'의 뜻으로 '하'의 관형사형인 것이다. 그렇다면 하나라를 건립한 민족은 어느 민족인

가를 문자학적인 면에서 고증할 수 있다. '크다' 는 뜻으로 나라를 세우려면, '하(ha)' 를 예로부터 '크다' 의 뜻으로 말을 쓰고 있는 민족이 세웠음은 의문의 여지가 없다. 또한 '夏' 의 자형을 만든 것도 '하(ha)' (크다)라는 말을 가지고 있는 민족이 만들었음도 불문가지이다.〈『한자는 우리의 조상 동이족이 만들었다』〉

| 甲骨文 | 金文 | 篆書 | 隸書 | 楷書 |

'하夏' 의 자형 변천

**商 (殷)** 하夏나라의 뒤를 이은 나라는 상商(B.C. 1600년경~B.C. 1046년경)나라이다. 상나라는 역사적으로 실재했다고 여기는 최초 중국 왕조이며 은殷나라로 부르기도 한다. 개국을 한 탕왕湯王은 상구商丘에 도읍을 하였고, 여기에서 따 '商' 이라 이름 하였다고 한다.

'商' 자는 갑골문에 '圅' 의 형태로 본래 청동기의 모양을 본떠서 상나라의 명칭으로 쓰인 것이다. '상업商業', '상인商人' 이라는 뜻은 '상' 나라가 망한 뒤 유민들이 행상을 한데서 전의된 뜻이다. '殷' 은 본래 '月殳' 의 자형으로 배가 부어 있는 사람에게 침(殳)을 놓다의 뜻이었는데 '殷' 의 자형으로 변한 것이다. '殷' 나라의 이름으로 쓰인 것을 보면, 당시 이미 침술이 발달했음을 알 수 있다.

상나라는 크게 전기와 후기로 나뉘는데, 전기는 정주鄭州를 중심으로 여러 번 수도를 바뀌게 된다. 그러나 반경盤庚이 왕이 된 후 은

'상商·은殷'의 자형 변천

殷(지금의 은허)에 도읍하고 멸망 때까지 그곳에서 통치하게 되어, 반경이 은에 도읍한 이후를 은殷이라 한다. 곧 상나라의 후반기를 은이라 칭하는 것이다. 하남성 안양의 은허에서 발견된 갑골문은 상나라가 은에 도읍한 이후 만들어진 글자이다.

중국 문명사에서 청동기시대는 매우 중요한 자리를 차지한다. 은나라 하면 갑골문이 먼저 떠오르지만, 사실은 대단히 수준 높은 청동기들이 대량으로 만들어졌던 시기다. 갑골문은 상나라 후기, 즉은나라 때로 한정되지만, 청동기는 그보다 훨씬 더 올라가 상나라 중기, 심지어 초기까지 올라가는 것도 있다. 은허의 '부호婦好' 능에서 나온 다양한 청동기들과 833kg이나 되는 사모무정司母戊鼎 등을 볼 때에 '商'의 자형이 청동기를 본떴다는 것은 불문가지이다.

『사기史記』에 "은왈이 주왈화殷曰夷 周曰華(은은 동이족이 세운 국가이고, 주는 우리 화하족이 세운 나라)"라고 하였으며, "(은나라 시조인) 계契(또는 卨)의 어머니가 목욕하다가 현조玄鳥가 떨어뜨린 알을 삼켜 설을 낳았다."고도 하였다. 『시경』 상송商頌에는 은나라 스스로

부호능婦好陵 앞의 부호상婦好像과 출토된 청동기 사모무정司母戊鼎

"천명현조강이생상天命玄鳥降而生商(하늘이 검은 새를 보내 상나라를 낳게 하였다.)"는 신화를 널리 보급시켰다고 한다. 그런데 이 신화는 우리의 난생설화와 일치한다. 학자들은 은나라가 부여와 습속이 거의 같아서 흰색을 숭상했으며, 하늘에 제사를 지내거나 군대를 일으킬 때 점을 쳤고, 부여는 은나라 역법曆法을 사용했다고 한다. 『후한서』도 "동방을 이夷라고 한다(東方曰夷)."고 했다. 은나라는 동이족의 국가이라는 말이다.

중국의 정사, 즉 『사기史記』 이후의 거의 모든 역사서의 뒤편에 「동이열전」이라 하여 고구려, 백제, 신라 등 우리 민족의 역사를 서술하고 있다. 이로 보아 중국에서는 우리가 곧 동이임을 자인하고 있는 것이다. 후세에 동이의 존재에 대하여 중언부언하고 있는 것은 역사 비틀기의 모습이라고 할 수밖에 없다.

周 상나라, 곧 은나라를 멸망시킨 나라의 국호는 주周이다. 주를
갑골문에서 찾아보면 '田' 의 자형으로, 밭 전田자 안에 4개
의 점으로써 밭의 농작물이 '두루', '골고루' 잘되었다는 뜻이었다.
뒤에 쓸 용用과 입 구口의 회의자로, 입은 화복의 문이므로 입을 사
용(用)하여 말할 때는 입을 주밀하게 삼가야 한다는 데서 두루의 뜻
이 되었다.

'周'라는 글자에는 '보편적, 주도면밀, 완비' 등의 뜻이 담겨 있
다. 이를테면 『관자管子』에 이런 구절이 있다. "인불가부주人不可不
周(군주가 된 자는 꼼꼼하고 조심하지 않을 수 없다.)" 여기서 '周'는 '주
밀周密(허술한 구석이 없고 세밀하다.)'의 뜻으로 사용된 것이다. 이로
보아 주나라 통치자들은 완벽주의자였을 것으로 짐작된다. 무슨 일
이든 완벽하게 처리하고자 했던 것 같다. 그렇지 않다면 굳이 '주'를
국호로 삼았을 리는 없기 때문이다. 또는 '주'의 초창기 글자가 논밭
의 모습인 점을 보고 통치자들이 농업을 천하의 근본으로 삼으려 했
다고 풀이하기도 한다. 기마민족이 아닌 농경민족의 흔적이다.

'주周'의 자형 변천

그리고 춘추전국시대가 도래한다. 대표적인 것만 이야기하자면,
산동성의 齊, 하북성 북경 부근의 연燕, 하북성 한단의 조趙, 하남성
개봉의 위魏, 하남성 신정의 정鄭과 한韓, 호남성 형주荊州의 초楚와
상해부근의 소주蘇州에 근거한 오吳, 절강성 소흥紹興의 월越, 섬서

성 서안西安의 진秦, 산서성 북쪽의 진晉, 하남성 진현陳縣의 진陳 등
이다. 이들은 지명을 국명으로 쓰고 있다.

秦 중국 최초의 통일 왕조인 진秦은 곡물과 관계가 있다. 3000년
전부터 '진秦'은 일종의 곡물로 주로 가축을 먹이는 데 쓰였
다고 한다. 진인秦人의 선조인 비자非子가 '秦'을 심어 말을 키웠으
며, 이 공로를 주周나라 효왕孝工으로부터 인정을 받아 '영嬴' 씨 성
과 함께 토지를 하사받아 춘추전국시대의 강국 진나라가 되었고, 훗
날 진시황이 전국을 통일하고 국명을 계속하여 '秦'이라 했다.

진은 금문에 '秦'의 자형으로 '午(午), ++(𦥑), 秝(秝)' 곧 절구
공이, 두 손, 두 개의 벼 포기'의 회의자로, 두 손으로 절구공이를 잡
고 벼를 찧다의 뜻이다. 소전체에서 禾(벼 화)와 舂(찧을 용)을 생략한
'夫'이 합쳐 '秦'의 자형을 만들었다. 뜻은 역시 벼를 수확하여 찧
다의 뜻이다. 진나라 땅에서 좋은 벼가 생산되어 벼 이름으로 국명
을 삼은 것을 알 수 있다. 역시 농경민족임을 보여주고 있다.

'진秦'의 자형 변천

민간 전설에 따르면, 진시황은 문무백관을 소집하여 통일제국의
국호를 논의토록 명했다. '秦'이란 글자를 당시에는 '금琹'으로 표
기했는데, 진시황은 이를 몹시 못마땅하게 생각했다. 두 명의 왕이

진시황제秦始皇陵의 병마용갱兵馬俑坑

자리에 앉아 있는 모습이기 때문이다. 어느 누구도 안중에 없었던 진시황에게 그런 글꼴이 마음에 들겠는가. 문무백관은 머리를 쥐어 짜다가 마침내 이렇게 건의를 올리게 되었다. "대왕의 업적은 전무후무하여 역사에 길이 남을 것입니다. 역사책의 최고봉은 공자의 『춘추春秋』이니, '春' 과 '秋' 의 반씩을 떼어내 '秦' 을 만들어 국호로 삼는다면, 『춘추』에 기록된 제왕들의 총 업적을 대왕 혼자 이루셨음이 아니겠는지요." 이에 진시황은 흡족하여 즉시 국호로 삼게 했다는 것이다. 물론 아니다.

漢 진秦이 망하고 초한쟁패를 거쳐 두 번째로 통일된 왕조를 이룬 것이 한漢이다. 진시황의 사후 천하를 놓고 다투던 초楚는 원래 초나라 귀족 출신의 항우가 전성기 때 그 도읍을 강소성 서주徐州를 팽성彭城이라고 칭하고 도읍을 정하였기에 원래의 초와 구별

한漢나라의 기원이 된 한수漢水

하기 위해 서초西楚라 하고 항우 자신을 서초패왕西楚覇王, 즉 서초 출신의 왕중왕이라고 칭하였다. 그리고 라이벌 유방을 한중漢中 땅에 보내며 한중왕漢中王이라 봉하였다. 이후 유방은 항우를 물리치고 황제가 되어 나라 이름을 한漢이라 칭한 것이다.

'漢' 자는 은대殷代의 갑골문에는 없고, 주대周代의 금문에 비로소 '𣻌'의 형태로 나타나고, 진대秦代의 소전小篆에 '𤅈'의 형태를 거쳐 오늘의 '漢' 자로 쓰이게 된 것이다. 또한 '漢' 에 대하여 『설문해자』에서는 "漢漾也. 東爲滄浪水, 從水難省聲(漢은 漾이라는 강물이다. 즉 동쪽은 창랑수라 한다. 수水의 형부形符에다 '難' 자를 생략하여 '𦰩' 으로써 성부聲符를 삼아 만든 형성자이다.)" 이라 한 바와 같이 '漢' 은 결코 처음 만들어질 때부터 '한족漢族'의 명칭이나 '漢' 이라는 나라의 명칭으로서 만들어진 글자가 아니라 '한수漢水' 라는 강물 명칭

'한漢'의 자형 변천

으로서 만들어진 글자임을 알 수 있다.

'한족漢族'이라는 명칭은 황하문명을 이룩하던 상고시대로부터 일컬어진 것이 아니라, 위진魏晉 또는 한나라 무제 선제宣帝 이후에, 그것도 외국인들에 의하여 일컬어진 명칭이며, '한자漢字'에 대해서도 『원사元史』병지兵志에 처음 나타나는 용어로, 고대로부터 중국인들 스스로 '漢字'라는 명칭을 쓴 것이 아니라, 원元나라 때 몽고인들에 의하여 붙여진 명칭인데, 이 명칭이 한국, 일본 등에 전파되고, 오히려 중국에 역수입되어 쓰인 것이다.

**新** 왕망은 전한의 평제平帝 때 재상을 지냈던 인물로, 평제를 시해하고 평제의 아들을 황제로 세운 뒤 섭정을 하다가 결국 황제의 자리를 찬탈하여 국호를 '신新'으로 바꾸었다. 그는 중국 태고의 요堯가 순舜에게 왕위를 물려준 고사에 따라서 선양禪讓의 형식을 취하였다. 사실상 최초의 선양혁명禪讓革命이다. 그러나 선양은

'신新'의 자형 변천

동서고금에 없다. 권력은 자식하고도 바꾸지 않는다고 하였는데, 어떤 누가 남에게 나라를 바치겠는가. 승자의 논리이다.

A.D. 8년, 천명天命이 내렸다는 상서로운 징조가 여러 곳에서 보고되었고, 왕망은 국호를 '신新'이라 하는 새 왕조를 열었다. 이 이름은 그가 입신하여 처음 얻은 봉후封侯인 신도후新都侯에서 유래한 것이다. 서한 말기 지리멸렬한 국면을 수습하고 강력한 지도력을 빌휘하여 새롭게 시작하고자 신新 왕조의 이름미저 새롭다는 뜻으로 '신'이라 정했던 것이다. 왕망은 고대의 이상적인 국가인 주나라 재현한다는 명목으로 유교경전을 근거로 하는 개혁정치를 실시하여 관제와 법령 등을 개편하였으며, 토지의 국유화, 노비 매매 금지 등의 형식적인 정책을 폈으나 호족세력이 반발하여 왕조 개창 15년 만에 후한의 광무제에게 멸망되었다.

**隋** 삼국시대를 평정한 진晉나라가 단명한 후, 중국은 오호십육국 시대와 남북조시대로 접어든다. 이를 통일한 나라가 수隋나라이다. 수隋의 이름도 출발은 선대가 받은 작위였다. 수문제隋文帝 양견楊堅의 아버지인 양충楊忠이 수국공隨國公으로 봉해졌고, 양견이 작위를 계승했다. 한데 정작 건국을 할 땐 '隨'에서 '辶'을 빼고 '隋'로 나라 이름을 정했다. 양견이 볼 때 앞선 왕조들은 너무 단

'수隋'의 자형 변천

명했다. 동위東魏는 16년, 서위西魏는 22년, 북제北齊는 27년, 북주北周는 24년에 그쳤다. 양견은 '따르다' 는 뜻의 '隨' 가 이전 왕조의 단명을 따를까 우려해 '간다' 는 뜻의 부수인 '辶' 을 뺐다. 그러나 한자 지식에 한계가 있었던 양견은 '수隋' 와 타락의 '타墮' 는 통용된다는 사실을 아마 몰랐을 것이다. 그 때문인지 수 왕조는 타락하여 38년만에 단명하고 말았다.

**唐·宋** 수隋나라의 뒤를 이은 당唐이라는 국호도 당고조 이연李淵의 할아버지 이호李虎가 받은 작위인 당국공唐國公에서 따왔다. 당唐에는 '넓고 크다' , '매우 겸허하다' 등의 뜻이 있다. 이런 뜻이 담겨 있기에 당나라는 세계국가로서 웅대한 포부와 풍모를 보여주었다. 후세 사람들이 흔히 당나라를 언급할 때 대당제국大唐帝國이라 부르곤 한다. 대당제국이란 말에는 곧 광활한 영토, 웅대한 기세나 포부 등이 자연스레 드러나고 있다.

甲骨文 → 金文 → 篆書 → 隸書 → 楷書

'당唐' 의 자형 변천

송宋나라도 건국자인 조광윤趙匡胤이 절도사로 주둔해 왕조 창업의 기틀을 닦았던 송주宋州에서 딴 국명이다. 송주는 지금의 하남성 상구商丘이다. 상구는 상나라의 여러 도읍 중 하나로, 탕왕이 도읍지로 정한 곳이다. 그 후 상이 망한 후 주周는 상나라 주왕紂王의 친형 미자微子 계啓를 이곳에 봉하고 송宋이라 칭하였으며, 상나라 역대 제왕의 제사를 잇도록 허용하였다. '송宋' 자에는 '정착, 안거' 등을 뜻하고 있다. 조광윤도 오대십국의 전란을 종식하고 편안한 세상이 되기를 바라는 마음으로 '송'이라 지었다고 볼 수 있다. 송나라가 문치를 치국의 이념으로 삼았던 것과도 무관하지 않을 것이다.

**元** 몽골 제국의 제5대 칸 쿠빌라이는 국명을 중국식인 '대원大元'으로 선포하였다. 원 이전의 중국 왕조의 국호들이 전통적으로 지명에서 유래하였다면, 그 전통이 기마민족인 몽골에 의해 사라진 것이다. 이 국호는 『주역』에 건원乾元을 설명하는 "대재건원大哉乾元 만물질시萬物質始(크도다 건원이여, 만물의 시작이로다.)"라는 말에서 따온 것이다.

쿠빌라이는 몽골의 초원을 제쳐두고 중국 땅을 본거지로 삼아 그의 꿈을 펼쳤다. 그는 30년 이상의 재위 기간 동안 비록 중국 땅을 근거지로 삼았지만, 그는 일관성 있게 몽골이 가진 원천적인 정신세계를 바탕으로 이념을 실천해왔다. 국호를 위대한 '텡그리의 나라', 즉 '대원大元'으로 삼은 것이 가장 드러난 증거다. 대원이라는 말은

원元 세조世祖 쿠빌라이

| 甲骨文 | 金文 | 篆書 | 隷書 | 楷書 |

'원元'의 자형 변천

'큰 하늘', 몽골말로 하면 '예케 텡그리'가 된다. 텡그리, 즉 하늘은 몽골인들에게 최상의 숭배 대상인 신이다. 그러니까 대원은 텡그리의 나라라는 의미의 중국식 표현이라고 할 수 있다. 그것도 그냥 텡그리가 아니라 예케 텡그리다. 즉 위대한 텡그리의 나라가 바로 대원제국인 것이다.

'元'에는 사람의 머리라는 뜻이 있다. 머리는 사람의 가장 위쪽에 있고, 태어날 때도 머리부터 나오므로 '시작', '처음'의 뜻도 있다. 여기에서 확장되어 원단元旦 원월元月에 쓰인다. 원나라는 이전의 다른 왕조와는 다른 새로운 시작임을 강조하고 있다. 또한 『주역』에서 말하는 천도의 네 원리라는 뜻인 원형이정元亨利貞의 첫 번째에 해당하기도 한다.

**明** 이민족인 원元을 몰아내고 한족의 나라를 세운 주원장朱元璋은 목동과 걸승乞僧의 신분에서 지존의 위치로 화려하게 변신했다. 그가 세운 나라를 '明'이라 정한 데는 다음과 같은 이유가 있었다. 첫째는 그는 빛과 밝음을 숭상하는 일월신교日月神敎의 신도였다. 빛과 밝음의 일월日月이 그를 지상으로 보내 백성을 구하라 명했다는 것이다. 일日과 월月이 그를 이 땅에 보내 왕이 되었으니, 명왕明王이고 명왕이 세운 나라이니, 명나라가 된 것이다. 해와 달

명나라 주원장朱元璋의 전혀 이질적인 초상 2종

의 도움으로 천지만물이 번성하듯, 인간도 해와 달의 가호 속에 자자손손 행복하게 이어지길 바라는 의미도 가지고 있다.

원나라 말기 가렴주구로 백성들은 피폐해지고 이를 틈탄 반란세력들이 나타나 원나라를 멸망으로 몰고 갔다. 그중 가장 큰 집단인 명교明敎는, 미륵彌勒이 강림하면 명왕이 나타난다고 선전했는데, 이런 믿음이 백성들 사이에 널리 퍼졌다. 1351년, 황하 둑 쌓기 공사에 강제로 동원된 농민들이 명교明敎 주도로 하남에서 봉기했다. 역사적으로는 '백련교도白蓮敎徒의 난' 이라 불리는 이들의 반란을 주도한 것이 명교明敎, 또는 일월신교日月神敎 · 백련교白蓮敎 · 마교魔敎라 부르는 집단이다. 이들은 페르시아의 조로아스터교를 개혁한 마니교摩尼敎의 중국 버전으로 하남과 안휘를 중심으로 강력한 세

'명明'의 자형 변천

력을 구축했으며, 머리에 붉은 두건을 하고 있어 홍건적이라고 불렸다. 여기에 주원장이 합류한 것이다.

무협지의 대표인 김용金庸의 『영웅문英雄門』 중 3부인 『의천도룡기倚天屠龍記』에서도 명의 시조인 주원장이 주인공 장무기張無忌의 휘하로 나오고, 명이 명교에 의해 세워진 걸로 나온다.

**清** 몽골의 원나라에 이어 또 하나의 기마민족이 중국 대륙을 점령한다. 청淸나라이다. 1616년, 누르하치가 나라를 세우고 '후금後金' 또는 '대금大金'이라 칭하였다. 1636년, 태종 황태극皇太極(홍타이지)이 황위皇位에 오르고 '淸'으로 바꾸었다.

청나라 건국 초기에는 그들의 조상인 여진족이 12세기에 세운 금金나라의 명칭을 따랐다. 그 뒤 자신들의 칼끝을 중원으로 향할 때 '삼수변'의 '淸'으로 바꾼 것이다. 칼과 창으로 상징되는 쇠(金)로 위협적인 '金'에서, 물처럼 부드럽고 맑은 '淸'으로 바꾼 것이다.

'청淸'의 자형 변천

그 이유는 오행사상에 근거하였다고 한다. 전통적인 오행상극 이론에 따르면, 명明에는 화火의 뜻이 담겼고 명 황제의 성은 주朱로 적색赤色이며, 적색은 곧 불이다. 불을 누르기 위해선 물(水)이 필요하기 때문에 나라 이름을 청이라 하였다. 청과 만주 세 글자 모두엔 물이 넘친다. 청 태종 황태극이 여진을 만주로, 금을 청으로 한 까닭이며, 청과 금은 만주어든, 중국어든 발음이 매우 유사하여 생경하지 않았기 때문이라고 한다.

　靑과 淸은 통한다. 청은 동방의 색이다. 해는 동쪽에서 뜬다. 따라서 청이란 글자는 만주족과 청나라가 태양처럼 대지를 두루 비춤을 상징하는 것으로 보았다. 또는 만주족의 발상이자 본거지는 중원으로 볼 때 동방이었다.

**中華人民共和國** 청이 무너진 뒤 왕조를 대신할 국호가 필요했다. 위에서 살펴본 것처럼 중국 역대 왕조는 모두 외자 이름을 썼다. 그러나 혁명가 장태염章太炎이

'중中'의 자형 변천

'화華'의 자형 변천

국명을 '중화민국中華民國'으로 하자고 주장했다. '中華'는 주변의 이민족과 다르게 고도의 문명을 지녔다는 의미를 담는다. "이민족을 몰아내고 중화를 회복하자."는 주장을 했던 손문孫文이 1911년 신해혁명辛亥革命 이후 장태염의 주장을 수용해 '中華民國'으로 국호를 정했다. 이로써 전통적인 화이사상에 입각한 개념인 '中華'가 중국의 공식 국호에 사용되기 시작해 지금까지도 이어지고 있다.

국공내전에서 장개석의 국민당을 물리친 모택동의 공산당은 1949년 10월 1일 중화인민공화국을 세웠다. 이 국호가 탄생하기까지는 몇 차례의 논쟁과 수정을 거쳐야 했다. 모택동은 1940년의 『신민주주의론新民主主義論』에서 '중화민주공화국'을 제기하였고, 1948년엔 '중화인민민주공화국'으로 불렀다. 그런데 건국 직전인 49년 7월 한 회의에서 국명이 너무 길다는 의견이 제시됐다. 그 결과 '중화인민민주국'과 '중화인민공화국'의 두 의견이 떠올랐다. 토론 끝에 민주와 공화 두 단어를 함께 넣을 필요는 없고, '공화' 하나만 넣자는 의견이 우세해 '중화인민공화국'으로 결정됐다. 중국은 이를 '인민이 주인이 되는 나라'로 선전한다.

한데 중국에선 현재의 국명이 '중화인민공화국'이지만, 줄여서 말할 때는 '신중국新中國'이라 부른다. 이 말은 어떻게 나온 것일까? 창당 때부터 공산당이 부르는 노래 중 "몰유공산당沒有共産黨 취몰유중국就沒有中國(공산당이 없으면 중국도 없다.)"이라는 노래가 유행하였다고 한다. 1950년 어느 날 학교에서 돌아온 모택동의 딸이 이 노래를 불렀는데, 모택동이 이의를 제기하였다. 중국 공산당은 1921년 창당됐지만 중국은 수천 년 전부터 있었는데, 어떻게 공산당이 없으면 중국이 없느냐는 논리였다. 그러면서 모택동은 가사에 수정을 가했다. "몰유공산당沒有共産黨 취몰유신중국就沒有新中國(공산당이 없으면 신중국도 없다.)"이라며 '신新'자 하나를 추가했다. 이후 '신중국新中國'으로 일컫게 됐다.

중국은 중심을 뜻한다. '中'자는 가운데에 깃발을 꽂은 모습을 그린 것이다. 씨족사회 시절 사람들이 많이 모이는 중앙에 깃발을 꽂았기 때문이다. 중국이란 국호엔 이처럼 세상의 중심이 되고자 하는 중국인의 염원이 담겼다. 처음엔 대륙의 중심, 이어 아시아의 중심, 이제는 세계의 중심이 되고자 한다. 시진핑(習近平) 주석이 주장하는 '중국몽中國夢'은 바로 세계의 중심이 되려는 중국의 꿈이다.

세상에는 영원한 것은 없다. 영원하고자 몸부림치는 인간의 부질없는 욕망만이 있을 뿐이다. 한 왕조를 개창하고 그 왕조가 영원하기를 기원하며 국호를 짓지만, 수많은 왕조들은 명멸해가며 역사는 끊임없이 흐르고 있다. 중국의 진시황과 한고조, 한무제와 당태종, 송태조와 칭키즈칸, 명태조와 청태종 등 수많은 영웅들이 한때는 대단했어도 기나긴 역사 속에 포말처럼 사라져 버리고 말았다.

이름을 지을 때 사람들은 많은 심혈을 기울이고 기대를 하며 짓는다. 하물며 나라의 이름인 국호를 정할 때 더했으면 더했지 덜하지는 않았을 것이므로, 중국 역대 왕조의 국호를 탐구하는 것은 단순한 흥밋거리에 그치는 것이 아니라, 실은 중국 문화의 저변을 탐색하고 그 정수를 살피는 일이 될 것이다.

우리나라 곁에서 '중국몽'을 꿈꾸며 세계를 향해 전진하고 있는 중국의 역사와 문화를 접하려 할 때, 한글전용의 교육에 익숙해져 한자를 읽지도 쓰지도 못하는 우리의 젊은 세대들은 그 함의를 이해하기 쉽지 않을 것이다.

한자를 모르면 말짱 도루묵이다.

# 상성商聖 범려范蠡와 경국지색傾國之色 서시西施!!

### ― 재상과 거상, 그리고 미녀 스파이 ―

　흔히 중국을 상인商人의 나라라고 한다. 상인은 중국 역사에 깊은 뿌리를 내리고 있다. 사농공상의 유교적 철학이 지배하던 시절에도 상인들은 밑바닥에서 움직였다. 상업商業의 어원은 중국 고대 동이족의 나라인 상商(은殷)나라에서 유래했다고 한다. 농업국가인 주周나라의 무왕武王에 의해 상나라가 망하고, 피지배층이 된 상나라 유민들이 생계를 위해 장사를 시작했다. 그래서 상商나라 유민들의 업業, 즉 상업商業이라 했다고 한다.

　한때의 지배층이 피지배 계급으로 몰락하면 장사를 하는 경우가 흔하다. 유태인 국가가 멸망한 후 전 세계로 흩어진 유태인들이 상업에 종사하면서 유태인 상인이 태어난 것도 그런 경우다. 고려가 멸망한 후 몰락한 고려의 지배층들이 살아가기 위해 상단을 꾸려 개성상인이 되었던 것도 같은 맥락이다.

　중국 역사에 상인은 고대에서부터 나타나고 있다. 사마천司馬遷의 『사기史記』 「화식열전貨殖列傳」에 이런 구절이 나온다.

　"물산들은 모두 중원 지역 사람들이 좋아하는 것들이자 습관적으로 입는 옷, 음식, 양생, 장례에 필요한 것들이기도 하다. 따라서 농민은 먹을 것을 생산하고, 우인虞人(사냥꾼)은 산림, 호수, 바다에서 나는 산물을 개발하고, 장인은 물건을 만들며, 상인은 그것들을 유통시킨다. 이런 것들을 무슨 명령이나 교화에 따라 그렇게 때맞추어 내보내겠는가? 사람들이 각자 그 능력에 맞게 있는 힘을 다해 얻고자 하는 것을 얻는 것이다."〈『사기』 화식열전〉

화식열전의 '화貨'는 재화를, '식殖'은 '불어나는 것'을 의미하며, 재산증식이란 뜻이다. 중국 최고의 사서인 『사기』에서도 상인들이 고대에서부터 나타나 각지의 특산물을 유통시키며 활동했음을 드러낸 것이다. 강태공姜太公은 주 무왕을 도와 상나라를 무너뜨리는데 결정적인 공헌을 하는데, 그는 제齊나라에서 상공업을 일으킨 원조다. 강태공은 제나라에서 바닷소금을 제조해 내륙지방에 팔고, 부녀자들을 모아 길쌈을 하게 해 방직업을 일으켰다. 강태공이 동이족東夷族임은 주지의 사실이다.

관포지교管鮑之交로 유명한 춘추시대의 관중管仲과 포숙아鮑叔牙도 상인 출신이었다. 관중과 포숙아는 시장에서 함께 생선 장사를 하면서 관중이 포숙아보다 배 이상의 돈을 가져갔는데, 다른 사람이 이를 비난했다. 그때 포숙아는 "관중은 구구한 돈을 탐해서 나보다 배나 많은 돈을 가지고 가는 것이 아니다. 그는 집안이 가난하고 식구가 많다. 내가 그에게 돈을 더 가지고 가도록 사양한 것이다. 그대들은 오해하지 마라."며 친구 관중을 변명했다고 한다. 그들은 장사를 하다가 제나라 관료로 영입되어 나간다. 강태공과 관중, 포숙아의 제나라가 동이의 세력권이었음은 불문가지이다.

범려范蠡

오월동주吳越同舟 · 삼취삼산三聚三散 · 토사구팽兔死狗烹 · 와신상담臥薪嘗膽 등의 고사성어를 만들어 낸 상인이 있다. 상성商聖이라 불리는 范蠡(범려, B.C. 536?~B.C. 448?)이다. 범려가 누구인가? 춘추시대 월越나라 왕 구천句踐을 보좌하여 숙적 오吳나라를 멸망시키는 데 가장 큰 공을 세운 인물이다. 그는 정치가이자 군사 전문가로서 춘추시대 막바지를 화려하게 수놓은 유명 인물이었다. 그러나 범려는 오나라를 멸망시킨 다음 천하를 함께 나누자는 구천의 제안도 뿌리친 채 월나라를 떠났다.

그리고는 놀랍게도 제나라에서 상업 활동에 종사하여 억만금을 벌었다. 그는 제나라의 재상을 맡아 달라는 제안을 거절하고 다시 제나라를 떠나 陶라는 지역으로 옮겨 또다시 수억의 재산을 다시 벌어들인다. 범려는 이렇게 모은 자신의 재산을 이웃과 친인척들에게 나누어 주었다. 여기서 '삼취삼산三聚三散'이란 고사성어가 나왔다. 범려가 '(재산을) 세 번 모아 세 번 나누었다'는 뜻이다. 부자가 사회적 책임감을 가지고 자신의 재산을 유용하게 베푸는 노블레스 오블리주의 선행을 비유하는 성어가 나왔고, 범려는 중국인이 가장 이상적인 모델로 내세우는 상인으로 자리 잡았다.

이 때문에 훗날 범려는 '상업의 성인(상성商聖)' 또는 '상업의 신(상신商神)'으로 추앙받는다. 중국인들은 『삼국지』에 등장하는 관우를 財神으로 추앙하는데, 재신은 재물을 지켜주는 신이고, 상신商神은 치부의 신이자 성인이다. 오늘 범려란 사람의 이야기를 해볼까 한다.

천자의 나라 주나라가 이름만 남고 사실상 와해되자, 군웅들이 할거하기 시작했다. 수십 개의 크고 작은 나라들이 세워지더니 자잘한 싸움 끝에 어느 덧 다섯 나라를 중심으로 정리되어 각각 날카롭게 대치했다. 춘추시대다. 천하의 기재奇才들이 각자의 사상과 지략을 전파하기 위해 마차를 타고 세상을 철환轍環하던 제자백가의 백가쟁명의 시대인 것이다. 천하를 통일하고자 했던 제후들과 혹은 사상으로 온 누리를 덮으려던 명망가 등 수많은 영웅호걸들이 태어나고 죽었다.

그 가운데 범려范蠡라는 사람이 있다. 초나라에서 출생하였으며, 이름은 려蠡, 자字가 소백少伯이다. 원래 출생지는 초楚나라의 완지宛地로 알려졌다. 『월절서越絶書』(후한後漢의 원강袁康이 지었다고 알려진 책으로 고대 오吳와 월越의 흥망을 기록한 역사서)에 의하면, 범려가 어렸을 때에는 한동안 정신이 돌았다가 한동안 맑게 깨어나기도 해 당시 사람들은 모두 그를 미쳤다고 여겼다고 한다. 마침 완현宛縣의 현령이었던 대부 문종文種이 범려가 살고 있는 지역으로 와 그곳에서 현사賢士와 군자君子를 찾고 있었는데, 범려를 보고 기뻐하며 자신의 부하 관리로 삼고, 나라를 다스리는 술책을 물었다. 문종이 그와 종일토록 이야기를 해보니 패주霸主와 왕자王者의 도를 거침없이 늘어놓았다. 두 사람은 서로 뜻이 맞았고 마음을 같이 하였다.

두 사람은 모두 패주의 징조가 동남쪽에 출현할 것으로 보고 벼슬자리를 버리고 동남쪽으로 가기로 하였다. 오나라에 출사하려고 했는데, 오나라에는 오자서伍子胥가 있었기에 월나라로 가서 구천句踐을 섬겼다고 한다.

범려가 역사의 전면에 처음 등장한 것은 오나라와 월나라가 처음으로 맞붙었을 때인데, 당시 오나라의 상황을 살펴보자면, 오왕 합려闔閭가 즉위한 이후 명신 오자서와 『손자병법』의 명장 손무孫武의 활약으로 초나라의 도읍 영郢까지 쳐들어가 멸망 직전까지 몰아세우고 있었다. 그러나 진晉의 지원군과 빈틈을 노린 월왕 윤상允常의 기습 등으로 후퇴해야 했다. 그러나 춘추오패의 하나였던 초나라를 멸망시킬 뻔했으니, 그 기세만은 하늘을 찌를듯했다.

얼마 후 합려는 오나라를 기습했던 월왕 윤상이 죽고, 아들 구천이 즉위하니 나라가 안정적이지 못한 때에 월나라를 쳐야 한다며 전쟁을 일으켰다. 월나라도 나름의 대비를 하고 있었지만 오나라와의 정면 대결에서는 승산을 장담할 수 없었다. 그때 월나라에는 상식을 뛰어넘는 전략가가 있었다. 바로 범려였다. 범려는 일반적인 군사전략으로는 오나라의 공격을 막아낼 수 없다고 판단하였고, 생각 끝에 나온 그의 전략은 참으로 기상천외했다.

그는 자살특공대를 조직하였다. 대열의 선봉에 선 자살특공대는 오나라 군대가 공격해오자 칼을 들고 적진을 향하는 것이 아니라, 칼끝을 자신의 목에 대고 진군했다. 그러면서 할복을 하거나 제 목에 칼을 쑤셔 스스로 쓰러져 버렸다. 오나라 군대는 경악했다. 피투성이 야차 같은 특공대의 소름끼치는 자살 모습을 목격하고는 그만

전의를 상실한 것이다.

어느 기록에는 이 특공대가 자원 병력이 아닌 당시 옥에 갇혀있던 사형수들이었다고 전한다. "어차피 죽을 몸, 나라를 위해 죽어주면 신원을 회복시켜주고 남아 있는 가족들이 살아갈 수 있게 해주겠다." 는 범려의 설득에 모두들 동의한 것이었다.

오나라 군대를 월나라 군대는 그야말로 사냥하듯 초토화시켰다. 이 전투에서 오왕 합려는 큰 부상을 입고 후퇴해 돌아오지만, 이때 입은 상처가 덧나 결국 죽고 만다.

다음 왕은 합려의 아들 부차夫差였다. 부차는 뛰어난 명신 오자서에게 병권을 맡기고 아버지의 복수를 맹서하였다. 마구간과 가시나무 위에서 잠을 자고(와신상담臥薪嘗膽의 '와신臥薪') 자신이 출입할 때마다 시종들에게 "왕이시여, 아버지의 원수를 잊으셨습니까?"를 큰소리로 외치게 하는 등 한시도 월나라에 대한 원한을 잊지 않았다. 부차는 서두르지 않았다. 군대를 증강하고 백성들을 보살피면서 나라의 부를 축적해 월나라와의 한 판 승부를 차근차근 준비해나갔다.

와신상담

범려는 오나라의 부차를 잊지 않았다. 언젠가는 원수를 갚겠다며 군사를 일으킬지 모르는 상황이었기 때문이었다. 한편으로는 월왕 구천을 충실하게 보좌하며 천하쟁패의 원대한 꿈을 키워나갔다. 그러나 다른 나라와 몇 번의 전투에서 승리하면서 구천은 마치 자신이 춘추오패의 패자가 된 것처럼 행동하기 시작했다. 그러면서 오나라의 복수를 두려워 해 "차라리 먼저 오나라를 공격"할 것을 명령한다. 한껏 자신감에 불탄 구천은 막무가내로 공격을 감행하다가 그만 오왕 부차의 함정에 빠져 대패하고 만다. 겨우 목숨만 부지한 채 회계산會稽山(지금의 절강성 동부의 산. 소흥시 남쪽 7km에 위치 도교의 성지)으로 도망간 구천에게는 부상당한 병사 5,000여 명뿐이었다. 오왕 부차는 회계산을 포위한 후 구천을 서서히 말려 죽이기로 마음먹는다.

치욕스런 패배에 구천은 자결을 결심하였지만 범려의 만류로 항복하였다. 이때 오자서는 "월왕을 살려 후환을 남기면 안 된다."는 말과 함께 구천을 죽이자고 제안하였는데, 범려는 오자서 못지않게

회계산會稽山

부차의 신임을 받고 있는 재상 백비伯嚭에게 많은 뇌물을 주어 월의 항복을 성사시켰다.

인질로 잡혀온 범려와 구천은 마구간에서 지내야 했다. 범려는 구천에게 한시라도, 하나의 행동이라도 부차의 의심을 사지 말라고 당부하는 한편 백비에게 수시로 뇌물을 갖다주었다. 어느 날 기회가 왔다. 부차가 병에 걸린 것이다. 범려는 뇌물을 써 부차의 병명과 병세를 알아내고 곧 회복된다는 정보도 얻는다. 범려는 구천에게 한 가지 꾀를 낸다. 구천은 부차를 병문안을 할 때, 부차가 변을 보자 구천은 그 똥을 손으로 찍어 맛을 보고 이렇게 말한다.

"대왕의 변을 맛보니 곧 병이 나을 듯합니다."

아무리 인질의 처지이지만 그래도 일국의 왕의 신분으로 남의 똥을 찍어 먹는다는 것은 상상이 안가는 행동이다. 얼마 후 부차의 병은 다 나았고, 부차는 구천의 행동을 되새기며 구천에 대한 의심을 풀기 시작했다. 그렇게 3년의 시간이 흐른 뒤 부차는 구천과 범려를 월나라로 돌려보낸다.

B.C. 490년, 월나라로 돌아온 구천은 짐승의 쓸개를 핥는(와신상담臥薪嘗膽의 '상담嘗膽') 심정으로 오나라에 대한 복수를 다짐하였다. 대부 문종과 함께 범려가 온 힘을 다해 구천을 돕자 월나라는 하루가 다르게 국력을 회복해 나갔다. 유랑하던 백성들이 다시 모이고 창고는 곡식으로 가득 찼다. 많은 인재를 찾아내 적재적소에 배치하면서 월나라는 젊은 국가가 되었다. 그때 범려가 생각한 히든카드가 있었다. 미인계였다. 이때 등장하는 것이 중국의 사대 미인 중 하나인 침어浸魚 서시西施이다.

서시西施의 본명은 시이광施夷光으로 월나라 저라촌苧羅村이라는

서시西施

마을에 사는 나무꾼의 딸로 태어났다. 범려에게 발탁되기 전까지 빨래를 하면서 사는 평범한 사람이었다고 한다. 서시의 고향인 저라촌은 동촌과 서촌으로 나뉘었으며, 그곳에 사는 사람들의 대부분이 '시施' 씨였다고 한다. 서시는 저라촌의 서촌에 살았었기에 서시라고 불리게 된 것이다.

원래 서시는 가슴앓이가 있어서 길을 걸으면 가슴이 울리는 통증에 시달렸으므로, 걸을 때마다 눈살을 찌푸리곤 했다. 그런데 그녀는 눈살을 찌푸린 모습까지도 아름답기 그지없어 보는 사람마다 넋을 잃고 감탄을 했다고 한다. 그 지방의 여인들은 서시의 흉내를 내기만 해도 그녀처럼 아름다워 보일 것이라고 생각할 정도였으므로, 그녀의 찌푸린 모습을 보고 사람들이 넋을 잃고 감탄한다는 소문을 들은 동쪽 마을에 사는 시씨施氏의 추녀 하나가 서시를 흉내 내어 항상 눈살을 찌푸린 채로 돌아다녔다. 이를 본 마을의 사람들은 그 흉한 모습을 보지 않으려고 외출을 삼갔으며 가난한 사람들은 처자를 이끌고 이사를 가버렸다는 것이다. 이는 西施矉目(서시빈목)·倣矉(방빈)·效矉(효빈)·東施效矉(동시효빈)·唐突西施(당돌서시)·嚬蹙(빈축) 등의 고사성어로 전해지고 있다.

범려는 미인계를 위하여 월나라의 각지에서 미인을 뽑게 되고, 서시는 정단鄭旦이라는 미인과 함께 선발된다. 범려는 서시와 정단의 집에 각각 백 냥씩의 금을 주고 수레에 태워 수도로 보냈다. 서시가 도성으로 들어오는 날, 서시의 아름다운 얼굴을 보기 위해 수많은 사람들이 모였다. 이에, 범려는 "미인을 보려거든 1전씩 내라."는 내용의 포고문을 붙였고, 그녀의 전설적인 미모를 보기 위해 사람들은 장사진을 이루었다. 그로 인해, 서시가 궁에 들어가는 데에 사흘이나 걸렸다고 한다. 그리고 범려는 그 수익금 전액을 국고에 바쳐 군자금으로 사용하게 했다.

범려는 서시에게 가무와 몸가짐, 기본 예절 그리고 남자를 유혹하는 법과 방중술 등 스파이로서 갖춰야 할 덕목을 가르쳤다. 서시의 임무는 오吳나라의 왕인 부차를 유혹하여 그가 정치를 돌보지 않고 주색에 빠지도록 함으로써 오나라를 멸망시키는 것에 있었다. 근대의 마타하리와 같은 스파이 교육을 받은 것이다.

3년 동안 범려의 지시에 따라 모든 훈련을 완벽하게 익힌 서시는 정단과 함께 오왕에게 바치는 선물로 보내졌다. 부차는 서시를 보자 첫눈에 반하게 되었고, 오자서가 이를 경계해 "하나라는 말희妺喜로 인해 망하고, 은나라는 달기妲己, 주나라는 포사襃姒 때문에 망했습니다. 미녀는 군주를 주색에 빠지게 해서 결국 나라를 망하게 하니 이들을 돌려보내야 합니다."라고 간언했다. 하지만 부차는 두 미녀, 특히 서시를 총애하고 정사를 돌보지 않았다. 오나라는 차츰 혼란에 빠지기 시작했다.

부차는 서시를 위해 영암산靈岩山 위에 관왜궁館娃宮을 짓게 하고, 온갖 보석으로 호화롭게 장식하였다. 관왜궁 안에는 향섭랑響屟廊을 만들어, 서시가 그 위를 지날 때마다 신발 끄는 소리가 청아하게 울리도록 했다. 또한 부차는 서시를 위해 산 위에 완화지玩花池, 완월지玩月池 그리고 오왕정吳王井이라는 연못을 만들고, 서시가 연꽃을 딸 때는 비단으로 돛폭을 만든 금범경錦帆涇을 탔다고 한다. 그리고 서시와 함께 성의 남쪽 장주원長洲苑에서 사냥을 하며, 여름에는 소하만消夏灣으로 피서가곤 하였다. 부차는 서시를 얻은 후부터 관왜궁에서만 기거하며 서시와 함께 가무, 산수를 즐기는 데에만 열중하였다. 당나라의 백거이白居易는 그의 유명한 시「억강남憶江南」에서 오나라 부차가 미녀 서시와 살았던 관왜궁 지역의 특산품인 죽엽주竹葉酒를 극찬한다. 아마도 그때부터 죽엽주가 유명하였나보다.

| 江南憶 | 강남의 추억이여! |
|---|---|
| 其次憶吳宮 | 그 다음은 오궁이요, |
| 吳酒一杯春竹葉 | 오나라 술이라면 봄철 한 잔의 죽엽주라네. |
| 吳娃雙舞醉芙蓉 | 오나라 예쁜 여인의 쌍쌍춤을 보며 연꽃에 취하네. |
| 早晚復相逢 | 우리 조만간 다시 만나리! |

당시 잇따른 승리로 교만해진 오왕 부차는 중원의 제후들을 소집하여 패자에 오르겠다는 야망을 품었고, 이를 반대하는 오자서와 결정적으로 틀어지게 되었다. 그래도 오자서를 자기 손으로 죽이기

꺼림칙했던 부차는 간신 백비의 의견을 받아 들여 제나라에 대해 말도 안 되는 협박장을 써서 오자서에게 들려보냈다. 제나라의 손으로 오자서를 죽이게 하고, 이를 구실로 제나라를 침공하겠다는 뜻이었다. 이를 간파하고 있던 제나라는 오히려 오자서를 융숭히 대접하여 돌려보냈는데, 결국 이를 참지 못한 오왕 부차는 오자서에게 명검 촉루屬鏤를 내려 자결을 명하였다.

어쨌든 오자서는 그 자리에서 한바탕 간신 백비에 대한 원망과 자신의 억울함을 토로하고 "내가 죽으면 (부차의 관을 짜게) 무덤에다 가래나무를 심고, (오가 월에게 멸망 당하는 것을 볼 수 있도록) 두 눈을 뽑아 동쪽 성문에 걸어두라."는 유언을 남긴 다음 촉루로 목을 찔러 자결했다. 이 유언을 전해 듣고 부차는 대노하여 이런 불충한 자에게 무덤 같은 것도 필요 없다며 그 시체를 가죽부대에 넣은 채로 장강에 던져버렸다.

드디어 구천은 오나라를 쳤다. 부차는 오나라 군의 절반 이상을 이끌고 북쪽의 제후국들을 치는데 정신을 쏟고 있었다. 도성에는 태자와 몇 안 되는 병사들 밖에 남지 않았고, 월은 급습에 성공한 후 태자를 죽인 뒤 오를 점령하였다. 부차는 당황하여 급히 군사를 돌렸다. 구천은 "아직 오의 모든 땅을 점령할 정도의 힘은 없다."고 판단, 일단 강화를 받아들인다. 그러나 정세판단을 제대로 못한 부차는 월나라에 밀리는 상황임에도 불구하고 구천의 강화를 믿고 무리하게 북쪽으로 출병하여 국력을 소모하였다.

B.C. 475년, 월나라 군은 오나라의 영토의 대부분을 점령하고 마지막으로 오왕 부차가 농성하는 오성을 포위하였다. 부차는 고소산姑蘇山으로 물러나 배수진을 쳤지만 더 이상 버틸 힘이 없어지자 월

왕 구천에게 항복을 요청했다. 지난날 자신이 회계산에서 월왕 구천에게 보인 관용을 똑같이 베풀어 달라는 요구였다. 월왕 구천은 항복을 받아들이고 지난날 자신이 당했던 굴욕을 그대로 오왕 부차에게 해주고 싶었다. 하지만 범려는 단호하게 부차의 의견을 반박했다.

"대왕은 회계산의 일을 잊지 말아야 합니다. 오나라는 관대한 척, 그때 우리의 요구를 받아들여 오늘의 망국에 이르렀습니다. 오늘 우리가 오吳나라의 강화를 받아들이면, 언젠가 또다시 대왕의 자손들이 치욕의 세월을 보낼 것입니다. 주군께서는 어찌하여 마구간에서 잠을 자고 쓸개를 씹으며 22년의 세월을 참으셨습니까? 절대로 회계산의 교훈을 저버리지 말아주십시오."

월왕 구천은 큰소리로 말했다. "사자를 물리고 진군의 나팔을 불어라!" 오왕 부차는 "만일 항복한다면 동해의 작은 섬에 유배시켜 말년만은 편안케 하겠다."는 월왕 구천의 제안에 탄식을 하며 울먹였다. "단 한 치의 국토도 지키지 못하고 사직마저 계승하지 못하는 내가 살아서 무엇하랴. 죽어서도 선왕과 오자서를 만날 면목이 없구나." 오왕 부차는 스스로 칼로 목을 찌르고 오나라의 멸망과 함께 생을 마감하였다.

범려는 최고, 최대의 공신이 되었고, 구천은 범려에게 파격적인 제안을 하였다. 상장군으로 임명하고 영토의 반을 나눠줄테니 자신을 끝까지 도와달라는 것이었다. 하지만 범려는 그 제안을 거절하였다. 복수심에 불타올랐던 구천이 모든 것을 이룬 후에는 자신의 치욕스런 과거를 아는 신하들을 죽일 것이라 예상하여 잠적했다고 전해진다.

잠적하기 전 친구 문종에게 "월왕은 어려움을 함께할 수 있어도 부귀를 함께 누릴 만한 사람은 못됩니다. 토끼 사냥이 끝나면 사냥개를 삶는 법(토사구팽兎死狗烹)이니 대부께서도 관직을 버리고 물러나십시오."라고 충고했지만, 문종은 그 이야기를 그냥 흘려버렸다고 한다. 결국 문종은 범려의 예상대로 자결을 강요받는다. 그리고 몇 년 안 가 구천도 병으로 죽고, 월나라는 내분으로 쇠약해져 버렸으며, 국력을 회복한 초나라에게 망하였다.

구천에게서 벗어나 잠적한 범려의 이후 행적은 『사기』에 나와 있다. 그가 제나라로 도망쳐 자신의 이름을 치이자피鴟夷子皮로 고치고 그곳에서 농사를 지었다고 한다. 숙적 오자서의 비극적인 최후를 추모하는 마음에서 치이자피

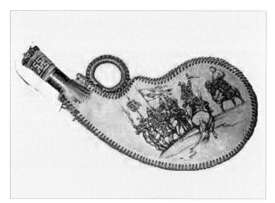

치이자피鴟夷子皮

라고 개명했는데, 이는 가죽부대의 모양이 마치 솔개와 같다고 해서 생긴 말로 가죽 주머니로 만든 술 담는 부대를 말한다. 범려는 바닷가에서 농사를 지었는데, 자신의 능력을 다하여 고생하며 부자가 재산을 일구었다. 거주한 지 오래지 않아 재산이 수십 만금에 이르자, 제나라 사람들이 그의 현명함을 듣고 상국相國으로 삼았다.

범려가 탄식하며 말했다.

"집에 있으면 재산이 천금에 이르고 벼슬에 나아가면 상국에 이르렀으니, 이는 보통사람으로서 정점에 이른 것이다. 존귀한 명성을 오래 지니고 있으면 상서롭지 못한 일이다."(居家則致千金 居官則至卿相. 此布衣之極也. 久受尊名不祥.)

범려는 마침내 상국의 인장을 돌려주고 그 재산을 모두 흩어 친지와 벗들과 향당鄕黨사람들에게 나눠주고 귀중한 보물만 챙겨 몰래 빠져나가 陶(도, 현재의 산동성山東省 하택시菏澤市 정도현定陶縣)라는 곳에서 새롭게 장사를 시작해 거부가 되었고 도주공陶朱公이라고 불리게 되었다. 도주공은 도陶 지역이 천하의 중심으로 사방으로 제후의 나라들과 통하여 화물이 교역될 곳으로 판단했다. 이에 장사를 시작하여 물건을 사들이고 때맞추어 사고팔되 다른 사람 탓은 하지 않았다.

그때 범려에게 또 다른 시련이 찾아왔다. 범려의 막내아들이 성인이 되었을 무렵, 둘째 아들이 초楚나라에서 살인을 저질러 감옥에 갇혔다. 도주공은 "살인죄를 저질렀으니 죽는 것이 당연하다. 그러나 천금을 가진 부잣집 자식은 저잣거리에서 죽지 않는다고 들었다.(殺人而死, 職也. 然吾聞千金之子不死於市.)"라고 하고는, 막내아들에게 거액을 가지고 가서 형을 구해보라고 시켰다.

그러자 도주공의 장남은 자신에게 그 일을 맡기지 않으면 죽어버리겠다고 우겼다. 도주공은 하는 수 없이 장남을 보내며, 초나라에 가서 장생莊生을 만나 자신이 써준 편지와 돈을 전하고, 반드시 그의 지시를 따르도록 당부하였다.

장생은 왕을 만나 사면령을 내리도록 손을 썼다. 이런 배경을 모르는 장남은 사면령이 내릴 것이라는 소문을 듣고서 헛돈을 썼다고 아까워하며 장생을 다시 찾아갔다. 장생은 장남의 속마음을 간파하고 돈을 가져가도록 하고는, 다시 왕을 만나 대사령을 철회하도록 하였다. 도주공의 둘째 아들은 결국 처형되었다.

원래 도주공이 막내아들을 보내려고 했던 까닭은 막내아들은 귀하게만 자라서 돈이 아까운 줄 몰랐기 때문이었다. 반면에 장남은 아버지를 도와 일하면서 돈 버는 일이 얼마나 힘든지 잘 알고 있었으므로, 장생에게 준 돈을 아까워하다 결국 일을 그르치게 될 것을 알았던 것이다. 도주공은 둘째 아들이 시체로 돌아올 줄 예견하고 있었다. 이 고사는 『사기』의 월왕구천세가편에 실려 있다.

오의 패망 이후 미인계를 쓴 미녀 스파이 침어浸魚 서시西施는 어떻게 되었을까? 서시는 오나라가 패망한 뒤에 월왕의 후궁이 되어 총애를 받았지만 월왕 구천의 부인에게 비밀리에 제거 당했다는 설이 있다. 그 외 서시의 행적에 대해서는 여러 가지 설이 전해지고 있다.

그 여러 가지 설 중 가장 많은 사람들이 좋아하는 것은 서시와 범려가 서로 연모하는 사이로 범려는 오나라를 멸한 후에

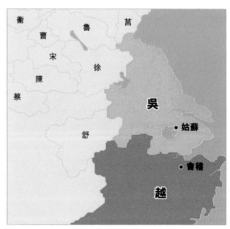

오월쟁패

야밤을 틈타 서시를 데리고 조용히 떠나갔다는 설이다. 두 사람은 그 여정에서 아들을 하나 낳았으며, 그로부터 태호太湖에 은거하여 유유자적하며 여생을 보냈다는 것이다. 어쩌면 후세 사람들은 절세 가인의 비참한 최후를 맞게 되는 상황을 받아들일 수 없었기 때문에 서시와 범려가 오호五胡(태호太湖·파양호鄱陽湖·동정호洞庭湖·팽려호彭蠡湖·소호巢湖)로 돌아가서 은거했다는 아름답고 원만한 부부의 인연 이야기로 미화하여 세상에 퍼뜨렸는지도 모르겠다.

『월절서』에는 "오나라가 망한 후에 서시는 다시 범려에게로 돌아가 함께 오호를 건너 떠났다."고 기록되어 있다. 당대 시인 두목杜牧이 지은 『두추낭시杜秋娘詩』에 "서시가 고소姑蘇를 떠나 큰 배로 치이鴟夷를 쫓아갔다.(西子下姑蘇, 一舸逐鴟夷.)"와 같은 구절이 있다. 여기서의 '치이鴟夷'는 가죽부대로 해석하지 않고 범려를 가리키는 것이다.

둘째는 오나라가 패망한 이후에 오나라 사람들은 서시가 오나라

서시설西施舌

를 패망하도록 만든 요괴라고 생각하여 그녀를 가죽부대에 밀어 넣어서 강바닥에 던져 죽였다는 것이다. 동한東漢의 조엽趙曄이 저술한 『오월춘추吳越春秋』에는 "오나라가 망한 후 월나라는 서시를 강에

빠뜨려 치이와 함께 죽게 했다.(吳亡後, 越浮西施于江, 令隨鴟夷以終.)"고 하였다. 나중에 강에서 무명조개(합리蛤蜊)를 하나 발견했는데, 사람들은 그것이 서시의 혀(설두舌頭)라고 하였고, 이로 인해 무명조개는 '서시혀(서시설西施舌)'로 불리고 있다. 당대의 유명한 시인인 이상은李商隱은 일찍이 「경양정景陽井」이라는 절구絶句 한 수를 지었는데,

景陽宮井剩堪悲　경양궁의 우물은 견딜 수 없는 슬픔만 남기고
不盡龍鸞誓死期　용과 난새의 맹세 죽을날까지 끝이 없네.
腸斷吳王宮外水　애통히도 오왕의 궁밖 강에 던지워지니
濁泥猶得葬西施　혼탁한 흙탕물은 마치 서시를 장사한 듯하네.

셋째는 서시는 범려를 도와 당초 사명을 완수한데 대해 기쁘게 생각하였으나, 그러면서도 자신을 진심으로 총애하였던 오왕 부차夫差에 대한 미안함으로 양심의 가책을 받아 결국 영암산 관왜궁에서 스스로 자살하였다는 것이다. 이러한 견해가 가장 먼저 보이는 기록은 『묵자墨子』 친사편親士篇으로 여기서 "서시가 물에 빠지니 그의 아름다움으로 인함이다.(西施之沈, 其美也.)"라고 하였다. 이 말의 의미는 서시는 물속에 던져졌는데, 그의 죽음은 그의 아름다움 때문이었다는 말이다. 이 이야기는 후대 백화소설白話小說 등에서 각색되어 전해지고 있다.

현재 여전히 절강성 소흥시 제기諸暨에는 '서시전西施殿'과 월나라의 고도古都 성문 등의 유적이 남아있다. 특히 소흥의 서호는 서시를 기려 '서자호西子湖'라고도 부르는데, 이는 일찍이 북송의 시

서자호西子湖

인 소동파蘇東坡가 지은 칠언절구에서 비롯되었다고 한다.

水光瀲灔晴方好　물빛 반짝이고 사방 맑으니 보기 더욱 좋고
山色空濛雨亦奇　산색 희뿌여니 비 온 뒤도 빼어나구나.
欲把西湖比西子　서호를 서시와 비교해 본다면
淡妝濃抹恩相宜　옅은 화장 짙은 치장 모두 서로 어울리네.

〈소동파, 「음호상飮湖上 초청후우初晴後雨」〉

　　한편 당시 월나라에는 범려와 문종 이외에 계연計然이라는 사람
이 있었다. 계연計然, 그의 이름부터가 예사롭지 않다. 그의 이름의
뜻은 '계산이 그러하다' 라는 뜻으로 해석할 수 있기 때문이다. 이
계연은 수준 높은 상업론과 경제이론을 제시하고 있다. 현대 경제
학의 「국부론國富論」과 비교 해보아도 뒤지는 부분이 있지 않다.

계연의 명쾌하고 논리 정연한 학설은 멸망 위기에 봉착한 월나라를 10년 만에 경제와 군사대국으로 발전시켰다. 멸망의 위기에 처한 월나라를 구원한 범려가 그를 스승으로 모셨다는 기록이 예사롭지 않게 보이는 까닭이다.〈『사기』 화식열전〉

범려는 스승이었던 계연으로부터 많은 가르침을 받았다. 그중 현대에도 통용되는 가르침이 있다. 계연은 춘추시대 때 월나라 규구葵丘 사람이다. 성은 신辛, 자는 문자文子인데, 범려의 스승이다. 계연의 가르침을 받은 범려는 경상십팔결經商十八訣과 경상십이계經商十二戒를 지어 큰 부자가 되었다고 한다. 무조건 돈 버는 장사치의 계율, 즉 마땅히 해야 할 것과 무조건 하지 말아야 할 것을 계율로 정해 후세에 남겨주었다.

그중 하지 말아야 할 것을 살펴보면 다음과 같다.

## 《陶朱公 經商理財 致富十二戒》

| | |
|---|---|
| 勿鄙陋 | 비루하지 마라. |
| 勿虛華 | 허영하지 마라. |
| 勿優柔 | 우유부단하지 마라. |
| 勿强辯 | 억지 논쟁을 하지 마라. |
| 勿懶惰 | 나태하지 마라. |
| 勿固執 | 고집을 부리지 마라. |
| 勿輕出 | 함부로 가볍게 재물을 쓰지 마라. |
| 勿貪賒 | 외상을 탐하지 마라. |
| 勿爭趣 | 겉멋에 탐하지 마라. |

| 勿薄蓄 | 저축을 소홀히 하지 마라. |
| 勿眛時 | 시기를 놓치지 마라. |
| 勿痴貨 | 재물에 눈멀지 마라. |

범려상

범려묘

범려는 재상으로, 그리고 천금을 거머쥔 상성으로 이 세상을 살았다. 하지만 그는 권력과 부가 공존할 수 없다는 것을 누구보다 잘 알고 있었다. 어떤 한 가지가 극성에 차오르면 그는 과감하게 버릴 줄 알았다. 그것이 범려가 스스로 정해놓은 삶의 방향이었고 성공과 장수의 비결이었다. 최고조의 성공에 이르렀을 때 '내려놓을 줄 안다는 것'은 어쩌면 지금과 같은 치열한 경쟁의 시대에는 맞지 않을 수 있다.

## 췌언贅言

서시의 이름은 '이광夷光'이다. 그런데 그의 이름에 '이夷'가 있다. 풀이하면 '동이東夷의 빛'이라는 뜻이다. 그녀와 서로 연인관계였던 범려는 구천을 보필해 서시의 미인계를 통해 부차를 죽이고 오나라를 멸망시켰다. 그 뒤 산동성의 제나라로 이주하였다. 왜 제나라인가? 그곳은 강태공과 관중, 그리고 포숙아가 상업으로 성공하였던 그곳이기 때문이다. 전통적으로 산동은 동이의 일족인 래이족萊夷族이 모여 살던 곳이다. 그렇기에 도망간 뒤 이름을 鴟'夷'子皮(치이자피)로 바꾼 것이다. 서시의 본래 이름이 동이족을 상징하는 '이광夷光'이었던 것처럼 범려 역시 장강 유역의 동이족 후손처럼 동이족의 상징으로 이름자 안에 '夷'자를 사용했다. 범려를 '범려范黎'라고도 표기하는데, '黎'도 구려족九黎族의 '黎'을 상징하는 것은 아닌가?

# 진시황秦始皇을 위한 변명

— 그는 '만세폭군萬歲暴君' 인가?, '천고일제千古一帝' 인가? —

"진시황秦始皇은 중국 봉건사회의 제일 유명한 황제입니다. 나
도 진시황입니다. 임표林彪가 나를 진시황이라고 욕했습니다. 중
국은 예부터 두 파로 나뉩니다. 한 파는 진시황이 좋다고 말하고,
다른 한 파는 진시황이 나쁘다고 말합니다. 나는 진시황에 찬성
하고 공자에 반대합니다."

이 말은 모택동이 1973년 이집트 부통령을 접견할 당시 외빈들
앞에서 한 말이다. 모택동과 진시황은 집권 기간 중 수많은 백성을
죽음으로 몰아간 '폭정暴政'의 장본인으로 지목되고 있으면서도,
중국인을 대상으로 중국사에 가장 큰 영향을 끼친 인물을 묻는다면
항상 1~2위를 다투는 것으로 나타나고 있다. 진시황은 춘추전국시
대의 난세를 종식시키고 이후 수천 년에 걸친 중앙집권적 '제왕정
帝王政'의 기틀을 닦았다는 게 이유이고, 모택동은 아편전쟁 이래
제2차 세계대전이 끝날 때까지 100여 년 동안 지속된 근·현대의
혼란을 마치고 현대 중국의 기초를 다졌다는 게 이유로 꼽히고 있
다.

중국에서는 19세기 말 '태평천국의 난'과 20세기 초의 '5·4운동' 당시에는 오직 공자만 비판했을 뿐 진시황을 높인 적은 없었다. 그러던 것이 공산당이 집권을 하고 모택동의 독재가 자리잡아가던 문화대혁명 때에 이르러 진시황은 진보의 표상이 되어 반동의 원흉으로 낙인찍힌 공자와 대척점에 서게 된 것이다. 당시 사인방이 진시황을 천년만에 한 번 등장할까 말까 하는 '천고일제千古一帝'로 칭송하고 나선 배경이 여기에 있다.

진시황은 진나라의 제32대 군주이자, 제6대 왕이며, 진과 중국의 첫 번째 황제이다. 성은 영嬴이고, 이름은 정政이다. 스스로를 첫 번째 황제라는 뜻의 시황제始皇帝로 자칭했는데, 진나라의 첫 황제라는 의미로 진시황이라 하기도 한다.

진시황은 연燕, 조趙, 위魏, 제齊, 한韓, 초楚 6국을 멸망시켜 춘추전국시대를 끝낸 후 청나라까지 약 2000년에 걸쳐 이어진 황제 중심의 중앙집권체제를 확립한 인물이며, 따라서 중국 역사에 결코 지울 수 없는 흔적을 남겼다. 그러나 이처럼 큰 업적을 이루어낸 진시황을 '폭군', 즉 '사납고 악한 임금'이라고 표현하고 있다. 과연 진시황은 '만고의 폭군'이었을까?

진시황제秦始皇帝

아니면 후대의 사가史家들에 의해 왜곡된 '천고일제古一帝'이었을까?

역사상 진시황을 '만세의 폭군'으로 낙인찍은 최초의 인물은 동서고금의 최고最古, 최고最高의 사서인 『사기』의 저자 사마천이다. 그는 『사기』「진시황본기」의 사평史評에서 처음부터 혈연적 정통성을 부인한 것이다. 그는 진시황의 통치를 「여정잔학呂政殘虐」4자로 요약해 놓았다. "여불위呂不韋의 아들 정政이 평생 포학한 통치를 펼쳤다."는 뜻이다. 그런데 이 네 글자에 사마천의 편협된 관점이 보인다. 출생의 비밀을 내세워 본명인 '영정嬴政'을 '여정呂政'이라 칭하며 폄훼하고 있지 않는가? 흡사 고려 말의 우왕禑王과 창왕昌王을 '신우辛禑·신창辛昌'이라 부르던 우리의 모습과 닮았다. 또한 사마천은 진시황의 생모인 조희趙姬를 두고 "평생 음란한 행위를 멈추지 않았다."는 뜻의 '음불지淫不止'로 표현해 놓은 것도 같은 맥락이리라.

최근의 학자들은 『사기史記』의 기록에 강한 의문을 제기하고 있다. 사마천이 '사실'과 항간의 소문을 근거로 한 '전설'을 제대로 구분치 않음으로써 진시황에 대한 폄훼를 조장했다는 게 이들의 지적이다. 즉 팩트와 가짜 뉴스를 혼합하여 자신의 입맛에 맞게 역사를 왜곡하였다는 것이다.

그러면 이는 무엇을 말함인가? 근 2500여 년 동안 진시황은 사가들의 농단에 의하여 '폭군'의 누명을 쓰고 있었단 말인가? 과연 진시황은 '천고일제千古一帝'의 영웅이었는지, '만고폭군'의 악마이었는지 살펴보기로 하자.

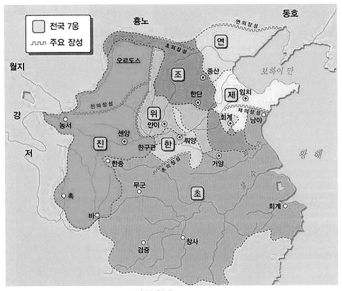

전국칠웅戰國七雄

　진시황은 기원전 259년 정월(음력 1월 15일)에 조趙나라 수도 한단邯鄲에서 영이인嬴異人(훗날 자초子楚로 개명함. 장양왕莊襄王)과 조희趙姬 사이에서 태어났다. 아버지 자초는 진나라의 태자(왕위 계승자)가 된 안국군安國君 영주嬴柱의 아들이었지만, 서자라서 보잘 것 없는 대접을 받고 조나라에 인질로 끌려갔다. 그러던 중 당시 사업차 한단에 와 있던 거상 여불위의 주목을 끌어 후원을 받는다. 얼마 뒤 자초는 여불위의 집에서 조희를 만나게 되었고, 여불위에게 부탁해 조희를 얻었다. 그리고 자초와 조희 사이에서 아들이 태어났는데, 이 아이가 바로 시황제인 '정政'이었다. 정월에 태어난 까닭에 이름을 '政'으로 지었다. 바르다는 뜻의 '正'과, 바르게 다스린다는 뜻의 '政'은 원래 같은 뜻으로 쓰였다.

훗날 여불위와 함께 진나라로 돌아온 자초는 안국군安國君(뒤의 효문왕孝文王)의 뒤를 이어 진나라의 왕위에 오른다. 조희는 자초가 보위에 오른 기원전 250년에야 어린 아들 정과 함께 진나라로 갈 수 있었다. 진시황 출생 전후의 얘기는 비록 극적이기는 하나 전국시대 말기의 혼란스런 상황을 감안하면 크게 이상할 것도 없는 일이다.

자, 그럼 역사를 뒤틀이 읽어보지. 사마천은 『사기』「여불위열전」에서 조희가 자초에게 가기 전에 이미 임신의 상태였다고 기록해 놓았다. 이는 항설, 즉 가짜 뉴스를 마치 사실인 양 슬쩍 끼워 넣은 것이다.

> 여불위는 한단 땅의 여자 중에 미모가 뛰어나고 춤을 잘 추는 여자와 함께 살다가 임신한 것을 알게 되었다. 자초가 여불위와 술을 마시다가 그녀를 보고 반하여 일어나 여불위의 장수를 기원하며 그녀를 요구했다. 여불위는 화가 났으나 이미 자초를 위해 가산을 탕진하며 진기한 것을 낚으려는 일을 생각해 마침내 그녀를 바쳤다. 그녀는 스스로 임신한 몸임을 숨기고, 대기大期가 될 때에 이르러 아들 정政을 낳았다. 자초는 마침내 조희를 부인으로 삼았다.〈『사기』 권85, 「여불위열전」〉

그런데 이상한 대목이 보인다. '유신有身(임신)' 구절 뒤에 곧바로 "조희가 자초에게 가 대기大期가 지난 후 진시황을 출산했다."는 대목이 뒤따르고 있다. '大期'는 12개월 내지 10개월로 보는데 '有身'의 내용과 상호 모순되는 데도 이를 제대로 걸러내지 못한 것이다. 만일 조희가 1달 이상의 시간이 필요한 '有身(임신)' 사실을 확인하고 여불위와 공모해 자초에게 갔다면, 최소 2달 가까운 시간이 흘렀다고 보아야 한다. 이 경우 진시황은 임신 상태에서 12달 이상을 있다가 출산이 됐다는 이야기가 된다. 그런데 어릴 때부터 인질로 잡혀와 숱한 고비를 넘기며 세상 인심을 훤히 꿰뚫게 된 자초가 임신하여 배가 불러오기 시작했음을 눈치 채지 못할 리 없다.

나아가 사마천은 마치 여불위의 속마음을 훤히 들여다보기라도 한 양 "여불위는 비록 화가 났으나 이내 기화奇貨를 낚고자 하는 욕심에 조희를 바치게 됐다."고 기록해 놓았다. 왜곡의 냄새가 풀풀 나고 있다.

오히려 그보다는 의도적으로 조희를 자초에게 바쳤을 가능성이 크다. 이는 여불위가 애초부터 자초에게 넘겨줄 생각으로 조나라의 호족의 딸인 조희를 거둔 뒤 짐짓 연회를 베풀어 자초에게 넘겨주었을 가능성을 시사한다. 이는 무희였고 첩이었던 조희가 아니라 조나라의 귀족의 딸을 진나라 유력자에게 보낸 정략결혼의 모습인 것이다. 그렇다고 보면 '정政'의 생부는 여불위가 아닌 자초인 것이다. 이를 사마천을 비롯한 후대의 사가들이 왜곡하여 진시황의 혈연적 정통성을 부인한 것이리라.

자초의 아버지인 효문왕孝文王(안국공安國公)이 재위 1년 만에 급서하자 자초가 장양왕莊襄王으로 즉위하였고, 조희는 왕후가 되었다. 그러나 장양왕도 3년 만에 사망하는 바람에 정이 13살의 어린 나이에 진나라의 왕이 되었다.

『사기』는 자초가 즉위한 후 여불위가 승상이 되어 문신후에 봉封해지고, 진시황 즉위 후에는 승상보다 한 단계 높은 상국이 되어

'중보仲父'의 칭호를 받게 됐다고 기록해 놓았다. 여기서 주목할 점은 『사기』에 장양왕인 자초에 대한 기록이 거의 나오지 않고 있는 점이다. 자초는 즉위한 후 최소한 3~4년간 왕위에 있었다.

『전국책戰國策』등에는 오히려 자초 때 진나라가 더욱 강성해진 것을 알 수 있다. 그러나 『사기』에는 조희와 사통한 인물로 내세운 노애嫪毒의 행보를 지나치게 상세히 기술해 놓았지만, 자초를 상대적으로 너무 소략하게 적고 있는 것이다. 이는 진시황을 여불위의 자식으로 둔갑시키고, 조희를 '천하의 음녀淫女'로 왜곡하는데 걸림돌이 될 만한 사료를 훼손했거나 의도적으로 누락시켰을 가능성을 암시한다. 기원전 246년, 어린 정이 즉위하자, 해괴망측한 일들이 『사기』에 보인다.

진시황이 차츰 장년이 되어도 태후는 음란한 행동을 그치지 않았다. 여불위는 그것이 발각되어 자기에게 재앙이 미칠까 두려워 대음인大陰人(음경이 큰 남자)인 노애嫪毒를 찾아 사인舍人으로 삼고, 때때로 음탕한 음악이 연주하며 노애의 음경에 '동륜桐輪(오동나무로 만든 작은 수레바퀴)'을 끼운 뒤 걸어 다니게 한 뒤 태후太后의 귀에 이 소문이 들어가게 했다. 태후가 과연 이 소문을 듣고 노애를 곁에 두고자 했다. 여불위가 마침내 그를 가짜 환관宦官으로 만들어(腐罪) 태후를 시중들게 했다.〈『사기』「여불위열전」〉

사마천이 포르노 수준의 이야기를 이처럼 소상히 묘사해 놓은 것은 매우 이례적인 일이다. 훗날 사마광司馬光은 『자치통감資治通鑑』

에서 이 대목을 기술하면서 '동륜桐輪' 등의 대목을 빼 버렸다. 말도 안 된다고 여긴 것이다. 법가의 법이 지엄한 진나라의 궁궐에서 일어날 수 없는 일이라고 판단한 것이다.

진 제국의 멸망 후 여러 가지 이유로 원한을 품고

진시황 옥새

있던 유생儒生들이 악의적으로 이런 헛소문을 만들어 유포시켰을 가능성이 크다. 진나라의 강압적인 통치에 불만을 품고 있던 일반 백성들도 조희와 노애에 관한 헛소문에 살을 붙이며 즐거워했을지도 모를 일이다.

그 후 『사기』에는 노애가 반란을 일으켜 제거되었고, 반란사건에 연루된 여불위를 촉 땅으로 귀양을 보내자, 여불위는 끝내 자살하고 말았다고 기록해 놓았다. 진시황을 여불위 혈통으로 의심하는 사람들은 여불위의 죽음까지 이에 맞춰 해석하고 있다. 자식의 앞날을 위해 그가 스스로 목숨을 끊었다고.

당시의 여러 정황에 비춰보면, 노애는 이미 내시內侍(궁중의 사무를 관리하던 관리)로 궁중에 들어갔다가 장양왕莊襄王(子楚)의 눈에 들어 그의 총신으로 활약했을 공산이 크다. 이후 조희는 남편의 유명을 좇아 노애와 제휴해 여불위를 견제했고, 진시황은 장성한 뒤 두 권신인 장신후 노애와 문신후 여불위, 그리고 모후인 조희를 차례로 제거해 군권을 확립했다고 보는 게 합리적일 것이다.

원래 '嫪毒'의 '嫪'는 오입쟁이, '毒'는 음란함을 뜻한다. '노애'라는 이름 자체가 '음란한 오입쟁이'라는 뜻이다. 당시 그가 이런 이름을 얻었다면, 진나라 백성들이 그의 오입쟁이 행각을 모를 리없다. 그런 상황에서 조태후가 과연 노애를 성적 노리개로 삼을 수있었을까? 아마도 '노애'라는 이름조차도 허구일 가능성이 크다.

최근 우리나라에서 이런 일이 있었다. 2016년 모 씨는 아이의 이름에 '사모할 로(嫪)'자, 즉 '嫪毒'의 '嫪'자를 이름으로 쓰고자 출생신고를 하려고 했지만, 통상 사용되는 한자가 아니라는 이유로 거부당하자 헌법소원심판을 청구하였으나, 출생신고 시 자녀의 이름에 사용할 수 있는 한자를 '통상 사용되는 한자'(8,142자)로 제한한 법률(가족관계등록법) 조항은 헌법에 어긋나지 않는다는 헌법재판소 결정이 나왔다. 즉, 지금이나 그때나 이름에 '嫪'자나 '毒'자를 쓰는 것은 경우에 맞지 않는다.

왕위에 오른 정政은 왕권을 위협하던 모든 세력을 누르고 나이 22세에 모든 권력을 장악하였다. 비로소 친정체제를 굳히며 마침내 진나라 최고의 실세로 떠올랐으며, 잠시나마 실추되었던 왕권을 회복시키는 데 성공한 것이다. 그리고 자신을 평생토록 보좌할 이사李斯를 만났고, 그와 더불어 군사를 일으켜 나머지 6국을 통일하였다.

진시황이 6국을 제패하는데 큰 공을 세운 위료尉繚라는 사람이 있다. 이 위료는 병가兵家의 대표적 인물로 귀곡자鬼谷子의 제자라고 하는데, 군사 이론에 밝았다. 이 위료에 진시황의 용모에 대한 평을 보면, 다음과 같다.

진왕이란 위인은 그 상이 우뚝 선 콧날, 가로 길게 찢어진 눈,

맹금 같은 가슴, 시랑 같이 쉰 목소리, 은혜를 베푸는데 인색하고, 호랑이와 이리 같은 흉악한 마음을 가슴에 감추고 있으면서, 자기가 곤궁할 때는 밑의 사람일지라도 몸을 굽히나, 일단 자기의 뜻을 얻게 되면 쉽게 그 사람을 잡아먹는다. 진왕이 지금은 나와 같이 평민의 복장을 하고, 나를 대할 때는 항상 나에게 몸을 낮추고 있으나, 진왕이 장차 천하를 얻게 되면, 천하는 모두 진왕의 노획물이 되어 그와는 결코 오랫동안 같이 지낼 수 없을 것이다. 〈『사기』 진시황본기〉

이를 읽은 중국 근대의 학자 곽말약郭沫若은 그의 저서 『십비판서十批判書』에서 "시황제는 초상화와 달리 선천적인 병으로 인해 어렸을 때의 외모가 추했고, 이 때문에 사람들이 꺼렸으며, 특히 화려함을 좋아했던 어머니에게 거부당한 것이 정신적으로 큰 상처를 받은, 소질 있는 아이가 타고난 외모와 안 좋은 환경 때문에 비뚤어진 전형적 케이스"라고 주장했다. 더불어 "어린 나이에 갑자기 왕이 된 탓에 제대로 된 인간관계를 배우지 못했을 텐데, 이게 그의 정신적인 성장에 큰 영향을 줘서 다른 사람들을 잘 믿지 못하는, 그래서 뭔가 이루는 것에 집착하게 되어 중국 통일을 이루거나, 대규모의 건축을 계획하게 된 것이다."라는 주장을 한다.

진시황과 관련된 사서의 기록 중 특이한 것이 있다. 진시황의 여성에 대한 기록이 없다는 것이다. 만일 진시황의 황후皇后, 즉 시황후始皇后가 있었으면 사서에 기록되지 않을 수 없을 것이다. 그러나 없다. 더더욱 이상한 것은 황후는 물론 후궁에 관한 기록도 없는 점이다. 아주 비정상적인 역사의 수수께끼이다.

『사기집해史記集解』에는 이사李斯가 17명의 형兄을 폐하고 호해胡亥를 세웠다고 하는데, 그렇다면 유명한 부소扶蘇와 호해胡亥 이외에도 아들이 많았던 것이니, 당연히 황후와 상당수의 후궁을 거느렸을 것이다. "선제先帝의 후궁들 중, 자식이 없는 자를 내쫓는 것은 옳지 않다. 명령을 내려 (그들을) 모두 죽이니, 죽은 사람이 매우 많았다."〈『사기』「진시황본기」〉는 기록이 있다. 여기서 선제는 당연히 시황제이고, 진시황릉이나 그 인근에 후궁들을 순장하였을 것이라는 기록이다.

아직 진시황릉을 발굴하지 않은 상태이며, 황릉이나 근처에서도 황후나 후궁의 묘는 발견되지 않았다. 아직 발굴되지 않은 부분에 후궁의 시신이 매장되었을 가능성이 있을 수 있으니 지켜보아야 할 것이다.

진시황은 천하통일 직후 곧바로 통일제국의 기초를 다지는 작업에 들어갔다. 당시 그가 가장 먼저 취한 조치는 군권의 확립이었다. 그는 스스로 자신이 이룬 공덕이 전설적인 삼황三皇과 오제五帝를 능가한다고 여겼다. 이에 마침내 스스로를 시황제라 하고 '짐朕'이라 칭하였다. '朕'은 '我'와 마찬가지로 통상적인 1인칭에 지나지 않았다. 그러던 것이 이때를 계기로 황제의 전용어가 되었다. 더불어 민가를 뜻하던 '궁宮' 역시 황제의 거처인 궁궐의 의미로 한정되었다. 또한 기존의 '명命'과 '령令'은 특별히 '제制'와 '조詔'로 부르게 되었다.

당시 진시황이 가장 고민한 것은 광대한 영토와 수많은 백성들을 과연 어떤 방식으로 통치할 것인가 하는 문제였다. 진시황은 그때까지의 봉건제를 과감하게 혁파하고, 제왕의 명에 의해 천하를 일사

| | 齊 | 楚 | 燕 | 韓 | 趙 | 魏 | 秦 |
|---|---|---|---|---|---|---|---|
| 馬 | | | | | | | |
| 安 | | | | | | | |

진秦나라 때 7국의 자형 통일

불란하게 다스리는 '제왕정帝王政', 곧 군현제郡縣制를 채택하였다.

'서동문書同文 거동궤車同軌'라 불리는 업적도 빼놓을 수 없다. 특히 문자의 통일은 중앙집권체제를 유지키 위해 매우 시급한 과제였다. 당시 6국은 각기 다른 문자(대전大篆)를 사용하고 있었으나 진의 문자, 즉 이사李斯가 고안한 '소전小篆'으로 통일하였다. '서동문書同文', 즉 문자의 통일은 진시황의 가장 큰 공적으로, 지금의 중국이 '중국'이 되는 획기적이고 위대한 업적이다.

도량형과 화폐의 통일과 함께 교통제도의 통일도 빼놓을 수 없다. '거동궤車同軌'라 불리는 수레 폭의 통일이다. 천하통일 이전까지만 해도 열국列國 모두 적국의 침공을 막기 위해 의도적으로 수레의 폭을 달리했다. 수레의 폭을 달리해야만 적군의 진군 속도를 느리게 하고, 수레를 파손하거나 전복시키기에 용이하였기 때문이다. 진시황은 수레의 폭을 모두 6척(약 135cm)으로 규격화했다.

또한 진시황은 온 나라가 들썩일 정도의 대규모 토목공사를 수차례 벌이기도 하였다. 엄청난 규모를 자랑하는 아방궁阿房宮(실존 여부에 대하여는 논란이 많이 있다.)과 진시황릉을 건설하여 황제의 권위를 강화하는 한편, 운하를 파서 수로를 통한 교역과 물품의 운송을 원활히 할 수 있도록 하였다.

특히 언제나 중국에 위협이 되어온 흉노의 침략을 방어하고자 기존 7국의 성벽들을 보수해서 기다란 장성을 건설하였다. 만리장성은 시황제 때에 처음 건립되었다고 전해지지만, 오늘날 남아 있는 성벽은 대부분 15세기 이후 명明나라 때에 쌓은 것이다. 길이가 서쪽의 감숙성 가욕관에서 동쪽의 하북성 산해관까지 2,700km에 이른다. 중국의 상징처럼 여겨지는 문화유산으로 1987년 유네스코 세계문화유산으로 지정되었으며, 한때는 인공위성에서도 볼 수 있다는 가짜 뉴스가 진짜인 듯 회자되었다. 이 만리장성은 진나라 멸망 이후에도 여러 나라들이 이 성벽을 보수, 증축, 신축하여 지금에 이르게 되었는데, 최근 중국의 동북공정의 일환으로 해마다 길이가 길어지고 있다. 살아서 생장生長하는 괴물이 된 것이다. 최근에는 흑룡강성黑龍江省까지 올라가고 있으니, 곧 북극에 도착할 것이다.

그러나 위대한 진시황도 말년에는 여러 가지 실책이 나오게 된다. 대중적으로 널리 알려져 있는 진시황의 말년의 기행과 폭정, 암군의 행태는 그가 중장년부터 꾸준히 복용했던 것으로 알려진 수은水銀 중독에서 비롯되었을 가능성이 크다고 학자들은 주장하고 있다. 수은에 장기간 노출될 시 우울증, 의욕상실, 비정상적 졸음 등 정신적인 장애를 동반하며, 심할 경우 환각, 정신착란, 기억상실로 지능이 극도로 떨어진다. 즉 뇌가 망가진다는 것이다.

따라서 '의욕적인 개혁군주, 유능한 정복 군주' 의 모습을 보이던 그의 전반의 치세와는 달리, 완전한 암군暗君의 모습을 보이는 치세의 후반부는 그가 이미 중증 수은 중독에 걸린 정신장애인이 된 것이다. 수은은 소량 섭취 시 일시적으로 피부가 팽팽해지는 효과가 있어, 시황제는 이를 불로장생不老長生 약으로 믿게 되어 매일같이 수은을 먹고 발라서 결국 수은 중독에 이르렀다는 것이다. 결국 죽어서도 진시황릉에 수은으로 만든 강을 만들어 넣었다고 하는데, 현재 진시황릉의 수은 농도가 다른 곳보다 월등하

진시황릉, 능 주위의 토지에는 다른 곳보다 월등히 많은 수은 함량을 지니고 있다.

진시황릉

게 높아서 실제로 다량의 수은이 묻혔을 것으로 보고 있다.

다른 학자는 진시황의 사인을 열사병熱射病이라고 말하고 있다. 진시황은 총 다섯 번의 순행巡行을 나서는데, 그 마지막인 기원전 210년의 순행에서 죽음을 맞이한다. 자신의 업적을 자랑하고, 자신이 통일한 넓은 땅을 직접 보고자 수많은 신하를 거느리고 떠난 9개월간의 긴 여행이었다.

이 마지막 순행을 떠난 시점이 하필 여름이었다. 진시황은 화려

진시황제 병마용갱兵馬俑坑에서 출사된 온량거輼輬車

한 복식과 위엄이 넘치는 의전을 매우 중시하였는데, 화려한 옷을 입고 더운 여름날을 넘기기에는 너무 힘들었을 것이었다. 그리고 여러 차례의 암살 위기를 넘긴 탓에 매우 튼튼하게 밀폐된 금속제 마차를 타고 다녔다. 진시황이 탔던 수레인 온량거輼輬車는 수레 위에 커다란 가마를 올린 형태로 여닫을 수 있는 창문이 달려 있었다.

하지만 창문이 몹시 작기 때문에 추울 때는 보온에 도움이 되지만 더위에는 취약하였다. 더욱이 암살의 위협 때문에 창문을 제대로 열 수도 없었을 것이다. 한고조 유방을 도운 장량張良과 형가荊軻의 고사에서도 볼 수 있듯이 수많은 암살의 시도가 있었다. 최근 중국의 영화감독 장예모의 영화 『영웅英雄』을 생각하면 충분히 짐작할 수 있을 것이다. 뜨거운 여름날 위풍당당하고 화려한 옷(그러나 더위에 너무나 취약한)을 입을 진시황이 통풍이 되지 않는 달궈진 청동 수레에서의 고통은 짐작하고 남음이 있을 것이다. 이 고통은 곧 열사

병으로 나타나 그의 수명을 재
촉하였다고 학자들은 말하고
있다.

마지막으로 진시황을 폭군
으로 매도하는 데 가장 널리 인
용되고 있는 '분서갱유焚書坑
儒' 사건이 있다. 진시황 34년
(기원전 213) 박사 순우월淳于
越이 군현제를 반대하자, 이사
李斯가 조정을 비방한다고 질
책하면서, 유생이 옛것을 가지
고 현실을 부정하는 것을 금지

장예모 감독의 영웅

해야 한다고 건의했다. 진시황은 이사의 의견을 받아들여 『진기秦
記』 이외의 열국의 역사서를 불태우라고 명령을 내린다. 다음 해 노
생盧生・후생侯生 등이 진시황을 공격하자, 460여 명의 방사方士와
유생들을 함양에 생매장했다. 이것이 역사적으로 유명한 '분서갱
유'다.

'분서焚書'가 문제되는 것은 사라진 유학儒學 경전들로 인해 한
대 금고문今古文 논쟁이 벌어졌기 때문이다. 전한 초기에 유학경전
들이 전해지지 않았기 때문에 유학 경전을 복원하기 위해 기억력이
좋은 학자들을 불러 모아 암송시키고 받아 적었다. 이것을 '금문今
文'이라고 한다. 그런데 무제 때 공자의 옛 집의 담을 수리하던 중
노魯나라 문자로 쓰인 경전들이 발견됐다. 이것이 '고문古文'이다.
금문金文과 고문古文 경전 간에는 차이가 있었다. 이 차이로 19세기까지 유학자들이 논쟁을 벌이게 된다. 어떻게 보면, 진시황제가 일으킨 분서사건이 2000년간 논쟁을 낳게 된 셈이다.

진으로써는 획일적인 황제 지배체제를 유지하기 위해서 6국의 제자백가들의 사상을 통제해야만 했다. 생각을 통제하기 위해서는 생각의 매개체가 되는 책을 없애야 했기 때문에 분서를 단행한 것이다. 기록을 살펴보면, 전국戰國의 책들을 소각하되 박사관博士館이 관장하는 시적은 대우지 말라고 했다. 즉 진秦에도 박사제도가 있었으며 수도 함양咸陽에 박사들이 관리하는 제자백가의 서적들이 보존돼 있었다. 분서로 전국의 책들이 소각됐지만 최소 함양에는 많은 서적들이 보관되어 있었다.

그럼 왜 서적들은 한나라에 전해지지 않았을까? 그 이유는 "항우는 군대를 이끌고 서쪽으로 진격하여 함양을 도륙하고 투항한 진왕秦王 자영子嬰을 죽이고 진나라 궁실을 불태웠는데 3개월 동안 타고도 꺼지지 않았다."〈『사기』, 「항우본기」〉는 기록을 통해 짐작할 수 있다. 진이 붕괴된 후 가장 먼저 함양에 도착한 것은 유방이었다. 하지만 초의 항우가 대군을 이끌고 진격해 오자, 유방은 함양을 포기하고 물러났다. 항우 군대가 입성하자, 함양은 항우 군대에 의해 초토화되었다. 항우가 함양을 불태우면서 함양에 보관돼 있던 전적들도 그때 같이 불탔다고 추정하고 있다. 곧 서적들을 불태운 것은 진시황이 아닌 항우이다.

또 진시황의 '분서焚書' 정책이 철저히 시행되었는가도 의문이다. "시詩·서書를 다시 볼 수 있게 된 것은, 이러한 책들이 대부분 민가에 소장되었기 때문이라."〈『사기』, 「육국연표」〉고 기록돼 있기도 하고, 전한시대 분묘인 장사長沙의 마왕퇴馬王堆에서 발견된 목간들

속에서 분서됐다고 알려진 제자백가의 서적들이 다량으로 발굴된 것으로 보아 분서가 철저히 시행되지 못했음을 알 수 있다.

'분서焚書' 다음 해 진시황은 유생을 생매장하면서 큰 풍파를 일으킨다. 이른바 '갱우坑儒'이다. '유儒'들을 생매장했다는 말 때문에 진시황이 자신을 반대하는 지식인들을 모두 죽인 천인공노할 만고의 폭군으로 낙인 찍히게 된 것이다. 하지만 이 사건도 엄밀히 말하면 사실과 다르다.

무소불위의 권위를 가지게 된 진시황은 불로장생에 관심을 가지게 되었고, 이 소식을 듣고 비법을 안다는 방사方士들이 모두 함양으로 몰려들었다. 후생侯生과 노생盧生도 그들 중 한 명이었다. 진시황에게 불로장생의 효험이 있는 비책들을 건의했지만 사기였다. 결국 후생과 노생은 함양을 몰래 빠져나가 도망치면서 진시황을 맹비난한다. 진시황은 이 사실을 알고 격노하면서 명령을 내린다. 460명의 유생들을 생매장하라고.

그러나 '갱우坑儒'는 유학자, 즉 공자의 문도들을 탄압하려는 목적에서 벌어진 것이 아니라, 진시황을 속인 방사 또는 술사들에 대한 처벌에서 비롯되었다. '갱유坑儒'가 아니라 '갱방사坑方士'이다. 후한의 허신이 쓴 『설문해자』에도 '유儒'를 "유야柔也. 술사지칭術士之偁."이라고 하였으니, '유생儒生'은 방사로 보는 것이 옳다. 또한 460명의 학자들은 당시의 인구로 추정해 봐도 너무 적은 수이다. 몇 년 뒤 항우는 함양으로 진입한 후 진군秦軍 20만 명을 생매장하였다. 항우에 비하면 그야말로 조족지혈이다.

'분서갱유'는 중국사에서 세상에 널리 알려진 사건으로, 진나라의 통일 정책에 있어서 매우 중요한 정책 중 하나로 꼽힌다. 진은 분서갱유를 통해 이전 6국의 사상, 즉 제자백가 사상을 탄압하여 통일된 사회를 만들고자 했다. 황제가 지배하는 일원적 지배체제를 유지하기 위해서는 사상의 통일이 무엇보다 중요했던 것이다.

하지만 황제 지배의 실현을 원하던 진시황의 진나라는 15년 만에 끝나고 유방劉邦의 한漢나라가 들어섰다. 한은 진을 부정하면서 들어선 정권이니, 진의 정책을 비판하는 것은 당연한 일이다. 진시황과 그가 행한 '분시갱유' 역시 집중적인 비판의 대상이 됐다. 그리고 점차 한漢 황제들이 유학을 장려하면서 유학적 소양을 지닌 관리들이 정권을 잡게 돼 '분서갱유焚書坑儒' 정책은 진시황의 폭정의 상징이 돼 버렸다.

진시황에 대한 역사적 평가는 이중적이다. 현대 중국 역사학계에서는 진시황을 중국을 최초로 통일한 영웅적인 군주로 평가한다. 어쩌면 다민족 국가인 중화인민공화국의 통합적 시각이 반영된 평가라고 할 수 있다. 그러나 유교적 사관에 입각한 전통적인 중국의 역사가들은 진시황를 수隋나라 양제煬帝 등과 함께 폭군으로 묘사하고 있다.

모든 역사는 후대의 필요성에 의해 평가가 달라지는 것처럼 역사적 모순이 여전히 존재하는 인물이 진시황이다. 그 중심에는 분서갱유焚書坑儒가 있다.

# 흉노匈奴는 당시 세계 최강국이었다

問 : 천고마비 · 춘래불사춘 · 구우일모 등의 고사성어와 만리장성, 그리
    고 서양 중세의 민족대이동과 서로마 멸망의 공통점은 무엇인가?
答 : 흉노.

기원전 3세기 말엽의 중국은 그
야말로 역사상의 대격변기를 거치
고 있었다. B.C. 221년, 진시황제는
약 200여 년에 걸친 전국시대를 종
식시키고 최초로 천하통일의 위업
을 달성했다. 그러나 진秦나라는 엄
혹한 통치로 인한 민심의 이반과 진
시황 사후 리더십의 부재로 인하여
멸망하였다. 이후 다시 분열된 천하
의 패권을 두고 B.C. 206~202년에
걸쳐 서초패왕 항우와 한고조 유방
간의 이른바 '초한쟁패楚漢爭霸'가

흉노제국을 건설한 모돈선우冒頓單于

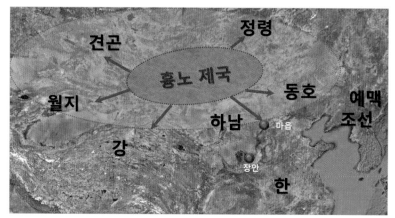

흉노제국의 형세도

벌어졌다. 피비린내 나는 내전에서 최후의 승자가 된 한고조漢高祖 유방劉邦은 앞으로 400년을 이어나갈 통일제국 한漢나라를 개창하였다.

　역사는 천하통일의 진시황과 역발산기개세의 항우를 이긴 유방을 대단한 영웅으로 알고 그들을 칭송하고 따르고 배우려 한다. 그러나 진실은 그렇지 않다. 우리가 알고 있는 역사는 승자勝者 중심의 역사이며, 문자로 기록하는 자의 역사이기 때문이다. 진시황도 한고조도 그들을 떨게 하고 두려워하던 존재가 있었으니, 그가 바로 흉노匈奴라고 일컬어지는 유목 민족이다.

　흉노는 오늘날 내몽골의 오르도스와 고비사막 일대에 거주했던 유목 민족이다. '흉노'라는 명칭이 정착되기 이전에는 '순유淳維·험윤獫狁·훈죽葷粥' 등의 명칭으로 불렸으며, 사마천은 『사기』에서 흉노족의 역사를 중국에 편입시키려는 의도였는지는 몰라도 그 시조가 중국의 하우씨夏后氏라고 하였으나, 물론 아니다.

흉노라는 단어의 어원은 아직 정확하게 밝혀진 바 없다. 일반적으로 '匈' 자는 'Hun'(혹은 Qun)의 음사音寫이며, 'Hun'은 퉁구스(Tungus)어에서 '사람'이란 뜻으로 해석한다. 흉노인 스스로가 자신들을 'Hun(匈)'으로 불렀을 것으로 보이며, 중국에서 역사를 기록할 때 음차하여 흉노라 명한 것이다. 그런데 흉노의 '奴' 자는 대체로 중국에서 비어인 '종'이나 '노예'를 뜻하는 것으로, 그들을 멸시하는 의도에서 '奴' 자를 첨가해 '흉노匈奴'로 지칭한 것이다. 문자를 쓸 줄 알았던 패배자들의 소심한 복수이다.

중국인들은 자신들이 사는 곳을 천하의 중심인 '중원中原'이라고 하고, 중원을 중심으로 동서남북 각각의 이민족을 동이東夷, 서융西戎, 남만南蠻, 북적北狄으로 불렀는데, 흉노를 북적으로 칭하였다.

흉노족은 전형적인 유목 민족으로, 농경사회를 침략하는 일은 고대에서부터 빈번하였다. 어찌 보면 당연하다. 유목 민족의 생활터전은 대단히 척박하기 때문에 곡식에서부터 생필품까지 모든 것을 물물교환이나 약탈에 의존할 수밖에 없다.

이들의 가장 큰 약점은 단합이 매우 힘들다는 것이다. 흩어져 사는 부족 개념이기 때문에 민족의식이 매우 약한, 이른바 '자유로운 영혼들'이라 할 수 있다. 그렇기 때문에 한번 사이가 틀어진 부족끼리는 불공대천의 원수로 지나다가도 강력한 지도자가 등장하면 손에 손을 잡고 어김없이 단합하여 천하를 뒤흔드는 세력으로 세상에 등장하곤 하였다.

중국 기록에 의하면, 흉노가 역사 무대에 처음 나타난 것은 전국시대戰國時代(B.C. 403~B.C. 221) 말엽이다. 기마술과 궁술에 능하고 철제무기로 무장한 흉노의 홍기는 그들과 접경해 있는 진秦·조趙·연燕에게는 큰 위협이 되었다. 그렇기 때문에 중원의 왕조들은 흉노에 대한 대응전략으로 흉노의 풍속과 기마술을 수용하기도 하였는데, 조나라 무령왕武靈王은 그때까지의 풍속을 바꾸어 호복胡服〔통소매(筒袖)의 상의와 바지의 기마용 복장〕을 입고 기마 사격술을 배웠다고 한다.

B.C. 221년 천하를 동일한 신시황은 장군 몽념蒙恬으로 하여금 30만 대군을 이끌고 흉노를 토벌(B.C. 215)하게 하여, 오로도스(綏遠) 지역에서 흉노를 축출하는 데 성공하였다. 아울러 미래의 대비책으로 이전 전국시대에 여러 나라들이 각기 축조한 장성들을 보수·연결해 길고 긴 방어체계를 갖추었는데, 서쪽의 감숙성 가욕관에서 동쪽의 산해관에 이르는 만리장성이 그것이다. 하지만 장성 수축과 변방수비에 수십만 명이 동원됐으며, 이로 인해 민심이 진시황을 떠났다. 결국 국경수비대로 끌려가던 진승陳勝과 오광吳廣이 반란을 일으켰고, 진秦은 얼마 후 항우와 유방에 의해 망했다.

중국에서 진시황과 한고조 유방이라는 강력한 영웅이 등장하여 통일제국을 성립하던 이 시기에 북쪽의 유목 세계에서도 거대한 변화의 바람이 불고 있었다. 이를 주도한 영웅이 바로 흉노의 묵특선우冒頓單于였다. 묵특선우는 잘 알려져 있듯이 B.C. 209년에 흉노의 선우로 즉위하여 B.C. 174년에 사망하기까지 유목민 사회의 패권을 장악하고 한漢나라를 굴복시켜 흉노를 역사상 최초의 유목 제국으로 성장시키는데 성공하였다.

그의 행적은 대부분 문자를 알고 역사를 기술할 줄 알았던 한나라의 역사가 사마천에 의해 『사기』의 「흉노열전」에 전해진다. 사마

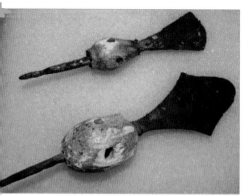

명적鳴鏑과 고구려 무용총舞踊塚의 수렵도. 무사武士가 명적鳴鏑을 쏘고 있기 때문에 군사훈련도로 바꿔야 한다.

천의 기록에 등장하는 冒頓(목돌, 목특, 묵특, 모돈)은 냉혹한 결단력과 교활한 기만술을 겸비한 강인하고도 현명한 군주로 묘사된다. 그는 자신과 불화를 빚던 아버지 두만선우를 가차 없이 제거하고 그 지위를 찬탈할 정도로 과단성이 있었으며, 또한 치밀한 계략으로 경쟁자인 동호東胡를 멸망시켰고, 새로운 중국의 통일왕조 한나라에게 씻지 못할 굴욕을 안겨다 주는 등 영웅적인 모습을 보여주고 있다. 묵특을 찾아가 보자.

진시황과 대치하던 두만선우에게는 묵특(冒頓)이라는 이름의 태자가 있었다. 두만은 사랑하는 연지閼氏(흉노의 왕비)로부터 작은 아들을 얻게 되자, 묵특을 폐하고 대신 작은 아들을 태자로 삼고 싶어했다. 때문에 일부러 묵특을 서쪽의 월지(胝)에 인질로 보내놓고는 돌연 월지를 공격하였다. 이는 묵특을 제거하려는 두만의 술책이었다. 이에 월지 사람들은 묵특을 죽이려 하였으나, 그는 도리어 기지를 발휘해서 월지의 좋은 말을 훔쳐 타고 도망하여 흉노로 돌아왔다.

두만은 적진에서 살아 돌아온 묵특을 장하게 여기고 그로 하여금 1만 기병을 거느리도록 하였다. 이는 유목민 사회에서 용기있고 강인한 이를 우대하는 풍습에서 기인한 것이다. 아버지로부터 1만 기병의 지휘권을 받은 묵특은 명적鳴鏑(소리를 내는 화살)을 만들어 훈련에 사용했는데, 부하들에게 명을 내리기를, "내가 명적으로 맞춘 곳을 쏘되 그렇게 하지 않는 자는 참할 것이다."라 하였다. 이후 묵특은 새나 짐승을 사냥할 때에 자신의 명적을 따라서 쏘지 않는 자들은 곧바로 죽여버렸다. 또 묵특은 명적으로 자신의 말을 쏘았는데, 좌우에서 감히 따라서

묵특선우冒頓單于가 그려져 있는 투르크메니스탄의 화폐

쏘지 못하는 자가 있자, 그 자리에서 베어버렸다. 그 다음에는 명적으로 자신의 애첩를 쏜 뒤 마찬가지로 따라서 쏘지 못하는 자들을 베어버렸다.

이후 묵특은 아버지 두만선우를 따라서 사냥을 나갔다가 두만을 향해 명적을 쏘았다. 그러자 묵특의 수하들 또한 일제히 명적을 따라서 두만선우에게 활을 쏘아 그를 죽였다. 이것이 고사성어 '효시嚆矢'의 시작이다. 쿠데타에 성공한 묵특은 자립하여 선우의 자리

에 올랐다. 아버지와 다른 형제들을 모두 죽이는 골육상쟁을 통해 선우에 오른 묵특은 통합이 힘든 유목 민족 세력을 조직화하는 데 성공하였다.

항우를 이기고 마침내 중국을 통일한 한고조 유방에게 중국의 혼란을 틈타 세력을 크게 확장한 흉노는 큰 골칫거리였으며, 수차례의 전쟁을 했음에도 불구하고 만족스런 결과를 얻지 못하였다. 그 이유는 유목 민족인 흉노와 농경민족인 중국과의 근본적인 차이 때문이었다. 당시 중국의 기병은 전차에서 단기필마의 기병으로 넘어가는 과도기여서 질주하는 말 등에서 활을 쏘아대는 흉노의 궁기병을 상대하기엔 역부족이었다. "한나라 기병 100명을 흉노 기병 3명이 이긴다."는 말이 있을 정도로 야전에서는 흉노를 당해낼 수 없었다. 더군다나 광대한 지역에 점점이 흩어져 사는 유목 민족의 특성상 전략 거점을 찾기가 매우 힘든 구조여서 포착 섬멸은 불가능에 가까웠다.

가장 큰 문제는 보급 문제였는데, 지속적으로 보급을 받아야 하는 한나라 군대와 달리 흉노는 유목 민족 특유의 시스템이 있었다. 유목 민족은 이동생활을 하므로 가족 집단은 자연스레 군사조직과 병참기지가 되었고, 한 집당 4~5마리의 말을 보유하고 있어 전투 직전에 가장 상태가 좋은 말을 골라 타고 나갈 수 있었으며, 식량과 무기는 병사가 직접 휴대하고 전투에 참가하였기에 이동이 매우 자유스러웠다. 특히 소규모 부대로 기병을 편성해 게릴라전술을 펼칠 수 있었다.

이렇게 되니 먼 길을 와서 기진맥진한 한나라 군대 앞에 컨디션 좋은 말을 탄 흉노족과의 싸움의 승패는 뻔하였다. 또한 한나라 군대는 말을 달리며 멀리멀리 도망 다니는 흉노족을 쫓아다니다가 지칠 대로 지쳐서 토벌을 때려치우고 돌아오기 일쑤였고, 토벌은커녕 오히려 흉노에게 큰 화를 당하기도 하였다.

B.C. 202년 겨울, 한나라 고조는 개국공신인 한왕韓王 신信(유명한 한신과는 다른 인물이다.)을 흉노와의 국경지역에 파견한다. 하지만 한왕 신은 흉노의 기습을 받고는 항복하고 만다. 이를 기해 묵특선우는 파죽지세로 남하하였고, 역시 천하통일로 기세가 오른 한고조는 40만 병력을 동원하여 친정에 나섰다. 하지만 맹추위와 눈보라에 한나라 군의 20~30%가 동상에 걸린다. 여기에 묵특선우의 계략이 빛났다.

묵특은 정예부대를 숨겨놓고는 약졸들을 내세워 한나라 군을 계속 유인하였다. 묵특의 전략에 속은 한나라 군은 무려 32만의 보병으로 추격전을 벌였고, 한고조는 전군의 선두에 섰다. 한나라 군이

백등산白䔲山에서 만난 모돈선우와 한고조 유방의 상상도

평성平城(지금의 북경에서 서쪽으로 직선거리 250km)에 이르렀을 때서야 묵특이 반격에 나섰다. 40만 정예기병을 동원, 고조가 이끄는 한나라 군을 백등산白登山 위로 몰아넣고 포위했다. 포위는 7일간이나 계속되었고, 한군은 보급이 끊겨 절망적인 상황에 빠졌다.

그때 기사회생의 묘책이 나왔다. 유방과 함께 종군한 진평陳平이 이른바 '기이한 계책'을 내놓았다. 바로 묵특의 부인인 연지(閼氏)에게 뇌물을 바치자는 것이었다. 한고조는 이를 받아들여 연지에게 몰래 후한 예물을 보내면서 "한나라를 점령하면, 곧 중원의 미녀들을 선우에게 바칠 것이라."고 거짓말을 한다. 여자의 질투심을 자극했다는 것이다.

많은 뇌물을 받은 연지는 묵특을 설득했고, 묵특도 한왕 신의 태도에 불안함을 가지던 찰나에 부인의 설득까지 겹치자, 한 곳의 포위망을 약간 약하게 해 그들이 빠져나갈 구멍을 마련해주었다. 이로 인해 한고조는 천신만고 끝에 목숨을 보전할 수 있었으니, 이것이 바로 '평성지치平城之恥'라 하는 것이다.

그러나 수십 만의 군대를 이끌고 온 묵특이 질투에 눈이 먼 왕비의 속삭임에 넘어가 군대를 철수하였다고 기

흉노병사匈奴兵士

술한 것 역시 문자를 쓸 줄 아는 패배자들의 소심한 복수이다. 자신들의 패배를 어떻게든 축소해 보고자 하는 의도에서 적을 깔아뭉개는 표현을 쓴 것이다. 대역사학자 사마천의 말이다.

묵특선우는 전쟁 후 가장 효과적으로 한나라를 압박할 방법을 찾은 것으로 보인다. 그것은 추후에 일어난 화친조약으로 알 수 있다. 흉노와 한나라는 전쟁 후 평화조약을 체결하는데, 이를 한나라 쪽에서는 '화친'이라고 표현한다. 그런데 화친조약이 아니다. 대단히 편향적이고 불공정한 불평등조약인 것이다. 역시 문자를 쓸 줄 아는 패배자들의 소심한 복수이다. 유방이 흉노와 맺은 화친의 조건은 이랬다.

> 첫째, 한의 공주를 흉노 선우에게 의무적으로 출가시킨다.
> 둘째, 한이 매년 술, 비단, 곡물을 포함한 일정량의 공물을 바친다.
> 셋째, 흉노와 한은 형제맹약을 맺는다. 물론 형은 흉노이다.
> 넷째, 만리장성을 경계로 양국이 서로 상대의 영토를 침범하지 않는다.
> 다섯째, 변경에 관시關市를 개설하여 흉노가 한나라와 교역할 수 있게 한다.

이렇듯 한나라는 흉노에게 굴욕적인 대우를 받았다. 또 하나의 일화가 있다. B.C. 195년 한나라의 창업 군주인 고조 유방이 죽고 부인인 여치呂雉 여태후呂太后가 정권을 틀어쥐자, 흉노의 묵특선우가 망측한 편지를 보낸다.

"孤(나)는 의지할 곳 없는 임금으로, 습하고 축축한 땅에서 태어나서 소와 말을 기르는 평야에서 자랐으니, 수차례 변경에 이르러서 중국을 유람하기를 원하였습니다. 폐하께선 홀로 계시고, 孤(나) 또한 의지할 곳 없이 홀로 살고 있습니다. 두 임금이 즐겁지 못하고 스스로 즐길 수도 없으니, 원컨대 (서로) 가진 것으로 없는 것을 바꿔보도록 합시다."

한마디로 "당신은 과부, 나는 홀아비이니 함께 만나 즐겨보자."는 성희롱 편지였다. 당태종이 선덕여왕에게 보낸 편지를 생각나게 하는 구절이다. 여태후는 유방이 죽자, 아들(孝惠帝)을 대신해 사실상 황제 노릇을 했다. 사마천도 바로 이 점을 높이 사 『사기』 '본기本紀'에 '여태후본기'를 올려놓았다. 즉 사마천은 여태후를 황제의 반열에 올린 것이다. 그런데 그런 여걸에게 묵특선우가 성희롱 편지를 보낸 것이다.

몇몇 장수는 당장 흉노를 정벌해서 본때를 보여주자고 앙앙불락했다. 그러나 이때 중랑장 계포가 나서서 "흉노와의 전쟁은 절대 안 된다."고 주장하였다. "진秦나라가 누구 때문에 망했습니까? 흉노 때문에 망했습니다. 그리고 고조께서도 40만 대군을 동원하고도 '평성의 치'를 당했는데, 어떻게 흉노의 한복판을 짓밟는다는 말입니까." 이 말을 들은 여태후는 "옳다."고 하고는, 답장을 써서 말하기를 다음과 같이 하였다.

"선우께서 폐읍弊邑을 잊지 못하시고 글을 보내시니, 폐읍은 두려울 따름입니다. 물러나서 날마다 스스로를 돌아보면, 나이

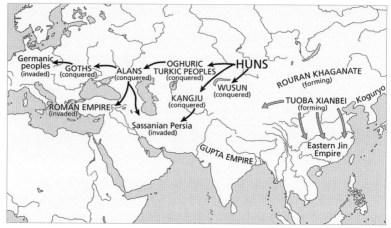

흉노(훈)족의 이동로

는 많고 기력은 쇠하였으며, 머리카락과 이가 빠지고, 걸음걸이
도 도를 잃었으니, 선우의 지나친 말을 듣고는 스스로를 더럽히
기에 족하지 않습니다. 폐읍에게는 죄가 없으니 마땅히 용서하
여 주소서."

너무나 굴욕적인 문서이다. 그 후 한나라는 7대 한무제가 등극하
기 전까지 무려 60여 년이나 눈물과 설움의 '착취'와 '멸시'를 흉노
에게 당하였다.

한나라는 건국 초기부터 북방의 이웃인 흉노에게 일방적으로 수
세에 밀렸다. 그러면서 한漢나라는 엄청난 양의 조공품과 공녀를 매
년 바치면서 뒤에서는 흉노의 분열을 기도하였다. 그 결과 흉노는
북흉노와 남흉노로 분열됐고, 한무제 때가 되어서야 비로소 흉노의
힘을 누를 수 있었다. 결국 마지막까지 중국에 항복을 거부한 북흉
노 세력은 서쪽으로 도망가다가 A.D. 98년, 알타이산맥에서 벌어진

최후의 결전에서 패하여 중앙아시아로 도망쳤다. 이후 북흉노는 현재의 키르기스스탄 근처에서 머물다가 다시 서쪽으로 도망쳤고, A.D. 158년을 기점으로 중국의 역사 기록에서 사라져버렸다. 그리고 200여 년이 지난 A.D. 350년께 동유럽에 정체불명의 훈족이 등장했다. 흉노를 서양인들은 '훈'이라고 불렀다.

　서양사에서 중세시대의 개막을 알리는 「게르만족의 대이동」이라는 용어가 있다. 이는 서기 4~6세기에 강력한 기마문화를 가진 흉노족, 곧 훈족이 유럽으로 진출하면서 연쇄적으로 로마를 무너뜨린 게르만 계통 민족들의 활동에서 유래하였기 때문에 붙인 용어이다. 그러나 유라시아 고고학에서는 이 시기를 「민족의 대이동」이라고 부른다. 게르만족이 아니라 유라시아 동쪽 흉노에서 시작하여 전체

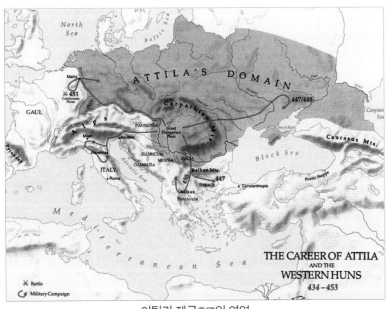

아틸라 제국帝國의 영역

유라시아를 뒤흔든 변혁의 시기였기 때문이다.

　게르만계의 서고트족은 도나우강에, 동고트족은 동쪽 흑해에 살고 있었다. 한편 중앙아시아 지역에 있던 흉노족은 2세기경부터 서진을 시작하여 유럽에 들어와, 볼가강·돈강 등 두 강 유역에 거주하고 있던 이란계의 알란족을 정복하고 동고트족과 서고트족을 공격하였고, 훈족에게 밀린 고트족들은 대거 로마로 밀려가게 된 것이다. 이것이 「민족의 대이동」이다. 흉노족, 즉 훈족의 강력한 회살과 날렵한 기마부대를 당할 유럽의 나라는 없었다. 유럽 사람들은 훈족을 '신의 저주'라 부르고 하느님의 도움만을 기도할 뿐이었다.

　5세기경 '신의 채찍'이라 불린 훈족(Huns)의 제왕 아틸라(Attila, 阿提拉, 406~453)는 훈족의 전성기를 이끌었던 인물이다. 아틸라는 게르만족뿐 아니라 동로마제국과 서로마제국까지 침략하여 악명을 떨쳤다. 그는 특히 이전의 훈족 지도자들과는 달리, 동로마와 서로마의 심장부였던 콘스탄티노플과 로마 근처까지 진격하여, 서양인

뿔 달린 괴물로 백인의 모습을 한 아틸라와 헝가리 박물관의 아틸라상

로마에 진군進軍한 아틸라 군대

들에게는 잔혹한 파괴자라는 인상을 남겼다. 그가 훈족의 왕좌에 앉았던 시간은 고작 8년 정도에 불과했지만, 아틸라는 재위 기간 동안 온 유럽을 전란의 구렁텅이로 몰아넣었다. 비록 흉노제국은 중국에 멸망했지만, 그들이 만들어놓은 발달한 군사조직과 철제무기는 세계 최강이었다.

흉노제국의 등장 이전에도 북방의 유목 민족들이 중국사에 끼친 영향은 작지 않았다. B.C. 771년, 서주西周가 견융犬戎의 침공을 받아서 본래의 도읍이었던 호경鎬京을 떠나 낙양洛陽으로 천도하여 동주東周라 불리게 되면서 기존의 봉건제도의 질서가 붕괴되고 춘추전국시대의 난세가 열렸던 일이 있었다.

중국의 열국 가운데에서도 영토가 서쪽 관중 지방에 치우쳤던 진秦나라는 이민족들과 혈투를 겪으며 성장하였다. 전국시대에 이르러서 북방의 조趙나라와 연燕나라 또한 유목 민족과 잦은 충돌을 겪었고, 특히 조나라의 무령왕의 '호복기사胡服騎射'라 불리는 군사

개혁을 통해 강력한 기마병을 양성하는 등의 혁신적인 성과를 거두기도 하였다.

그러나 묵특선우가 건설한 흉노제국은 이전의 북방 유목민들보다 훨씬 큰 영향력을 지니고 있었다. 묵특선우는 이전의 유목민 지도자들과는 달리, 주변의 여러 유목 민족들을 흉노의 이름하에 복속시켜 하나의 거대한 제국을 이루는데 성공함으로써 중국인들에게 진실로 위협적인 존재가 되었다. 영웅이었던 한漢고소 유방劉邦조자 무력으로 흉노를 제압하는데 실패하고 '화친'을 위해 적지 않은 굴욕을 감내해야 했다는 점이 이를 증명한다. 흉노는 더 이상 단순히 북방 변경의 약탈자가 아니라 중국의 천하관과 대립하는 어머어마한 강적이 되어버린 것이다.

흉노 제국 이후에도 강력한 유목 제국들이 역사의 전면에 연이어 등장하여 중국과 대등한 위치에서 대립하거나 심지어는 이를 침략하여 송두리째 정복하기까지 하였다. 남북조시대 및 수당시대에 강성한 세력을 떨쳤던 유연柔然과 돌궐突厥, 북송시대에 등장했던 거란契丹의 요遼나라와 여진女眞의 금金나라, 그리고 몽골의 원元나라와 만주족滿洲族의 청淸나라 등이 그 대표적인 예라고 할 수 있다. 이와 같은 중화제국과 유목제국의 대립구도를 만들어낸 인물이라는 점에 있어서 묵특이 세계사에 남긴 영향력은 매우 거대한 것이었다.

그러나 아무리 세계 최강의 힘을 가졌더라도 문자를 가지지 못했던 흉노는 역사의 뒤안길로 사라져 버렸다. 그들의 승리는 그들에게 패배하였던 문자를 가졌던 자들의 기록에만 남아있다. 그 찬란하였던 그들의 이야기는 '흉할 凶'자가 들어가 있는 '匈'에 '노예 奴'를 더한 비칭卑稱으로 후세에 기억되고 있다.

# 흉노匈奴와 신라新羅

2009년 9월 2일 경주시 동부동. 조선시대 때 발견됐다가 다시 사라졌던 신라 제30대 문무왕릉비文武王陵碑 한 부분이 200여 년 만에 다시 발견됐다. 이 비석을 처음 발견한 사람은 여성 수도검침원이다. 이 여성은 야학에서 신라 문화에 대한 수업을 듣고 있던 중 "최근 포항 중성리에서 '신라 최고 비석'이 발견됐다. 여러분 주변에 중요한 비석이 널려있을지 모르니 잘 살펴보라."는 말을 듣는 순간, 번쩍 머리에 떠오르는 것이 있었다. "지난번 검침했던 집 수돗가에 박힌 돌에 글자가 새겨져 있었는데…." 그는 곧바로 이를 박물관에 알렸고, 박물관은 현지조사를 했다. 그 결과 돌은 「문무왕릉비」가 맞았고 "비편碑片은 높이 66㎝, 너비 40㎝ 크기로, 앞면에만 200여 자의 글자가 확인된다."고 발표하였다.

조선시대 경주부윤을 지낸 홍양호洪良浩(1724~1802)의 『이계집耳溪集』은 682년 경주 사천왕사에 세워졌던 문무왕릉비의 조각들을 1796년(정조 20)에 발견했다고 기록하고 있다. 이 비석의 탁본拓本은 청나라 금석학자 유희해劉喜海(1793~1853)에게 전해져 그가 쓴 『해동금석원海東金石苑』에 비문 내용이 실렸다.

그러나 비석의 실물은 그 이후 행방을 알 수 없게 됐다가 1961년 아랫부분이 경주시 동부동에서 발견되었고, 최근 발견된 것은 그 윗부분이다. 박물관 측은 "비석 윗부분이 발견된 장소는 아랫부분이 있던 지점에서 불과 120m 떨어진 곳"이라며 "애초 사천왕사에 세워졌던 비석이 경주 관아로 옮겨졌다가 사라진 것으로 보인다."고 했다.

문무왕릉비 윗부분은 표면이 훼손되고 가장자리 등 일부가 심하게 마모됐지만, 비문의 전체 내용을 읽는 데는 큰 어려움이 없다고 박물관 측은 덧붙였다. 또한 박물관은 『해동금석원』에서 제대로 밝히지 못한 일부 글자도 실제 비석과 비교하면 추가로 판독할 수 있을 것으로 보인다."고 말했다. 실로 「문무왕릉비」를 1500년 만에 제대로 알아볼 수 있게 된 것이다.

문무왕文武王(626~681, 재위 661~681)은 신라 제30대 왕이다. 태종무열왕 김춘추와 김유신의 동생인 문명왕후文明王后 문희文姬 사이에서 태어난 맏아들로, 이름은 법민法敏이다. 김유신과 함께 백제·고구려를 멸망시키고, 신라에 계림대도독부를 설치하여 한반도 전 지역을 차지하려 했던 당나라의 군대를 나당전쟁에서 격퇴함으로써 676년에 삼국통일을 이룬 왕이다.

삼국통일을 완수한 왕 김법민, 즉 문무왕의 능비의 건립 연대에 대하여는 문무왕이 죽은 681년이거나, 그 이듬해로 추정하고 있다. 비문은 한당류漢唐流의 명문장을 모방하였고, 중국의 경전이나 고사성어에서 따온 미사여구가 많이 들어 있었으며, 전체 내용은 신라에 대한 찬미, 신라 김씨의 내력, 태종무열왕과 문무왕의 치적, 백제 평정 사실 등이고, 문무왕의 유언, 장례, 비명 등이 적혀 있다. 이 비문 중에 주목할 만한 대목이 있다.

… 그 신령스러운 근원은 멀리서부터 내려와 화관지후火官之后에 창성한 터전을 이었고, 높이 세워져 바야흐로 융성하니, 이로부터 ○지枝가 영이英異함을 담아낼 수 있었다. 투후秺侯 제천지윤祭天之胤이 7대를 전하여… 하였다. 15대조 성한왕星漢王은 그 바탕이 하늘에서 내리고, 그 영靈이 선악仙岳에서 나와…(…君靈源自敻繼昌基於火官之后峻構方隆由是克○枝載生英異秺侯祭天之胤傳七葉以焉 十五代祖星漢王降質圓穹誕靈仙岳肇臨…)〈「문무왕릉비」〉

문무왕릉비文武王陵碑

여기서 문제가 되는 대목은 "투후秺侯 제천지윤전칠엽祭天之胤傳七葉"이다. 투후秺侯는 한무제漢武帝가 흉노와 싸울 때 장군 곽거병에게 포로가 되었던 흉노왕 휴도休屠의 아들 김일제金日磾를 가리킨다. 문무왕릉비 비문의 문맥상 문무왕 스스로가 우리 조상은 흉노인 김일제라고 밝히고 있는 것이다. 많은 논란이 있지만, 비문 그대로를 믿으면 신라는, 그리고 경주 김씨는 흉노의 후예라는 말이 된다. 놀랍지 아니한가. 삼국통일의 주역인 문무왕의 비문에 "우리의 조상은 흉노"라고 하다니….

김일제와 그 후손들의 파란만장한 생애는 반고가 쓴 『한서』에 생생하게 기술되어 있고, 중국 서안에는 김일제의 무덤도 있다. 애매모호한 신화상의 인물이 아니라 실체가 분명한 김일제를 문무왕이 "우리 조상이다."라고 당당하게 이야기하고 있는데, 이를 어떻게 해석할 것인가? 그 역사의 현장 속으로 찾아가 보자.


'역발산혜기개세力拔山兮氣蓋世'의 항우項羽를 이긴 한고조 유방을 농락하고, 한고조의 부인인 여후呂后에게 성희롱을 서슴지 않았던 묵특선우가 죽은 후, 강력한 지도자가 없어진 유목 민족 흉노는 분열과 쇠락의 길을 걷게 된다. 그때 한漢나라에는 흉노를 불공대천의 원수로 삼고 복수의 기회를 엿보고 있던 걸출한 영웅이 역사에 등장한다. 바로 한무제 유철劉徹이다.

흉노 제국의 황제인 선우單于 아래는 여러 왕들이 있었다. 그중 혼사왕渾邪王과 휴도왕休屠王이 다스리던 곳은 옛 진나라 땅, 지금의 감숙성 초원이었다. 하서주랑이라고 불리는 이곳을 거쳐야 서역으로 갈 수 있었고, 한무제는 흉노가 장악하고 있던 이곳을 차지해야만 비단길, 즉 실크로드를 열고 서방과 무역을 할 수가 있었다.

B.C. 121년 한무제의 명을 받은 곽거병霍去病이 초원으로 쳐들어 갔다. 흉노 군대는 패배를 거듭하였고, 혼야왕은 흉노제국의 황제인 선우로부터 문책을 당할까봐 두려워 휴도왕을 꾀어 항복하자고

하였다. 휴도왕이 거부하자, 그를 살해하고 혼야왕은 곽거병에게 항복하는데, 이때 휴도왕의 부인 연지閼氏(흉노의 王妃)와 큰아들 일제日磾와 둘째 윤倫도 끌려와서 곽거병의 포로가 되어 한무제에게 바치게 된다.

이때 14세의 어린 나이에 포로로 잡혀온 휴도왕의 큰아들이 바로 김일제이다. 김일제金日磾(B.C. 134~B.C. 86)의 자는 옹숙翁叔이고, 시호는 위경후爲敬侯이다. 한무제는 포로로 잡혀온 흉노의 왕자인 소년에게 말을 먹이는 일을 맡겼다. 당시 흉노와 싸우던 한제국의 고민은 흉노와 대항할 수 있는 기병용 말을 기르는 일이었다. 어느 날 한무제는 황실에서 사육하던 말들을 검열했는데, 소년의 말이 훌륭하고 소년의 얼굴 또한 준수했으므로 그를 중하게 쓰기 시작했다.

그 후 김일제는 한무제의 수행 경호원이 되었다. 로마, 오스만투르크, 바티칸의 예를 보면, 권력자의 경호부대를 외국인으로 쓰는 경우가 많다. 외국인은 반역을 함께 도모할 패거리가 없으므로 권력자에게만 충성을 바칠 것이라고 보기 때문이다. 이후 김일제는 시중, 부마도위, 광록대부에 올랐다.

서안西安의 한무제의 무릉에 배장陪葬된 김일제金日磾의 묘

궁중에선 "황제께서 망령이 들어 야만인의 새끼를 얻어 도리어 귀하고 중하게 여긴다."고 음해하였으나, 반고가 저술한 『한서』에는 김일제는 남자답고 아주 청결한 성격의 소유자로 기술되어 있다. 한무제는 그때까지 성姓이 없던 흉노 소년에게 성을 내리는데, 금인金人을 만들어 하늘에 제사한(祭天) 집안 출신이라고 하여 '金'씨라고 붙여 주었다고 한다.(休屠作金人爲祭天主 故因賜姓金氏云.)〈『한서』 김일제전〉

한무제는 죽음이 임박해지자, 곽광(곽거병의 동생)과 김일제를 불렀다. 황제는 곽광을 대사마대장군, 김일제를 거기장군에 임명하고 어린 황제를 보필하라는 유조를 내렸다. 그리고 한무제는 김일제를 투후秺侯, 상관걸을 안양후, 곽광을 박륙후에 봉하였다. 이는 그 몇 년 전 망하라莽何羅라는 자가 한무제를 암살하려는 등의 반역 음모를 분쇄한 공에 대한 논공행상이었다. 여기서 문무왕의 비문에 나오는 투후라는 작위 이름이 등장하는 것이다. 김일제의 무덤은 한

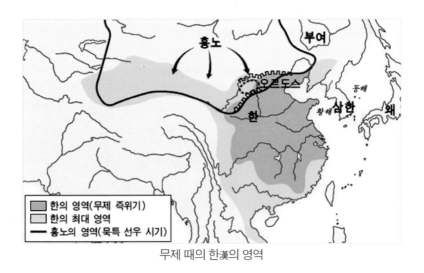

무제 때의 한漢의 영역

무제의 무덤인 무릉武陵의 배장묘 가운데 하나로서 곽거병의 묘 오른쪽에 있다.

김일제가 죽은 뒤에도 그의 후손들이 7대에 걸쳐 한의 황실에서 중용되었는데, 이는 그들이 흉노인이므로 한족 사이에 권력기반이 없어 오로지 황제 한 사람에게만 충성을 바쳤기 때문이었다.

부귀영화를 누리던 김일제 후손의 운명은 왕망王莽과의 인연으로 급전한다. 왕망은 원제元帝의 황후 왕씨 가문 출신이었다. 왕망은 또 김일제의 증손자 당當의 이모부였다. 왕망은 어린 황제를 독살하는 등 전횡을 하다가 A.D. 8년에 한漢을 멸망시킨 후 '신新' 나라를 세우고 황제가 되었다. 왕망이 황제가 되자, 외가인 김일제 가문은 득세하였다. 그러나 왕망의 신新은 15년 만에 망하고, 후한後漢이 다시 일어서면서 왕망 일가는 물론 김일제 가문도 멸문지화에 직면하게 되었다.

북방의 대초원을 지배했던 흉노는 왕망을 도와 전한前漢을 멸하고, 신新나라의 실권을 장악했으나 후한後漢이 건국되자 그 보복을 피하여 그 일부 세력이 한반도 동남쪽으로 이동해 오게 된다. 이 집단이 김해 구지봉에 처음 나타난 것은 A.D. 42년, 신나라가 망한 A.D. 24년으로부터 18년이 지난 시점이다. 이 철기 기마민족은 당시 진한辰韓(秦韓), 즉 지금의 김해와 경주지역에 정착했으며 김金을 특히 좋아해 이를 상징물로 썼다. 백제나 고구려, 또는 박朴·석昔 등 다른 성씨의 왕릉에는 안 보이는 금관金冠이 바로 흉노 민족의 상징인 것이다. 그들은 이것을 성씨로 썼다. 오늘날 한민족 중 가장 많은 인구를 보유하고 있는 김씨가 바로 그들이다.

혹자는 경주김씨는 김일제의 후손이고, 김해김씨는 그의 동생 김륜의 후손이라고 보고 있다. 둘 다 흉노 휴도왕의 아들이다. 김일제의 5대손이 문무왕릉비에 나오는 성한왕星漢王으로 경주김씨의 시조인 김알지金閼智이고, 김륜金倫의 5대손인 탕湯이 김해김씨의 시조인 김수로왕金首露王이라는 것이다. 이들 신라계와 가야계는 김해김씨인 김유신의 동생 문희文姬가 경주김씨인 김춘추의 부인이 되어 문무왕을 낳음으로써 혈통적으로 통합이 된다.

문무왕릉비 외에 당시의 신라 사람들이 스스로 그 뿌리를 흉노에서 찾고자 했음을 보여주는 증거가 또 있다. 9세기 재당 신라인의 「대당고김씨부인묘명大唐故金氏夫人墓銘」이 그것이다. 1954년 중국 섬서성 서안시 동쪽 교외 곽가탄에서 출토된 이 묘지명에서 신라김씨는 소호금천씨少昊金天氏와 김일제로 혈통이 이어진다고 기술되어 있다.

함통咸通 5년(864) 5월 29일에 향년 32세로 사망한 재당 신라인의 묘지명인 「대당고김씨부인묘명」은 현재 서안시 비림박물관에 소장 중인 이 묘지는 가로 46.5cm, 세로 45.5cm 크기의 정방형에 가까운 몸돌에는 23행(행당 글자는 최대 27자)에 걸쳐 총 593 글자로, 김씨의 유래와 김씨 부인의 선조, 부인의 품행과 생활상, 죽음과 후사 문제 등이 기록되어 있으며, 1980년대 이후 중국에서 간행된 각종 금석문 자료집에 탁본 혹은 활자본 형태로 수록되어 널리 소개됐다.

묘지명 내용에 따르면, 김씨 부인은 증조가 김원득金原得, 조부가 김충의金忠義, 아버지가 김공량金公亮이며, 이구李璆라는 사람의 후처로 들어갔다가 사망했다는 내용과 함께 "태상천자太上天子께서 나라를 태평하게 하시고 집안을 열어 드러냈으니, 이름하여 소호씨 금천少昊氏金天이라 하니, 이분이 곧 우리 집안이 성씨를 받게 된 세조世祖시다.… 먼 조상 김일제가 흉노의 조정에 몸담고 있다가 서한에 투항하시어… 투정후柁亭侯라는 제후에 봉해졌다."라고 기록되어 있다. 이어 묘지명은 김일제의 후손이 가문을 빛내다가 한漢나라가 쇠망함을 보이자, "곡식을 싸들고 나라를 떠나 난을 피해 멀리까지

9세기 재당신라인在唐新羅人의 「대당고금씨부인묘명大唐故金氏夫人墓銘」. 이 묘지명에서 신라김씨는 김일제로 혈통이 이어진다고 기술되어 있다.

이르렀다. 그러므로 우리 집안은 멀리 떨어진 요동에 숨어 살게 되었다."고 덧붙였다.

문무왕릉비나 김씨부인묘명을 통해 본다면, 김일제 후손의 신라 도래渡來 시기는 전한 말기, 혹은 왕망의 시대가 된다. 기원 전후 무렵이다. 정통 신라김씨가 정말 김일제 후손인지는 알 수 없는 노릇이지만, 그들이 적어도 문무왕 시대 이후에는 한동안 소호금천씨와 김일제로 이어지는 뿌리 의식을 갖고 있었다는 것만은 더욱 분명해졌다. 곧 시조는 소호금천씨이고, 중시조는 김일제라는 것이다.

이런 인식은 고려 중기 때 경주김씨인 김부식이 찬술한『삼국사기』백제본기 의자왕 말년에 덧붙여 임금(인종)에게 올린 역사 평론

에서 분명하게 보인다.

> 신라의 옛날이야기에 이르기를, 하늘이 금 궤짝을 내렸으므로
> 성을 김씨라 했다고 합니다. (중략) 듣건대, 신라인 스스로 소호
> 금천씨의 후예이므로 성을 김씨라 했습니다.(新羅古事云 天降金
> 樻故姓金氏. … 又聞新羅人 自以小昊金天氏之後故姓金氏.)〈『삼
> 국사기』 의자왕〉

김부식이 금 궤짝 운운한 말은 경주김씨 시조라는 김알지가 지금
의 경주 계림에 탄강할 때 하늘에서 내려온 금 궤짝에 실려 있었다
는 이야기를 말하고 있는 것이다. 김부식은 나아가 신라김씨가 스
스로를 소호금천씨의 후예로 생각했다는 증거가 "신라 국자박사國
子博士 설인선薛因宣이 지은 김유신비金庾信碑와 박거물朴居勿이 글
을 만들고, 요극일姚克一이 글씨를 쓴 삼랑사비문三郎寺碑文에 보인
다."고 밝혔다.

또한 신라김씨 외에도 금관가야 건국시조 김수로에서 시작된 김
유신 가문의 가락김씨駕洛金氏(金海金氏) 또한 그 뿌리를 같은 소호
금천씨에서 찾은 흔적이 발견된다. 『삼국사기』 김유신 열전은 신라
사람들이 "소호금천씨의 후예이므로 성을 金이라 한다."고 하면서
김유신의 비문에도 "헌원軒轅의 후예요, 소호少昊의 자손이다.(軒轅
之裔, 少昊之胤.)"는 구절이 보인다고 했다.

2008년 11월 KBS의 「역사추적」 프로그램에서 신라 김씨 왕족이
흉노족 김일제의 후손이라는 근거로 각종 고고학적 유물을 제시했
다. 신라의 금관은 중앙아시아의 금관과 유사하고, 신라 기마 인물

형토기에 있는 청동솥(銅鍑)은 흉노의 것과 동일하다. 게다가 적석목곽분이라는 무덤 양식도 비슷하고, 머리뼈를 눌러 뾰족하게 세우는 편두編頭라는 풍습도 동일하다는 주장이다.

같은 맥락에서 2009년 7월에 방송된 KBS 역사스페셜에서는 유라시아 지역의 흉노족 유골과 신라 고분에서 출토된 유골의 유전적 상호관계를 실험한 결과 스키타이와 흉노, 신라의 유전적 유사성이 밝혀졌다고 주장했다. 이러한 주장을 토대로 김일제나 흉노족과 신라 왕실이 관계가 깊다는 결론을 내리고 있다.

신라를 이야기할 때 빼놓을 수 없는 것 가운데 하나가 황금문화이다. 신라 땅에서 출토된 금관, 황금보검, 유리구슬, 그리고 로만글

경주 계림로鷄林路 14호
묘의 황금보검(보물 635호)

카자흐스탄(좌)과 키질석굴(우)의 황금보검

라스 등은 주로 서역이나 로마에서 들여온 것으로 추정된다. 하지만 도대체 누가, 언제, 어떻게 들여온 것인지는 여전히 수수께끼다.

특히 금관은 전 세계에서 지금까지 모두 14개가 출토된 가운데 10개가 한반도에서 발굴됐고, 6개가 신라 것이라고 보고되고 있다. 신라 금관들은 대략 5~6세기에 제작된 것으로 보인다. 그보다 몇 세기 이전에 제작되어 사르마트나 아프가니스탄 등 북방 중앙아시아에서 출토된 금관들이 그 원형인 셈이다. 훈족의 아틸라세국(434~454) 시기에 크게 유행했던 채색 기법에 금 알갱이를 빽빽이 눌러 박은 누금鏤金 장식 기법의 황금보검도 카자흐스탄 보로보에(Borovoe)에서 발견된 황금보검 장식 기법과 거의 일치한다.

실제로 흉노는 A.D. 1세기 말에 쇠퇴했다가 이후 다시 왕성했지만 A.D. 350년경 한漢나라에 대파 당하며 다시 동서로 분산됐다. 이때 서진한 흉노가 서양세계를 뒤흔든 훈족이 됐다면, 동진한 흉노는 신라로 남하했을 가능성이 있다. 그들은 유럽으로 진출한 훈족과도 꾸준히 교류를 했을 것이고, 위진남북조시대(439~559)의 혼란 속에서 신라로 향한 여정은 더욱 활발해졌을 것이다. 아시아 지역에서부터 카탈루냐 평원에 이르기까지 훈족의 이동경로에서만 발견되던 청동솥 동복銅鍑(cauldron)이 김해 대성동고분에서 출토된 것은 결코 우연이 아니다.

신라 왕의 칭호가 이사금尼師今에서 마립간麻立干으로 바뀐 것도 바로 이때다. 유리왕儒理王(3대)과 탈해왕脫解王(4대)이 서로 떡을 깨물어 치아 자국이 많은 순서로 왕위를 차지했다는 것으로 미뤄 그때까지 이사금은 단순한 연장자였을 것이다. 그러나 내물왕奈勿王이 등장한 뒤 지증왕智證王에 이르기까지 6명의 왕들은 마립간으로

흉노의 영향을 받은 흑해연안의 금관

신라 천마총天馬塚에서 발굴된 금관

불렸다. '麻立干'의 '干'은 북방 유목민의 단어로서 '최고의 칸', '우두머리'라는 뜻이다. 절대 권력을 가진 통치자가 등장했음을 말한다. '칭기즈칸'의 그 '칸'이다.

신라 내물왕奈勿王 이후의 김씨 왕들이 실은 흉노 계통의 기마민족 출신이라면, 그들의 풍습 중에서 흉노적인 성격들이 드러나야 한다. 이 수수께끼를 푸는 데 좋은 자료가 『화랑세기花郞世紀』이다. 김대문金大問이 썼다고 전해지는 이 책은 1980년대에 부산에서 그 필사본이 발견된 이후 진짜냐 가짜냐로 학계의 쟁점이 되어 왔다. 이 책에는 신라인들의 성풍습이 적나라하게 나와 있다. 근친결혼뿐 아니라 작은아버지와 결혼한 경우, 왕족 여성들의 화려한 남성 편력, 그리고 형사취수, 즉 형이 죽으면 그 처를 동생이 인수한다는 사례도 있고, 진평왕眞平王 때 아버지가 다르고 어머니가 같은 양도良圖(男)와 보량宝良(女)이란 남매 사이의 결혼에 대한 이야기가 적혀 있다.

『삼국사기』 신라본기에는 다음과 같은 기록이 있다.

> "신라는 … 형제의 자식과 고종 이종 자매까지도 모두 맞이해 아내로 삼았다.… 중국 예법으로 따진다면, 이것은 커다란 잘못이라고 하겠다. 흉노에서 그 어머니와 아들이 서로 간음하는 짓은 이보다 더욱 심하다."(新羅…兄弟子姑姨從姉妹 皆聘爲妻. … 責之以中國之禮 則大悖矣. 若匈奴之烝母報子 則又甚於此矣.)
> 〈『삼국사기』 신라본기〉

『삼국유사』에는 문무왕 시절 지방관리가 경주에서 찾아온 손님에게 아내를 동침하도록 바치는 이야기가 나온다. 이런 풍습도 북방 유목민들 사이에 전해오는 것이다. 이러한 모습은 『사기史記』 등 중국의 사서가 전하고 있는 흉노의 풍습과 비슷하다.

우리 고대사의 가장 큰 미스터리 중 하나는, 신라와 흉노의 관계이다. 신라는 한반도 동남부에 위치했지만 삼국 가운데 북방과 서역의 유물 유적이 가장 많이 발견되는 나라이기 때문이다. 중국 고대의 기록에도 신라 이전 진한辰韓 시절부터 진시황秦始皇의 폭정을 피해서 중국 북방에서 내려온 이주민이 많다고 했다. 그리고 그들의 흔적은 최근 고고학 유적에서도 발견되었다.

하지만 정작 신라인들이 북방지역과의 관계를 과시한 것은, 그로부터 400~500년이 지난 후였다. 마립간 시대가 되어 김씨가 왕위를 독점하면서 북방계의 유물과 적석목곽분을 만들었다. 그리고 신라

흉노의 동복銅鍑

대성동大成洞 고분에서 출토
된 동복銅鍑

기마인물형토기騎馬人物形土器. 말 위에
있는 것이 동복銅鍑이다.

가 이후 주변 나라들과 전쟁을 하고 국력을 키우면서 적석목곽분과
금관은 사라졌다.

　신라의 삼국통일을 완성한 문무왕은 유언으로 거대한 무덤을 만
들어 시간과 용력을 들이지 말고 자신의 유골을 화장하여 동해의 대
왕암에 산골散骨하라고 하였다. 삼국을 통일하는 혼란기에 자신의
무덤 때문에 국력이 소모될 것을 우려했기 때문이다. 대신에 그는
경주에 묘비만을 세웠다. 그리고 그 묘비명에 자신들이 흉노의 후
예라고 당당히 적어놓았다. 그 능비陵碑를 지금 국립경주박물관에
가면 볼 수 있다.

　신라인들이 말하는 흉노는 지금 우리가 생각하는 미개한 유목민
을 의미하는 것이 아니었다. 당시 흉노는 유라시아를 호령하는 강력
한 무기와 군대의 유목국가를 대표하는 상징적인 존재였다. 그래서

흑해 연안에서 신라까지 수많은 나라가 자신을 흉노로 자처했다.

신라인들은 왜 삼국통일의 위업을 달성하는 과정에서 자신들을 흉노로 자처하였는가? 그 배경에는 신라를 둘러싼 복잡한 국제정세가 숨어 있다. 고구려, 백제, 부여와 같은 부여계의 나라와 맞서서 뒤늦게 경쟁을 시작한 신라는 건국 시기부터 이어져오던 북방 초원과의 관련성을 선민選民 의식으로 내세웠다. 신라의 1천 년 역사에서 흉노는 자랑이었고, 또 작지만 강한 나라로 성장한 신라를 강성하게 했던 유라시아 네트워크의 상징이기도 했다.

당시 흉노는 유럽에서 아시아에 이르는 유라시아의 전역에서 일종의 롤모델 같은 강국이었다. 신라가 삼국을 통일한 이유는 그들을 둘러싼 국제정세를 정확히 파악했기 때문이다. 흉노와의 관련을 강조하고 국력을 키운 그들의 선택은 옳았다. 후발주자로 삼국을 통일했던 신라는 강력한 자신만의 왕권을 구축하고 강력한 군사력을 빠르게 키울 수 있었다.

또한 중국으로부터 밀려오는 유교적, 보편적 가치관에 대응한 신라적인 주체 선언이라고도 볼 수 있다. 신라 사회가 흉노적인 특수성과 중국적인 보편성 사이에서 갈등하고 있었음을 알 수 있다. 신라는 이러한 특수성과 보편성을 종합하여 한 차원 높은 단계로 승화시키고 있다. 신라 왕족이 대당對唐 결전을 선택하여 신라의 독자성을 확보한 정신적 배경에는 "신라는 신라다."라는 자주성과 자존심이 있었던 것이다. 그 자주성과 자존심의 근원에는 "우리는 최강대국 흉노의 후손이다."는 정체성 의식이 깔려 있었을지도 모른다.

신라가 나당연합을 이뤄내고 온갖 수모를 겪으면서도 그것을 지켜내다가 세계 최강의 전성기 제국을 상대로 결전을 감행하는 모습은, 세계사 어디를 뒤져보아도 좀처럼 찾아내기 어려운 감동적 장면이다.

신라의 이런 행태 속에서 작동한 가장 중요한 민족적 유전자는 흉노적 용기와 당당함과 자존심이었을 것이다. 삼국 중 신라가 최종 승자가 된 것은 가장 유목 민족적이고, 비중국적이며, 토속적인 세력의 승리를 의미했다. 이런 강력한 정체성은, 중국이란 거대한 세력 바로 옆에 있으면서도 한민족이 독자성을 유지해 갈 수 있는 원동력이 되었다.

# 실크로드와 신라新羅
## ― 동서양에서 함께 울리는 "임금님 귀는 당나귀 귀" ―

터키 앙카라 인근 고르디온(Gordion)에 신라 왕릉을 연상케 하는 대형 쿠르간(封墳)이 있다. 기원전 8세기경 프리기아(Phrygia) 왕국을 다스린 미다스왕의 무덤이다. '미다스의 손(Midas touch)'으로 알려진 신화 속 주인공은 디오니소스로부터 손에 닿는 모든 것을 황금으로 변화시킬 수 있는 능력을 선물로 받았다. 그러나 그것은 선물이라기보다 무심코 안았던 공주마저 황금 조각으로 바꿔버린 저주였다. 그는 결국 팍토루스(Pactolus)강에 몸을 씻고 나서야 신탁神託에서 해방된다.

이야기는 여기에서 끝이 아니다. 미다스 왕은 목양牧羊의 신 '판(Pan)'의 추종자가 됐다. 판이 음악의 신 아폴론과 피리 연주 대결을 벌였을 때 그는 어리석게도 판의 편을 들었다. 화가 난 아폴론은 미다스에게 응징을 내려 두 귀를 당나귀 귀로 바꿔버렸다. 그는 터번을 쓰고 귀를 가렸지만 이발사에게까지 비밀을 감출 수는 없었다. 이를 견딜 수 없었던 이발사는 들판에 구멍을 파 비밀을 폭로하고는 그 구멍을 막아버렸다. 그러나 그 자리에 갈대가 자라면서 다음과 같은 속삭임이 들판 전체로 퍼져나갔다.

"임금님 귀는 당나귀 귀!"

그런데 비슷한 일이 수만리 떨어진 한반도의 동남쪽 신라 경주에서도 벌어졌다. 『삼국유사』에 따르면, 경문왕景文王(재위 861~875)은 임금이 된 뒤 갑자기 귀가 길어져서 당나귀처럼 되었다. 아무도 그 사실을 몰랐으나 오직 왕의 머리를 만지던 복두장(두건을 만드는 장인)은 알고 있었다. 그는 평생 그 사실을 감히 발설하지 못하다가 죽을 때에 이르러 도림사라는 절의 대밭 속에서 이렇게 소리쳤다.

"임금님 귀는 당나귀 귀!"

동과 서의 교류는 시간과 공간을 넘어 꾸준히 진행되고 있었다. 서역과 신라가 실크로드라고 하는 아주 오래된 길을 통하여 문화와 문명을 교류하고 있었다. 실크로드(Silk Road)는 비단길이라고 일컬어지는데, 고대 중국과 서역 각국 간에 비단을 비롯한 여러 가지 무역을 하면서 정치·경제·문화를 이어 준 교통로의 총칭이다.

실크로드

실크로드의 개념을 확대하면, 다음과 같은 세 가지 길이 전부 포함된다. 북방의 초원지대를 통과하는 초원로, 중앙아시아의 오아시스 지대를 점철하는 오아시스로, 그리고 중국 연안에서 인도양과 동남아시아를 경유하여 페르시아만에 이르는 해상교역로인 남해로를 들 수 있다.

실크로드가 열린 초기에 한漢의 무제武帝는 유목 기마민족인 흉노와 싸워 이기려면 좋은 말이 필요하다고 판단, 하루에 천리를 달린다는 한혈마汗血馬를 구해오도록 지시한다. 장군 이광리李廣利는 대군을 이끌고, 2회에 걸친 대원정 끝에 천하의 명마인 한혈마를 몰고 왔다.

한무제는 외국의 물산에 대한 호기심이 왕성하여 서방의 진화기재珍貨奇財와 진조기수珍鳥奇獸 등의 수집에 열을 올렸다. 이때 실크로드를 통해 중국에 수입된 서역 상품에는 인도, 파키스탄, 시리아, 로마 등지에서 사들인 코끼리, 물소, 호랑이, 사자, 공작, 맹견 등의 동물 외에 산호, 진주, 별갑鼈甲, 호박, 유리제품, 모직물, 주단, 향료, 후추 등이 있었다.

반면에 서방의 그리스와 로마가 동방으로부터 제일 가져오고 싶었던 물품은 과연 무엇이었을까? '실크로드'라는 이름에서도 알 수 있듯이, 그것은 비단이었다. 마포麻布와 같은 거친 천으로 만든 옷을 걸치고 다니던 서양인들에게 가볍고 광택이 나며 부드럽게 몸에 감기는 비단이야말로 너무나 매력적인 물품이었다. 이 때문에 로마의 동방무역은 막대한 수입 초과를 나타냈고, 결재수단인 금과 은, 기타 화폐의 대량유출을 초래하게 되어 나라의 경제 기반이 흔들릴 정도였다.

중국인들은 양잠의 시작을 삼황오제 때부터라고 강변하고 있는데, 우선 『잠상췌편蠶桑萃編』의 기술에 따르면, 삼황 중 수렵 기술을 창안한 복희씨伏羲氏가 뽕나무 누에고치에서 켜낸 실로 가늘고 성긴 세백細帛을 짰으며, 농경생활을 가르친 신농씨神農氏는 명주실이나 베실로 천을 짜는 법을 가르쳤을 뿐만 아니라, 남자는 밭을 갈고 여자는 천을 짜도록 사회분업까지도 이루어지게 하였다고 한다. 회남왕淮南王의 『잠경蠶經』에는 오제의 하나인 황제皇帝의 원비元妃 서릉씨西陵氏(흔히 제비帝妃라 함)가 양잠을 권장하고 직접 잠업을 개창하였다고 기술되어 있다. 이를 근거로 중국인들은 서릉씨를 잠업의 시조로 인정하여 대대로 제잠祭蠶 의식까지 치르고 있다.

전설시대를 지나 역사시대로 들어서면서 비단의 실체는 드러나기 시작한다. 동이족의 은殷나라 때에 잠업이나 견직물이 성행하였다는 사실은 은허殷墟 출토 갑골문의 기록에 의해서도 충분히 실증되고 있다. 갑골문 중에는 상桑·잠蠶·촉蜀·사絲·백帛·건巾 등의 문자가 있는가 하면, 실을 끊는다는 '절絶', 실을 묶는다는 '속屬', 실로 낚시질한다는 '민緡' 등 방적과 관련된 여러 자가 있다.

'蠶(누에 잠)'은 본래 누에의 모양을 그린 상형자에서 진대秦代에 이르러 형성자로 변천되었다. 朁(잠)은 簪(비녀 잠)이 생략된 것으로, 비녀의 모양이 길면서 끝이 구부러진 모양이 누에의 모양과 비슷해서 성부聲符이면서 뜻을 겸해서 쓰인 것이다. '蜀(애벌레 촉)'의 본래 자형은 '𧐾'으로, 사람(亻)이 눈(👁)을 크게 뜨고 벌레(虫), 곧 누에를 자세히 살펴보는 것을 상형한 글자이다. 『설문해자』에 "촉규중벽야蜀葵中蚕也"으로 "촉蜀은 蚕(누에 잠, 天虫)이다."라고 하였다. 곧 하늘이 내려준 고마운 벌레라는 것이다.

| 殷 甲骨文 | 周 金文 | 秦 小篆 | 漢 隷書 | 漢 楷書 | 簡體字 |

〈 '사絲'와 '잠蠶' 자의 자형 변천〉

진태하陳泰夏 교수는 '실크'의 어원을 우리말에서 찾고 있다.

'絲(사)'의 고음古音은 "식자절息茲切, 신자절新茲切."이다. 그
뜻은 잠소토야蠶所吐也(설문해자), 추인정견출서왈사抽引精繭出緒
日絲(급취편주急就篇註), 궐공칠사厥貢漆絲(서경書經 우공禹貢), 소사오
타素絲五紽(시경詩經 소남召南)로 나타나고 있다. 사絲의 자음이 한
국음으로는 '사'이지만, 중국음은 지금도 '스'라고 한다. 우리
말의 '실'이, 곧 사絲의 고음古音임을 알 수 있다. 그러므로 오늘
날 일컫는 '실크로드(Silk road)'의 '실크(silk)'는, 곧 우리말의
'실'이 변하였음을 알 수 있다. 따라서 장안長安(서안西安)에서부
터 서역으로 가는 길이 '실크로드(Silk road)'라고 칭하는데, 그
이전에 한국에서 북쪽 길로 서역으로 왕래한 '실크로드(Silk
road)'가 있었음을 알 수 있다.

신라의 세계 진출은 결코 우연히 이뤄진 일이 아니었다. 때를 만
나기 위해 엄청난 역경의 시간을 거쳐야 했다. 특히 이웃 당唐나라
와의 관계가 그랬다. 긴장 관계는 외교적으로 풀고, 문화와 상업 교
류는 장려했다. 산동반도 쪽에 집단 거주지인 신라방新羅坊을 설치

하고, 신라원新羅院이라는 사찰과 신라소新羅所라는 관리청까지 세웠다. 덕분에 신라는 당唐나라가 장안長安을 중심으로 전개해 온 글로벌 문화의 소비에도 거의 동시적으로 참여할 수 있었다.

그러나 여전히 목이 말랐다. 이제는 당唐나라가 아니라 그 문화의 원천이 됐던 아득한 미지의 땅, 서천서역국西天西域國이 궁금했던 것이다. 신라는 7세기에 삼국통일을 이룬 뒤 8세기에 이르러 세계를 향한 진출의 신호탄을 쏘아 올렸다. 많은 신라인들이 서역을 향했고, 혜초慧超는 당시 당나라로 떠난 400여 명의 유학생 가운데 하나였다. 신라의 소년 혜초는 704년에 태어나 16살 되던 719년에 당나라로 떠났다. 지금으로부터 1300년 전 일이다. 그는 인도 출신 금강지金剛智로부터 밀교密敎의 가르침을 받고 광주廣州를 떠나 723년 뱃길로 서쪽 천축국天竺國에 닿았다. 그리고 4년 동안 철저히 길 위의 영혼이었다.

혜초의 여행은 특별했다. 선행자들과 달리 아시아 대륙 중심부를 해로와 육로로 일주했다. 그의 발길은 인도는 물론 멀리 서쪽으로 이슬람 세계인 아랍(大食)과 페르시아(波斯), 그리고 비잔틴(大拂臨)까지, 불교와 상관없는 땅까지 이어졌다. 그리고 『왕오천축국전往五天竺國傳』에 그 기록을 남겼다. 출발지에서 목적지로 가는 방향과 소요시간, 그리고 왕성의 위치와 규모, 통치 상황, 대외 관계, 특산물과 음식, 의상과 풍습, 언어, 불교와 이교도들에 대해서도 간명하게 기술했다.

『왕오천축국전』은 8세기 중앙아시아 모습을 보여주는 중요한 자료이다. 고대 동서양 교역로인 실크로드의 모습을 그대로 그려내고 있는 인문지리서라고 할 수 있다. 혜초가 마지막으로 거쳤던 쿠차

『왕오천축국전往五天竺國傳』이 발견된 중국 돈황敦煌의 막고굴莫高窟

는 당의 안서도호부安西都護府 소재지였다. 서부지역을 압박하던 토
번이라는 강대국을 견제하고 카슈미르와 카불, 시리아와 아랍 등 서
역을 이어주는 교두보이기도 했던 이곳을 지키던 이는, 바로 고구려
유민 고선지高仙芝였다. 그는 나중에 탈라스 전투를 통해 세계사의
한가운데 섰던 사람이다.

시기적으로 혜초와 고선지가 만났을 개연성은 충분하지만, 그들
은 이미 신라인과 고구려인으로서가 아니라 세계인이었다. 그들이
함께 있었던 공간은 아랍에서 페르시아를 장악하고 비잔틴을 교두
보로 삼아 안달루시아까지 진출했던 이슬람이 최초로 동양을 만나
게 된 공간이기도 했다.

장안長安으로 돌아와 787년에 입적한 혜초는 문명이 홀로 존재하

지 않는다는 사실을 누구보다 먼저 깨달은 사람이었다. 그의 깨달음은 신라를 실크로드의 동단으로 주목받게 한 결정적인 계기가 됐다.

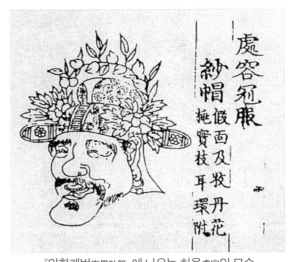

신라 역사의 미스터리 가운데 하나가 처용處容이다. 『삼국

『악학궤범樂學軌範』에 나오는 처용處容의 모습

유사』가 전하는 이 수수께끼 같은 이야기는 897년 신라 헌강왕憲康王 때의 일이다. 왕이 지금의 울산에 나가 놀다가 갑자기 구름과 안개가 자욱해져 길을 잃었다. 신하들은 동해 용의 조화이므로 선을 베풀어야 한다고 했다. 이에 왕이 용을 위해 근처에 절을 세우도록 명하자, 구름과 안개가 걷혔으므로 그곳 이름을 개운포開雲浦라 했다. 동해 용이 기뻐하며 아들 일곱을 거느리고 왕 앞에 나타나 덕을 찬양하여 춤추고 음악을 연주했다.

그 가운데 한 아들이 왕을 따라 서라벌로 가서 정사를 도왔는데, 그가 바로 처용處容이다. 그런데 처용은 정말 용왕의 아들이었을까? 처용의 에피소드는 알려진 대로다. 아내의 미모에 반한 역신疫神이 찾아와 아내를 능욕하는 것을 보고도 화를 내는 대신, 시를 짓고 노래를 부르며 춤을 추었다. 이에 감동한 역신은 잘못을 뉘우치고 앞으로는 처용의 가면만 봐도 그 문 안에 들어가지 않겠노라고 약속했다.

| 東京明期月良 | 서라벌 달 밝은 밤에 |
| 夜入伊遊行如可 | 밤늦도록 노닐다가 |
| 入良沙寢矣見昆 | 들어와 자리를 보니 |
| 脚烏伊四是良羅 | 다리가 넷이로구나. |
| 二兮隱吾下於叱古 | 둘은 내 것이지만 |
| 二兮隱誰支下焉古 | 둘은 누구의 것인고? |
| 本矣吾下是如馬於隱 | 본디 내 것이지만 |
| 奪叱良乙何如爲理古 | 빼앗긴 것을 어찌하리. |

그런데 처용은 신라에서 파격적인 대우를 받았다. 『삼국유사』에 따르면, 헌강왕이 처용에게 예쁜 여성을 아내로 삼게 하고, 급간級干 관직도 주었다고 한다. 급간은 신라에서 성골聖骨·진골眞骨 다음으로 높은 계급인 6두품이 받을 수 있는 관직이다.

철저한 계급사회였던 신라에서 왕족을 제외하고는 가장 높은 계급인 6두품으로 대우받았다는 것은, 처용이 그저 길을 잃은 외국인이 아니라 비범한 능력을 갖추고 있었다는 점을 암시한다. 그 능력은 무엇이었을까?

헌강왕 때 서라벌에는 큰 전염병이 돌았다. 처용이 어느 날 집에 돌아와 보니 아내와 함께 있는 역신疫神(전염병을 퍼뜨린다고 믿는 신)을 보고 밖에서 춤을 춰 내쫓았다고 한다. 그것은 처용이 역병에 걸린 신라인 아내를 치료한 사실을 설화적으로 남긴 것이라는 해석도 있다. 아마도 신라는 이전에 없었던 전염병에 큰 혼란에 빠졌고, 처용의 대처는 당황한 신라인들 사이에서 깊은 인상을 남겼던 것 같다. 그것은 이후 신라 사람들이 처용의 형상을 문에 그려 붙여서 역병 등 나쁜 기운을 물리치려 했다는 점에서도 알 수 있다. 처용 그림은 질병 부적의 효시로서 신라 시대에 처음 나타나 벽사 부적으로 변용, 전승됐다.

신라에서는 장보고張保皐가 등장하면서 해상교역이 크게 활기를 얻었고, 해상 실크로드와의 연결도 자연스러웠다. 급기야 홍덕왕(826~836) 때는 수입 사치품을 금하고 풍속을 바로잡는 법령이 공포되기에 이른다. 『삼국사기』에는 향료, 에메랄드 종류인 슬슬瑟瑟, 모직품 사용이 금지됐으며, 향료는 진골이 타고 다니는 수레에 쓸 수 없도록 했고, 동남아시아산 자단紫檀과 서아시아산 침향沈香은 6두품에서 백성까지는 아예 쓸 수 없도록 했다.

이로 미뤄 신라 사회에 외래품이 얼마나 광범하게 사용됐으며, 외래문화 수입 또한 얼마나 활발했는지 짐작할 수 있다. 로마에서 유행했던, 표면을 원형으로 깎아 장식한 유리잔이 천마총에서 발견된 사실을 예로 들 수 있다. 인도네시아 자바섬에서 제작된 것으로 알려진 인면人面 유리구슬도 미추왕릉味鄒王陵에서 출토됐다. 경주박물관 월지관 앞뜰에 있는 석조 유물 '입수쌍조문立樹雙鳥紋'은 전형적 페르시아 문양이다. 원 가운데 잎이 무성한 나무가 서있고, 가지 아래로 긴 목을 교차한 채로 두 마리 새가 마주 보고 있는 형상이다.

또 신라의 수입 품목에는 약재도 있었는데, 주로 아랍과 페르시아에서 들어왔다. 이 무렵 이슬람 세계는 세계에서 가장 높은 수준의 의학 지식을 갖고 있었기 때문이다. 특히 무역에 종사하면서 이곳저곳을 다녔던 서역인들은 역병에 대한 대처법을 잘 알고 있었을

것이다. 어쩌면 처용은 무역을 하러 왔다가 눌러앉은 약재상이었을 가능성도 제기해볼 수 있을 것이다.

처용이 약재를 팔러 신라에 온 페르시아의 약재상이었는지는 정확히 알 수는 없다. 다만 신라에 큰 전염병이 돌 때 등장한 처용이 신라의 전염병 대처에 큰 도움을 줬을거란 추측은 무리가 없어 보인다. 전염병 대처능력이 뛰어나 벼슬에 올랐

경주 괘릉掛陵 무인상武人像

던 아랍의 이방인 처용을 보면, 신라의 전염병 대처 방식은 매우 적극적이면서 유연했던 것으로 보인다. 계급, 출신 지역을 떠나 문제를 해결할 수 있는 사람에게 일을 맡겼다는 점에서 그렇다. 또 이러한 대처는 결국 신라를 미증유의 위기에서 구하는 길이 되었다. 코로나19와 같은 국가적 재난 상황에서 우리도 참고해볼 만한 지점이 아닐까 생각해 본다.

사산조朝 페르시아라고 하는 나라가 있다. 이 나라는 중국의 남북조시대南北朝時代, 우리의 삼국시대 무렵인 약 1800년 전에 지금

의 이란 땅에 세워진 나라로, 조로아스터교를 믿으며 인구가 2,000만 명이 넘고, 국토는 한반도의 30배에 달하였다. 로마제국과의 전쟁에서 이겨 로마황제를 포로로 잡아올 정도로 강력하였으며, 6세기에는 비잔틴제국을 압박하여 영토를 확대하였으나, 7세기에 아라비아반도에 이슬람교가 일어난 후 약해지기 시작하여 651년에 멸망하였다.

그런데 이 사산조 페르시아의 왕자와 신라 공주의 로맨스가 실려 있는 중요한 자료가 최근에 발견되어 세간의 관심을 끌고 있다. 7세기 중엽 페르시아 왕자가 신라에 와서 정착한 뒤, 신라 공주와 결혼하여 자식까지 낳고 페르시아로 돌아갔다는 이야기이다. 허무맹랑한 이야기가 아니라 고대 페르시아 구전 서사시를 모은 『쿠쉬나메』에 나오는 내용이다. 이 책은 2010년 국내에 존재가 알려지고, 2013년 영국 국립도서관 희귀 문서 중 필사된 원본을 찾게 되어 번역과 연구를 계속하고 있는 중요한 책이다.

이 『쿠쉬나메』 전체 가운데 반 정도가 '신라[Shilla]' 또는 '바실

《쿠쉬나메》 필사본

라[Bashilla]'에 관한 내용이며, 아랍 문헌에선 신라를 '알신라[Alshilla]', 페르시아 문헌에선 '베실라[Beshilla]' 등으로 표기하는데, 지금까지 아랍·페르시아권에서 이처럼 방대한 분량의 신라 관련 서술이 발견된 것은 처음이라고 한다. 『쿠쉬나메』의 내용이 신라 관련이 맞을 경우, 고대 신라의 생활상과 신라·페르시아 관계사를 밝혀줄 귀중한 자료가 될 것으로 보인다.

더불어 해양 실크로드를 연구하는 이란 테헤란대학교 역사학과 모함마드 보수기 교수는 "2000여 년 전 제작된 고대 페르시아의 지도에 경주를 자오선子午線의 시작으로 명시하고 있다."며, "이 문서는 신라가 이미 국제적인 왕국이었으며 세상과 폭넓게 교류했다는 점을 확실하게 증명해 준다."고 주장하면서, 영국 런던의 그리니치천문대 본초자오선 이전에는 신라의 왕경王京이었던 경주가 동서를 가르는 중심축이었고, 경주를 자오선의 시작으로 정하고, 경주를 기점으로 지구상의 동서가 나눠졌다는 것이다.

보수기 교수는 몇 년 전 우리나라의 학술대회에 참석하여 한 장의 고지도를 최초로 공개하면서 "당초 지리학을 지배하고 있던 그리스의 지도에는 칼레닷섬(현재 스페인의 카나리아제도)을 자오선의 기준으로 삼았지만, 이후 페르시아의 자오선은 당시의 신라, 즉 현재의 경주를 자오선의 0도 지점으로 설명하고 있다."며, "이후 이슬람의 지리학 문서에는 이에 따라 신라의 강데즈(경주=금성)를 자오선의 기준점을 설정했다."고 말하였다.

보수기 교수는 그동안 '강데즈'라는 지명에 대해 의문을 가졌지만, 신라의 왕경인 경주가 과거 '금성金城'이라는 지명으로 불렸다는 사실을 알고 난 뒤 '강데즈'가 경주임을 밝혔다고 주장했다. 페르시아어로 '강'은 '金'을 뜻하고 '데즈'는 '城'을 의미한다는 것이다. 그는 "고대 페르시아 문헌에 수시로 '강데즈'에 대한 언급이 있었지만, 이 지명을 신라와 연결 짓지 못해 수수께끼를 풀 수 없었는데, 지금은 중요한 퍼즐 조각 하나를 완성함으로써 실크로드상의 동쪽 출발점이 신라라는 사실에 대해 의심의 여지가 없어졌다."고 말하고 있다.

오래전부터 한반도는 세계와 소통하고 있었다. 실크로드는 사막이나 바닷물에 묻혀버린 죽은 길이 아니라 살아 숨 쉬는 길이다. 길가의 풀 한 포기, 깨진 토기 한 조각, 빛바랜 벽화 한 장, 무너진 집터 등…. 모든 것이 말없이 과거를 알려주고 오늘을 깨우쳐주며 미래를 바라보게 한다. 실크로드는 멀고도 가까이 우리 속에 있는 길이다. 고행과 낭만이 함께하는 길이기도 하다. 그 뜻을 깊이 간직해야 한다.

남북한 철도가 연결되고 부산항이 실크로드의 출발역이자 종착역이 돼 한반도에 육해공 물류수송의 대동맥이 열리면, 우리가 신新실크로드의 출발과 끝에서 얻는 번영의 꿈은 실로 대단할 것이다. 한반도는 서양인은 물론 밀려드는 중국인과 일본인으로 더욱 북적거릴 것이다.

그런데 모든 표기가 지금처럼 한글 일색이어서는 한자문화권에서 중심적인 역할을 하기엔 그 불편함이 적지 않을 것이다. 한자를 배격한다면, 그것은 이미 동북아에서 허브국가가 되기를 포기하는 것과 다름없다.

한자를 모르면 신新실크로드 시대에 낙오자가 될 것이다.

# 정사正史와 야사野史를 넘나드는
# 양귀비楊貴妃 이야기

— 양귀비는 일본으로 망명해 죽었다 —

중국 역사상 서시西施, 왕소군王昭君, 초선貂蟬, 양옥환楊玉環이란 4대 미녀가 있다는 건 널리 알려져 있다. 그녀들의 영광과 굴욕은 당시 국가의 운명과 백성들의 목숨과 직결되어 있었다. 이 미녀들은 수천 년 동안 이어져 온 동양적 아름다움의 극치로 오늘날까지도 세인들에게 회자되고 있다. 그러나 이들은 경국지색傾國之色, 즉 나라를 무너뜨리는 미모를 가졌지만 최후는 대부분 끔찍할 정도로 비참했다. 오죽했으면 미녀를 두고 '미인박명美人薄命', '홍안박명紅顔薄命', '천투가인天妬佳人'이라고 표현했을까?

우선 '오월동주吳越同舟'와 '서시빈목西施矉目'의 서시西施는 '침어浸魚'라고 일컫는다. 서시가 냇가에서 수건을 씻고 있었는데, 지나가는 물고기가 그의 미모에 놀라 헤엄치는 것을 잊었다고 한다. 헤엄치는 걸 까먹었으니 물고기가 물 아래로 가라앉는 건 당연했다. 그리하여 후세 사람들은 서시의 미모를 두고 '침어'라 하였다.

'춘래불사춘春來不似春'의 왕소군王昭君은 '낙안落雁'이다. 어느 가을의 화창한 날, 변경을 나서 흉노 땅으로 떠나는 왕소군은 비통한 마음을 금하지 못하고 비파를 연주하였다. 이 비장한 이별곡에

중국의 4대부인. 좌로부터 서시西施, 왕소군王昭君, 초선貂蟬, 양귀비楊貴妃

기러기들이 날갯짓을 멈추고 떨어졌다고 해서 후세 사람들은 그녀의 미모를 두고 '낙안'이라 한 것이다.

『삼국지연의三國志演義』에서 당대 최고의 무장 여포呂布의 사랑을 받은 초선貂蟬은 '폐월閉月'이라 하였다. 초선이 뒤뜰 화원에서 달을 쳐다보니, 달이 그 미모에 움츠러져 구름 뒤로 숨었다고 한다. 그리하여 후세 사람들은 '폐월'이란 표현으로 그녀의 미모를 형언했다. 4대 미녀 중 유일한 가공인물이다.

그리고 오늘의 주인공 양귀비楊貴妃는 '수화羞花'라 하였는데, 양귀비가 궁중에 들어갔을 때 고향에 대한 그리움으로 화원에서 꽃을 보며 눈물을 흘렸다. 만발하는 꽃들에게 신세한탄을 하면서 손으로 꽃을 만지니, 갑자기 꽃이 부끄러워 잎을 말아 올렸다고 하여 '수화'의 미모를 갖췄다고 전해진다.

4대 미녀 중 가장 최근의 인물이자, 가장 유명한 양귀비에 대하여

당 현종과 양귀비의 이야기가 서려있는 중국 서안西安의 화청궁華淸宮

역사는 어떻게 적고 있는지 살펴보자. 그리고 뒤안길에는 어떤 이야기들이 전해지고 있는지 역사를 뒤틀어 읽어보기로 한다.

양귀비는 중국의 4대 미녀 중 한 사람이다. 사람의 마음을 미혹하고 중독시키는 아편阿片 꽃에 '양귀비'란 이름을 붙인 걸 보면 그녀의 미모는 어지간히도 치명적이었던 것 같다. 본명은 양옥환楊玉環이다. 산서성 출신이지만 어린 시절 부모를 여의고 관리이던 숙부의 집에서 자랐다. 양옥환은 노래와 춤에 능하고 미모가 출중해 17세에 당현종唐玄宗 이융기李隆基의 18번째 아들인 수왕壽王 이모李瑁의 비가 되었는데, 수왕 이모는 당현종과 무혜비武惠妃 사이에서 태어난 황제 계승권으로부터는 멀리 떨어진 수많은 황자 중 한 명에 불과했다.

양옥환과 수왕의 사이가 어땠는지는 알 수 없다. 하지만 별 풍파 없이 양옥환이 수왕과 6년간 결혼 생활을 이어간 것을 보면 그다지 나쁜 사이는 아니었을 것으로 짐작된다. 당현종의 눈에 띄지 않았 다면, 양옥환은 수왕 이모와 천수를 다하며 해로하였을지도 모른 다. 그러나 세상은 양옥환을 가만두지 않았다. 6년간 수왕 이모의 아내로 살던 22살의 양옥환은 현종의 환관인 고력사高力士의 은밀 한 방문을 받았다. 고력사는 총애했던 무혜비가 죽고 나서 외로워 하는 현종을 위로하기 위해 미녀들을 백방으로 찾고 있었다. 그중에 양옥환이 특히 아름답다고 들은 고력사는 그녀를 현종의 술자리로 불러냈다. 이 자리에서 음악 애호가였던 현종이 연주하는 가락에 맞 춰 아름다운 춤을 선보인 양옥환과, 이를 바라보던 현종은 춤이 끝 나기도 전에 남녀 간에 이루어질 수 있는 모든 것을 시작하였다.

양귀비는 몸매가 풍만했을 뿐만 아니라 음율에 익고 가무에 능했 으며, 특히 아첨을 잘하였다. 현종이 친히 쓴 「예상우의곡霓裳羽衣 曲」을 받은 양귀비는 한번 대충 보고는 즉시 통달을 하였을 뿐 아니 라 노래하며 춤을 추었는데, 그 모습은 마치 선녀가 내려온 것 같았 다. 이를 본 현종은 보물을 얻은 듯 총애를 아끼지 않았다고 한다. 또한 어느 해 늦가을 현종이 대명궁大明宮 태액지太液池에서 아리따 운 흰 연꽃을 보면서 양귀비를 가리켜 "연꽃이 아름답다 하지만 모 양만 있을 뿐 말은 못하니, 어찌 나의 해어화解語花(사람의 뜻을 아는 꽃)에 비기랴!"라고 하였다고 한다. 그때로부터 후세 사람들은 아름 다운 여인을 일컬어 '해어화'라고 했다.

현종의 마음에 사랑의 불길이 당겨진 것이다. 현종은 양옥환이

당唐 현종玄宗

아들의 아내라는 사실도 잊은 채 아름다운 그녀를 품기 위해 전전긍긍하였다. 망설이는 양옥환을 고력사가 특별히 파견한 궁녀들이 설득하기 시작했고, 물량공세와 구애가 이어졌다. 마침내 양옥환은 수왕을 버리고 시아버지 현종의 여자가 되기로 결심한다.

이게 '막장드라마' 라면 '막장드라마' 인데, 왜냐하면 수왕의 생모가 무혜비이기 때문이다. 즉 총비였던 시어머니가 죽자, 며느리가 그 자리를 계승한 꼴이 되는 것이다. '황제무치皇帝無恥', 즉 임금은 부끄러울 게 없다는 뜻이다. 전제군주는 폭정을 일삼아도 문제가 없다는 의미로, 흔히 독재자를 표현할 때 사용하는 말이다.

그러나 아무리 황제라 하더라도 주위의 눈은 신경 쓰이는 법이다. 아들의 아내를 바로 빼앗을 수 없었던 현종은 일단 양옥환을 화산華山으로 보내 도가道家의 도사道士로 입문시킨다. 도가에서는 일단 입문을 하면, 그 이전에 있었던 속세의 일들은 다 지워지는 것으로 여겼기 때문에 현종은 이런 도가사상을 자기의 몰염치한 사랑에 이용했다. 이때 양옥환은 태진太眞이라는 도호를 얻었다.

그런데 왜 도사인가 하는 의문이 하나 든다. 보통은 절에 들어가 여승이 되는 것이 상식이다. 그것은 당唐나라의 정체성에 기인한다고 볼 수 있다. 당은 수隋가 망하고, 고조 이연李淵에 의해 건국되었다. 수와 마찬가지로 선비족의 후예였던 당은 중국을 지배하기 위한 이데올로기로 유가가 아닌 도가를 택하였다. 즉 이연李淵은 이민족의 후예라는 콤플렉스를 감추기 위해 황실을 노자老子의 후손이라고 호도하였다. 같은 '李' 씨인 노자老子(이이李耳)의 후손이 당 황실이라는 것이다. 그렇기에 황실과 도가는 밀접한 관계를 가지고 있었다.

마침내 모든 일이 매끄럽게 처리되고 현종은 꿈에도 그리던 여인을 맞을 수 있게 되었다. 일단 도사를 모셔와 가르침을 받는다는 평계로 태진궁太眞宮을 짓고 그곳에 양옥환을 살게 하였다. 이때부터 태진궁은 그들만의 사랑을 나누는 장소가 되었다. 당시 현종은 56세, 양옥환은 22세로 둘의 나이차는 무려 34살 차이가 났다. 이후 양옥환은 27세가 되던 해 귀비貴妃 책봉을 받아 양귀비가 되었다. 양귀비는 비록 비妃의 신분이었지만 현종이 황후의 자리를 비워둔 채 지냈기 때문에 실질적으로는 황후와 다름없는 권

원대元代의 구영仇英이 그린 「귀비출욕도貴妃出浴圖」

력을 휘둘렀다.

　현종이 양귀비를 맞으면서 당나라는 큰 변화를 맞이한다. 현종은 젊었을 때 꽤나 정치에 소질이 있는 황제였다. 치세 전반기는 현종의 연호를 따 「개원지치開元之治」라는 칭송을 받으며 중국 역사상 몇 안 되는 태평성세를 구가하였다. 그러나 기나긴 태평성세에 마음이 해이해진 현종은 양귀비를 맞으면서 사랑에 눈이 멀어 정치는 관심 밖의 일이 되고 말았다. 양귀비를 낀 환관과 탐권오리가 득세하면서 부정부패가 만연했고, 백성들의 삶은 급속히 몰락해 민심은 흉흉해졌다.

　그러나 현종에게는 오로지 양귀비뿐이었다. 현종은 양귀비를 위해 누대로 유명한 온천인 화청지華淸池에 궁을 짓고 오로지 양귀비와 사랑하는 일에만 전념하며, 양귀비가 원하는 모든 사치를 다 누리도록 해주었다. 더불어 그녀의 친인척을 궁과 관직에 대거 등용하였다. 양귀비의 세 자매까지 한국韓國·괵국虢國·진국부인秦國夫人에 봉해졌다. 당현종과 양귀비 일가는 매년 10월 화청궁華淸宮에서 겨울을 나곤 했는데, 그때 양귀비를 비롯한 일가친척들이 동행했다. 그들 일행이 마차를 타고 지나가며 마구 버린 각종 보석과 비단 버선이 길 양편에 질펀했다고 기록되어 있다. 또한 당시 양귀비의 옷을 만드는 전문 인력만 700명이 넘었다고 하니, 나라가 기울지 않을 리가 없었다. 이런 상황을 백거이白居易는 그의 희대의 명작 「장한가長恨歌」에 다음과 같이 묘사하였다.

| | |
|---|---|
| 後宮佳麗三千人 | 후궁에 3천 미녀가 있었지만 |
| 三千寵愛在一身 | 3천 명분 총애가 한 사람에 내리네. |

遂令天下父母心　비로소 천하의 부모들이

不重生男重生女　아들보다 딸 낳기를 중히 여기네.

이때 등용된 양귀비의 6
촌 오빠 양쇠楊釗는 건달
출신의 부도덕한 간신배였
지만 현종에게서 '국충國
忠'이라는 이름까지 하사
받았다. 양국충은 당현종
말기에 대표적인 부패권력
이었으며, 종내는 '안사安
史의 난亂'이 일어나는 빌
미를 제공한 인물이다.

양귀비는 날씬하고 가
녀린 미녀와는 거리가 멀

당대의 토용土俑. 풍만한 몸매의 미녀상

었다. 정사正史에선 양귀비를 '자질풍염資質豐艶'이라 표현했는데,
이는 체구가 둥글고 풍만한 느낌의 미인이란 뜻이다. 즉 지방이 별
로 없고 날씬하다 못해 빼빼 마른 체형이 미의 기준인 현대의 미인
상과는 다소 거리가 멀다.

당나라 사람은 '풍비농려豐肥濃麗 열렬방자熱烈放姿'라고 하여
풍만함을 아름답게 여겼다고 한다. 양귀비 이전에 현종의 총애를
받았던 후궁인 매비가 양귀비를 일컬어 비비肥婢(살찐 종년)라 욕했
다는 일화도 있듯이 야사野史에 따르면, 양귀비는 키가 164cm 몸무
게가 69kg이라고 한다. 또 다른 기록에는 160cm에 60kg이라고 한

다. 그러나 도대체 양귀비가 얼마나 풍만했는지는 지금 단계로서는 더 이상 알 방법이 없다.

그저 당나라 때의 시사, 서화, 조각, 도용 등 각종 예술작품에서 약간의 흔적을 찾을 수 있을 뿐이다. '환비연수環肥燕瘦'라는 고사 성어의 기원도 양귀비는 뚱뚱하고, 한漢 성제成帝의 황후인 조비연 趙飛燕은 날씬하다는 뜻이다. 역사상 유명한 두 미인을 뚱뚱함과 날 씬함으로 비교한 것은 소동파蘇東坡에게서 비롯되는데, 그는 서예 의 글씨가 굵고 가는 것이 각각의 장점이 있다는 것을 드러내기 위 하여 양옥환과 조비연을 비교한 것이다. 소동파의 「손신로구묵묘언 孫莘老求墨妙言」 시에서는 다음과 같이 적고 있다.

杜陵評書貴瘦硬　두릉은 가늘고 힘찬 글자 귀하게 여겼지만

此論未公吾不憑　이 말은 공평하지 않아 나는 따를 생각 없네.

短長肥瘦各有態　길고 짧고 마르고 살찌고 각각의 자태가 있는 건데

玉環飛瘦誰敢憎　풍만한 양귀비, 날씬한 조비연 누구를 싫다고 하겠는가!

미인이 풍만하고 날씬한 것은 원래 서예와는 아무런 관련이 없는 것이지만, 소동파는 이것을 함께 엮어서 설명하고 있다. 이후 '환비 연수環肥燕瘦'라는 고사성어가 널리 퍼지게 된다. 그러나 점점 서예 와는 관련이 없고, 점점 변해가서 원래의 뜻 그대로, 그저 미녀의 몸 매를 평하는 말로만 남게 된다.

풍만한 여인을 선호하던 당시의 풍속은 북방 선비족의 후예인 당

황실과 관계가 있다. 관롱집단關隴集團(중국 섬서성과 감숙성 위수 일대 선비족 및 그들과 결합한 한족 지배층. 북위 말기부터 서위·북주·수·당의 지배층을 이루었으며, 호족적 색채가 강하였다.)의 후예인 당唐 황실은 중원의 주인이 된 후에도 여전히 유목생활의 일부 습성을 보유하고 있었다. 모란을 좋아하고, 엉덩이가 뚱뚱한 말을 좋아하여, 풍성하고 강건한 것을 아름답게 여겼다. 풍만한 양귀비가 총애를 받은 것은 이런 측면에서 이해할 수 있을 것이다.

또한 당시의 당나라 사람들은 자신감이 넘쳤고, 걱정거리가 없으며, 아주 개방적이었다. 당나라의 수도인 장안長安(지금의 서안)은 웅장한 도성으로 세계 최대의 도시였기에 130여 개의 국가와 교류하여 수천수만의 각국 상인과 여행가, 학자 그리고 서로 다른 종교인들이 왕래하였다.

특히 서역인들이 대량으로 밀려들어오면서 장안의 생활방식도 많이 변화하여 '이민족'의 풍습을 본받는 것이 유행이 되었는데, 멀리는 페르시아, 토화라吐火羅(지금의 아프간), 가까이는 투르크, 토곡혼吐谷渾과 토번吐蕃이 모두 당나라가 모방하는 대상이었으며 회족回族(이슬람교도)들이 대량으로 거주했다. 서역인들은 덩치가 큰 것이 일반적이므로 당나라에서 '풍만한 것을 아름답게' 여기는 풍습이 나타는 것도 이와 관련이 있을 것이다. 시선인 이백李白은 「청평조사淸平調詞」라는 시에서 이렇게 읊었다.


一枝濃艶露擬香　이슬에 향기 엉긴 고운 모란꽃

雲雨巫山枉斷腸　무산녀巫山女 애긇음도 부질없어라.

借問漢宮誰得似　묻노니 한漢나라 궁엔들 누가 있어 비기랴,

**可憐飛燕倚新粧**  새로 단장한 조비연이면 혹 모르리.

양귀비의 아리따운 용모는 마치 진한 향기 엉긴 이슬에 함초롬하게 젖어 있는 한 떨기 모란꽃을 방불케 하였다. 이런 아름다운 여인으로 하여금 밤낮으로 시중들게 하고 있는 당현종이, 단 한 번 꿈속의 운우지정雲雨之情을 통한 무산신녀를 몹시도 애태우던 초양왕과 비길 수 있을까. 미인이 많았다는 한나라의 궁궐이라면, 갓 화장하고 나서는 귀여운 조비연이라면 또 모르리라.

이백은 이렇듯 언뜻 보기에는 양귀비를 한껏 치켜세운듯지만 하필이면 풍염했다는 양귀비를 날씬한 미인으로 유명한 조비연에게 비교하여 자존심을 상하게 하고 있다. 그 때문인지 이백은 그 후 먼 곳으로 좌천되고 말았고 다시는 중앙에 진출하지 못했다.

양귀비는 현종의 사랑을 영원히 붙잡아 두려고 매번 새로운 화장법을 개발하였고, 또 목욕을 즐겨 늘 희고 매끄러운 피부를 유지하였다고 한다. 서안에 복원된 '화청지華淸池'에 가면, 현종과 양귀비의 사랑 이야기가 전하는 온천탕 유적이 남아 있다.

양귀비는 목욕을 좋아해 하루에는 5~6번씩 목욕을 했다고 한다. 왜 그랬을까? 야사에 따르면, 양귀비는 액취(암내)가 무척 심하였다고 한다. 그러기에 양귀비는 하루에 대여섯 번씩 향욕香浴을 즐겼으며, 체취를 감추기 위해 평소 사향麝香 주머니를 항상 몸에 지니고 다녔다고 한다. 그런데 사향은 여자의 자궁경련을 유발하는 약리작용으로 잦은 유산을 하여 현종과 양귀비 사이에는 자식이 없었다고 한다. 그리고 현종은 극심한 축농증에 시달렸기에 그 심한 액취를 맡지 못했다고 하니, 천생연분이다.

양귀비는 우리에게 많이 알려진 미용 과일이자, 과일의 여왕이라는 '茘枝(여지 혹은 리치)'를 즐겨 먹었다고 한다. '여지'는 주로 아열대 기후에 속하는 중국의 남방지역에서 많이 생산되는

양귀비가 좋아하였다는 여지茘枝

과일로, 이미 2000여 년의 재배 역사를 가지고 있다. 장기간 보존이 불가능한 여지를 교통수단이 발달되지 않은 당시에, 어떻게 그 먼 남방에서 양귀비가 사는 북방의 장안까지 신선하게 운송이 되었을까? 일설에는 나무에서 딴 리치 열매를 운송한 것이 아니라, 열매가 달린 나무를 통째로 뽑아서 장안까지 신선도를 유지하며 운송하였다고 한다. 한 사람의 기호를 위해서 이렇게 많은 노력과 수고를 들이다니, 정말로 믿거나 말거나 한 이야기이다. 시인 두목 杜牧은 「과화청궁過華淸宮」이라는 시에서 양귀비와 여지에 대하여 읊고 있다.

| 長安回望繡成堆 | 장안에서 돌아보면 비단을 쌓은 듯 수려한 여산 |
| 山頂千門次第開 | 산꼭대기 화청궁 닫힌 대문들이 차례차례 열린다. |
| 一騎紅塵妃子笑 | 흙먼지 일으키는 단기필마 보며 미소 짓는 양귀비 |

**無人知是荔枝來**  아무도 여지가 막 도착했다는 걸 알지 못하네.

양귀비는 여지 외에도 살구를 즐겨 먹었다. 양귀비는 어렸을 때에는 그다지 예쁘지 않았다고 하는데, 얼굴색이 검고, 피부는 거칠었으며, 주근깨가 많고, 다른 자매들보다 훨씬 못생겨서 아무도 그녀를 좋아하지 않았다고 한다. 그러나 양귀비는 꽃을 좋아하였으며, 과일을 즐겨 먹었다. 마침 그녀의 집안 정원에는 무성하게 자라는 살구나무 한 그루가 있었는데, 해마다 많은 꽃을 피웠을 뿐만 아니라 이 나무에서 열리는 살구는 매우 크고 달았다. 꽃이 필 때면 양귀비는 꽃을 따다 물에 띄우고, 그 물로 얼굴을 씻고 머리를 감았다. 살구가 익을 때에는 밥 대신 그 과실을 먹었다. 그러자 얼굴을 뒤덮고 있던 주근깨가 점차 사라지고, 검은 피부는 점점 붉은 빛이 나는 하얀 피부로 바뀌었다. 이렇게 하여 양귀비는 꽃보다 아름답고 옥보다도 고운 미인이 된 것이다.

화무십일홍 권불십년, 꽃은 열흘 붉은 것이 없고, 권세는 10년을 가지 못한다고 했던가. 양귀비의 몰락은 현종 외에 양귀비가 총애하던 두 남자 사이의 알력에서 시작되었다. 양귀비는 중국 변방 돌궐족 출신인 안록산을 가까이하였다.

안록산安祿山은 일개 군졸에서 시작하여 용맹으로 공을 세워 일약 중앙정계로 진출한 인물이었다. 현종은 양귀비가 안록산을 총애하는 것만큼 더욱 안록산을 높은 지위로 등용하였다. 그것이 양귀비의 6촌 오빠인 양국충과 안록산 사이에 갈등의 원인이 되었다.

양국충은 안록산의 성장에 위협을 느끼고 그를 제거하려 하였다. 이를 눈치챈 안록산은 변방에서 난을 일으키고, 곧이어 당나라의 수도인 장안까지 쳐들어왔다. 이것이 바로 '안록산의 난', 또는 '안사의 난'이다.

안록산은 아버지가 중앙아시아 스키타이계 소그드인의 무장인 안연언安延偃(일설에는 양아버지라고도 함)이고, 어머니는 터키족 돌궐의 무녀 아사덕씨阿史德氏이다. 당나라 사람들로부터는 잡호雜胡로 간주되었다. 안安이라는 성은 소그디아나의 부카라(지금의 우즈베키스탄)를 가리키는 중국식 이름에서 유래한 것이다. 아명은 안록사安祿絲이며, 녹산綠山이라는 이름은 빛을 의미하는 이란어 로우샨(rowshan)을 중국식으로 표기한 것이며, 알락산軋犖山 또는 아락산阿犖山이라고도 하는데, 알렉산더의 중국식 표기라고도 한다.

안록산은 젊었을 때 총명하고 지혜가 많았으며, 육번六蕃의 말에 능통하여 영주營州(북경의 북동쪽)에서 호시아랑互市牙朗(무역의 중개인)의 역할을 하였는데, 유주절도사幽州節度使 장수규張守珪가 남다르게 여겨 편장偏將에 발탁하고 양자로 삼았다. 그 후 전공을 세워 현종과 양귀비의 총애를 받아 평로平盧와 범양范陽, 하동河東의 세 절도사를 겸하였으나, 재상 양국충과 반목하여 천보 14년(755) 겨울 범양范陽에서 반란을 일으켜 이후 낙양과 장안을 함락했다.

다음 해 나라 이름을 '연燕'이라 하고, 자칭 웅무황제雄武皇帝라 불렀으나 내분으로 인해 아들 안경서安慶緒에게 피살되었다. 당시 난을 진압하기 위해 일어난 군대가 고구려의 유민인 이정기李正己의 군대이다.

안록산은 매우 뚱뚱했다는 기록이 있다. 아랫배가 무릎까지 처지고, 몸무게가 230근(약 160kg)에 달했다고 한다. 현종이 그 불룩한 뱃속에 무엇이 들었냐고 물었을 때, "단지 충심만이 들어있사옵니다."라고 대답해서 현종이 큰 웃음을 터트렸다고 한다. 또 거란 출신으로 10세에 안록산이 직접 거세를 한 환관 이저아李猪兒를 곁에 두었는데, 이저아는 안록산이 옷을 갈아입을 때 머리로 배를 받쳐 들고 허리띠를 매어줬다고 한다. 너무 배가 커서 이렇게 하지 않으면 허리띠를 맬 수 없었기 때문이라고 한다. 이렇게 뚱뚱했기 때문에, 말년에 눈병과 실명은 당뇨병의 영향이라고 추측하고 있다.

안록산安祿山은 약160kg의 거구였으나 호선무胡旋舞를 잘 추었다고 한다.

뚱뚱했던 것과는 별개로 몸놀림 자체는 재빨랐던 듯하여, '호선무胡旋舞'라는 춤을 잘 췄다고 한다. 이 춤은 서역에서 전래된 춤으로, 머리 위에 그릇을 올려놓은 상태에서 아주 빠른 속도로 빙글빙글 도는 춤이다. 이런 춤을 잘 춘다는 건 뚱뚱한 체격과는 별개로 매우 민첩하고 운동신경이 좋았다는 것을 뜻한다. 또한 활을 잘 다루었으며, 스스로도 그 활솜씨를 자랑으로 여겼다고 한다.

천보天寶 6년(747) 정월, 현종은 변방의 절도사 안록산을 환영하는 연회를 흥경궁에서 열었는데, 이 자리에서 안록산과 양귀비의 첫 만남이 이루어졌다. 안록산은 양귀비의 비위를 맞추기 위해 온갖 아양을 다 떨었고, 양귀비는 그러한 안록산의 우람한 몸집을, 특히 그의 희고 부드러운 살결을 좋아했다고 한다.

사마광의 『자치통감資治通鑑』 권216에는 '귀비세록아貴妃洗祿兒'의 이야기를 기록하고 있다. 안록산은 현종이 없는 틈을 타 자주 입궐하여 양귀비를 만났으며, 양귀비는 그를 화청지로 데려가 목욕을 시켜주곤 했다. 심지어 목욕이 끝난 다음에는 오색천으로 요람을 만들어 안록산을 어린애처럼 굴게 하고 그를 요람에 눕히기도 하였다. 수십 명의 궁녀가 요람을 흔들어 양귀비 앞에 올 때마다 안록산은 그녀를 "엄마" 하고 불렀다. 마침내 20대 후반의 양귀비는 40대인 안록산을 수양아들로 삼았다. 40대의 아들을 둔 20대의 젊은 엄마, 그들은 아마도 변태적인 사랑을 하였던 것 같다.

한번은 안록산을 양귀비가 품에 안고 젖을 물리기도 하였는데, 뜻밖에 그녀의 젖가슴에 상처가 나게 되었다. 그들은 현종에게 들통이 나지 않기 위해서는 붉은 비단 천으로 가슴을 가릴 수밖에 없었다. 그것을 '허즈(河子)' 또는 '뚜떠우(肚兜)'라고 하는데, 당나라 때의 귀부인들 사이에 유행하던 여성용 속옷으로, 이것이 바로 '브래지어의 시초'라고도 한다.

당대의 귀부인들 사이에서 유행하였던 뚜떠우(肚兜)

원元나라 때 백박白樸의 잡극 『오동우梧桐雨』를 보면, 안록산이 궁궐에 들어온 후 양귀비와 애매한 관계였는데 양국충에게 발각되었고, 이를 밀고한 양국충 때문에 안록산은 궁에서 쫓겨나, 어양漁陽

(지금의 북경지역)절도사로 변방을 지키게 되었다. 안록산이 거병한 중요한 원인 중 하나는 바로 "양귀비를 빼앗기 위함이요, 강산을 얻기만을 위한 것이 아니었다."라고 『당사연의唐史演義』에는 묘사하고 있다.

　『개원천보유사開元天寶遺事』, 『양태진외전楊太眞外傳』, 『안록산사적安祿山事蹟』 등의 야사·패기이건, 아니면 『당사연의唐史演義』, 『오동우梧桐雨』 등 소설·잡극이건, 우리는 모두 양귀비와 인록산의 사랑이야기를 흥미진진하게 그려놓은 것을 볼 수 있다. 어떤 경우는 너무나 생생하게 묘사해서 오늘날의 사진집과 비슷할 정도여서 진위를 구분하기 어려울 정도이다.

　안록산이 낙양에서 국호를 '연燕'이라 하고, 스스로 제위에 올라 장안으로 군사를 몰아 쳐들어왔다. 양국충은 현종과 함께 사천성으로 피난하던 중 섬서성 홍평에 이르렀을 때, 굶주리고 지친 군졸들의 반란으로 처형되었다. 반란군들은 다시 현종을 협박하여 양귀비

섬서성陝西省 흥평시興平市 마외진馬嵬鎭의 양귀비 묘

가 살아 있는 한 안록산이 추격하는 빌미가 될 것이고, 현종의 신변도 안전하지 못할 것이라며 양귀비를 처단할 것을 종용하였다. 진퇴양난에 빠진 현종은 결국 환관 고력사에게 비단 끈을 내려 양귀비에게 자결할 것을 명하고, 양귀비는 마외역馬嵬驛 앞 배나무에 목을 매 38세에 세상을 마감하였다.

반란이 평정되고 장안으로 돌아온 현종은 꿈에도 잊지 못하던 연인 양귀비를 생각하며, 그의 시신을 수습하라고 신하들을 양귀비가 숨진 곳으로 보냈는데, 무덤을 파 본 결과 양귀비의 유품은 찾았지만 정작 시신은 찾지 못하였다고 한다. 그런데 이런 과정을 『구당서舊唐書』와 『신당서新唐書』는 약간 다르게 기록하고 있다. 『구당서』는 "피부이과이향낭유재皮膚已塊而香囊猶在.(피부는 이미 썩었지만 향주머니는 남아 있었다.)"라고 했지만, 『신당서』는 "향낭유재香囊猶在(향주머니가 남아 있다.)"라고만 한 것이다. 그러므로 『신당서』만을 보면 시신을 확인하지 못한 것이 된다.

그러면 시신을 누가 훔쳐간 것인가? 아니면 애초에 시신이 묻히지 않은 것인가? 궁금증이 생길 수밖에 없다. 그리고 이러한 궁금증에 불을 붙인 것이 낙천 백거이의 「장한가長恨歌」이다. 「장한가」의 41번째 행에서 "마외파하니토중馬嵬坡下泥土中 부견옥안공사처不見玉顔空死處"(여기 마외파 진흙 속에, 얼굴 간 데 없고 죽은 자리만 남았네.)라고 하더니, 79행에서는 "상궁벽락하황천上窮碧落下黃泉 양처망망개부견兩處茫茫皆不見(하늘 끝에 오르고 땅속도 두루 찾았으나, 그 어디도 망망할 뿐 보이지 않네.)"라며, 보이지 않는 양귀비를 애달프게 찾는 상황을 묘사하고 있다. 그런데 마지막에는,

| 忽見海上有仙山 | 홀연히 바다 밖에 신선산이 있다는데 |
| 山在虛无縹渺間 | 그 산은 멀고 아득한 허공에 있어 |
| 昭陽殿里恩愛絶 | 소양전의 은총과 사랑은 끊어지고 |
| 蓬萊宮中日月長 | 이곳 봉래궁의 세월이 오래되었사옵니다. |

라고 해서 마치 봉래궁이라는 데에 가서 있는 듯 그려놓은 것이다. 이것은 백거이가 양귀비와 현종의 끊어질 수 없는 사랑의 감정을 죽은 뒤에도 연결시켜주기 위해 시적으로 고상하게 표현한 것이건만, 호사가들은 이 '봉래蓬萊'라는 것이 흔히 일본을 지칭한다며, 마치 일본으로 망명한 것처럼 해석을 한다.

역사는 마외역에서 양귀비가 자결한 사건을 '마외병변馬巍兵變'이라 한다. 그러나 당시 양귀비의 죽음을 두고 여러 가지 루머가 나돌고 있다. 야사에 의하면, 양귀비 대신 죽은 것은 시녀로 용무대장군 진현례陳玄禮가 양귀비의 미모를 아껴 차마 죽이지 못하고 고력사와 밀모하여 대신 죽였다고 하는 것이다. 당시 고력사가 마차로 가져간 양귀비의 시체를 확인한 군관이 바로 진현례였으니, 간계가 성공하지 않을 수 없었다는 것이다. 그 후 양귀비는 진현례의 심복의 호송 하에 남쪽으로 도망하여, 오늘날의 상해 부근에서 출항하여 일본의 야마구치(山口)현 대진大津(오쯔)군 유곡정油谷町(유다초) 마을의 구진久津에 도착하였다고 한다.(지금은 장문시長門市)

모든 반란이 진압된 뒤 당현종은 방사를 바다로 내보내 양귀비를 찾은 적이 있었다고 한다. 구진에서 양귀비를 찾은 방사가 당현종이 내린 불상 두 개를 건네자, 양귀비는 옥비녀로 답례했다고 한다.

謎とロマンのただよう伝説

## 楊貴妃の墓

唐の玄宗皇帝の寵愛を一身に受けた楊貴妃は、安禄山の乱に会って蜀へ逃避する途中、長安の郊外、馬嵬山の仏堂で絞殺されたと史書には示されております。しかし、巷では楊貴妃は実際には死んでいないという噂もあったようで、有名な『長恨歌』の中にも日本への東航を想像させる表現があります。

ここ向津具の地では、昔から楊貴妃にまつわる伝説が語り継がれてきました。二尊院に残されている江戸時代の文書には、次のような言い伝えが記されています。

「唐の天宝拾五年七月（七五六年）空艫船に乗った楊貴妃は、唐渡口という所に漂着。まもなく死去し給うたので里人相寄り当寺院に理葬した。

彼地に往来したのか、玄宗皇帝の思い切なるため貴妃の富が幾夜か夢枕に立たれ、皇帝は楊貴妃の死を知った。愛情やるかたなく追善のため、弥陀、釈迦の二尊像と拾三重の大宝塔を持たせ、家来の陳安を日本に遣わしたが、楊貴妃がいずれの地に漂着したか分からず、やむなく京都の清涼寺に二尊像を預けて帰国した。

後に漂着地が向津具と分かったが、清涼寺では本朝無二の霊仏として評判が高かったため、手放すのが惜しくなった。そこで全く同じ仏像を仏工の名手に作らせ、新田の仏像一体ずつを清涼寺と当寺院で分けて安置することになった。

その後、楊貴妃の墓、侍女の墓を漸く建てることが出来た。」

以上が伝説の大要で、中央の五輪塔が楊貴妃の墓と言われるものです。

일본 산구현山口縣 장문시長門市 원내우신元乃隅神社 근처의 「楊貴妃の墓」와 안내판

이 두 불상은 아직까지도 일본에 모셨다고 한다. 그 후 양귀비는 끝내 일본에서 숨을 거두어 안장되는데, 지금까지도 현지에는 '양귀비의 묘'라고 전해지는 오륜탑五輪塔이 남아 있다.

산구현山口縣 장문시長門市 원내우元乃隅(모토노스미이나리)신사 근처 약 13km 떨어진 작고 조용한 어촌마을에 「楊貴妃の墓」라 하는

곳이 있다. 양귀비가 죽음을 맞이하여 영면한 곳이라는 것이다. 그곳에는 "수수께끼와 낭만적인 색채가 충만된 양귀비의 묘, 당나라 6대 황제 현종의 애첩 양귀비에 관한 전설"이라 쓰어 있다. 현재 일본에서는 양귀비의 묘를 관광명소로 만들어 홍보하고 있다. 참으로 약삭빠른 민족이다.

양귀비는 가무에도 뛰어나고, 군주의 마음을 끌어당기는 총명을 겸비하였다고 전해지고 있나. 이는 양귀비의 벌멍인 해어화解語花를 통해서도 알 수 있다. 말을 알아듣는 꽃, 얼굴만 예쁜 꽃 같은 여인이 아니라 지적인 여자라는 의미이다. 동시대의 이백은 그를 '활짝 핀 모란'에 비유했고, 백거이는 양귀비는 중국 역사상 가장 로맨틱한 여주인공으로 만들었다.

남자는 대당제국의 황제요, 여자는 역대 최고 미인이었다. 자신이 사랑하는 여인으로 인해 난이 일어났다는 것도 사건이요, 그로 인해 자신이 보는 앞에서 사랑하는 여인이 목 졸려 죽었다는 것도 지극히 가슴 저리는 스토리다.

현종도 반란이 진행 중인 상황에서 셋째 황태자 이형李亨에 의해 강제로 황제 자리를 양위하고, 태상황이라는 허울 좋은 이름으로 장안의 감로전에 갇힌 채 사랑하던 양귀비를 그리워하며 날로 쇠약해져 78세의 나이로 생을 마감하였다. 그리고 현종 사후 13일 뒤에 아들 숙종도 사망하면서 당은 다시 한번 혼란에 빠지게 되었으며, 이는 제국의 몰락으로 이어지게 된다.

당대 최강국 당이 망함에 있어 후대의 사가들은 멸망의 희생양을 찾아야 했을 것이다. 그때 양귀비는 가장 적합한 인물이다. 그래서 사가들은 양귀비에게 안사의 난과 당의 멸망의 죄를 뒤집어씌웠다.

역사는 당나라를 피폐하게 만든 안록산의 난에 대한 책임을 양귀비에게 전가한 것이다. 황제가 나라일 팽개치고 부도덕한 여인에게 빠진 것이 잘못된 일이라는 것을 강조하기 위함이었으리라.

양귀비가 당 멸망의 원인이었는지는 알 수 없다. 그러나 그에게는 가장 큰 죄가 있었다.

예쁜 죄.

白塔

落穂

3부

# 중국을 정복한 금金과 청淸은
# 경주김씨慶州金氏?

판사가 젊은이에게 묻는다.

"너의 이름이 무엇이냐?"

젊은이는 대답한다.

"아이신자오뤄 푸이(愛新覺羅 溥儀)입니다."

판사가 고개를 갸우뚱하며 말한다.

"아이신자오뤄…, 아이신자오뤄…. 참 이상한 성姓이구나."

영화 「마지막 황제(The Last Emperor)」 중 청淸나라 마지막 황제 부의溥儀가 재판을 받는 장면이다. 판사가 듣기엔 이상하기만 했던 청나라 황제의 성姓 '아이신자오뤄(愛新覺羅)'는 무슨 뜻인가?

청나라는 명나라를 훌쩍 뛰어넘은 차원이 다른 제국이었다. 대청 제국이란 말로 요약할 수 있다. 명대에서 청조로의 전환은 시간상 연접할 뿐이지 단순한 왕조 교체가 아니다. 일단 영토가 두 배로 확대됐다. 민족 구성 또한 완전히 달라져서 한족漢族 중심의 나라에서 만주족이 한족·몽골·위구르·티베트를 포괄하여 지배하는 다민족 국가로 변했다. 그에 따라 지배 구조와 체제 등이 명明과는 완전히 다른 제국 시스템이 구축됐다.

손문의 중화민국이 청나라 국체를 바꿔 계승했고, 모택동의 신중국은 중화민국을 혁명으로 뒤엎어 승계하였지만, 그러나 통치체제를 주목하자면 21세기 신중국은 청나라를 모태로 한다고 해도 과언은 아니다. 이런 청나라 황제의 성이 애신각라愛新覺羅이다. 이 애신각라에 대해서는 청의 역사서인 『만주실록滿洲實錄』에 상세한 기록이 나온다.

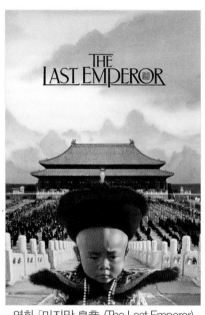

영화 「마지막 皇帝」(The Last Emperor)

애신각라愛新覺羅의 '愛新'은 만주어로 '아이신(Aisin)'이며, 뜻은 '김金'이다.(姓愛新, 漢語金.) '覺羅'는 만주어 '자오뤄(Gioro)'를 차음 표기한 것으로, 겨레·성·씨족 등의 뜻으로, 성씨에 붙는다(覺羅姓也)고 설명하고 있다. 곧 애신각라를 한자 그대로 풀이하면, "(고국인) 신라(新)를 사랑(愛)하고 신라(羅)를 잊지 않는다(覺)."는 의미가 된다. 결국 청나라의 황실은 '경주 김씨'라는 의미이다.

이게 무슨 말인가? 청나라라면 우리들에게 오랑캐의 나라로 불리며 제대로 대접받지 못한 나라이다. 그런데 왜 청나라 황실의 성에 '신라'와 신라 왕족의 성인 '金'이 포함되어 있는 것일까? 도대체 황당한 이야기가 아닌가. 호사가들의 입방정인지, 사이비 민족주의의 삐뚤어진 억측인지, 그 이야기 속으로 들어가 보자.

금金나라를 건국한 태조 아골타

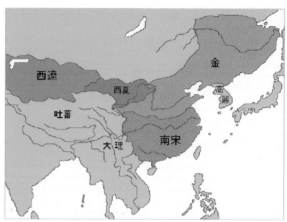

금金나라와 남송南宋의 형세도

여진족女眞族은 만주에 살던 퉁구스계 민족을 지칭한다. 이들의 이름은 시대에 따라 다르게 불렸다. 춘추전국시대에는 숙신肅愼, 한漢나라 때는 읍루挹婁, 남북조시대에는 물길勿吉, 수隋·당대唐代에는 말갈靺鞨, 송宋·명대明代에는 여진女眞, 청대淸代에는 만주족滿洲族이라 하였다.

6세기 말 수·당시대에 광범위한 만주 지역의 말갈은 7부족으로 나뉘어 살았으며, 그중 흑수부족을 제외한 6부족은 발해 건국 시에 합류했고, 흑수부족은 발해에 대항하다 무왕武王 시대에 복속되었다. 중국의 사가들은 대체로 이처럼 만주 지역에 살던 이민족을 926년 발해 멸망 후를 기준으로 해당 지역은 여진女眞으로, 살던 사람은 여진족女眞族이라 불렀다.

1114년, 1만의 여진족이 요遼나라 10만 대군을 하얼빈 인근 출하점出河店에서 대파하는 사건이 벌어지며, 하룻밤 새 만주의 질서는 뒤집어졌다. 출하점 전투의 주역은 바로 완안完顔 여진의 지도자 아골타阿骨打였다. 1115년, 아골타(1068~1123년, 金 초대 황제 태조)는 곧바로 금金나라를 건국하고 황제가 된다.

금태조金太祖의 4남 올출兀朮의 성이 '김金' 으로 되어 있다.

1125년, 요遼나라를 멸망시킨 아골타는 만리장성을 넘어 남진한다. 금金나라 군대는 황하를 건너 한족의 나

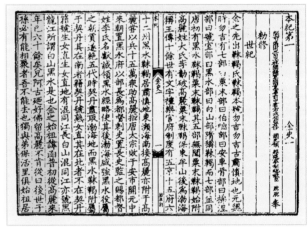
『금사金史』 본기 제1

라인 송宋의 수도 개봉開封으로 밀려들어 갔고, 1127년 개봉이 함락되었다. 중국 역사에 있어서 3대 수치의 하나로 일컬어지는 정강지변靖康之變이 일어난 것이다. 송나라 황제 휘종徽宗과 흠종欽宗 부자가 야만족으로 여기던 여진족에 포로가 되는 참담한 신세가 되었다.

한족의 심장부를 점령한 여진족 지도자 아골타는 금金을 건국한

후 황실 성을 완안씨完顔氏로 정하였다. 그래서 그의 정식 이름은 완안 아골타이다. 그런데 송을 정벌할 때 금나라 군부의 핵심 인물은 남송의 민족적 영웅 악비岳飛와 치열한 전투를 벌이던 아골타의 넷째 아들 원안올출完顔兀朮이었는데, 그를 여러 역사서에서 김올출金兀朮이라고도 부른다. 원안올출을 왜 김올출이라 부를까? 금나라 왕자의 성이 완안이 아니고 왜 김씨인가? 그 비밀은 한·중 양국의 정사에 꼭꼭 숨겨저 있다.

금나라의 시조에 대한 기록은 25사의 하나인 『금사金史』에 보인다. 『금사』는 원元나라 때 탈탈脫脫 등이 지은 것으로, 원元에서 편찬한 정사正史이다.

> 금나라 시조 함보函普는 처음에 고려에서 왔는데, 나이 이미 60여 세였다. 형 아고내阿古迺는 불교를 좋아해 뒤에 따르려 하지 않으며 고려에 잔류하면서 말하기를, 후세 자손들은 반드시 서로 모여 만나는 자가 있을 것이니, 나는 가지 않겠다 하였다. 함보는 보활리保活里와 함께 갔다. 시조始祖는 완안부完顔部 복간수僕幹水 강가에 살았고, 보활리는 야라耶懶에서 살았다.(金之始祖諱函普 初從高麗來 年已六十餘矣. 兄阿古迺好佛 留高麗不肯來 曰後世子孫必有能相聚者 吾不能去也. 獨與弟保活里俱. 始祖居完顔部僕幹水之涯, 保活里居耶懶.)〈『금사』 본기 제1 세기〉

금나라 정사인 『금사金史』의 서두에 "금金의 시조는 고려에서 왔다.(金之始祖諱函普, 初從高麗來.)"라고 적은 것이다. 이 기록은 새로운 주장이 아니고 이미 900여 년 전에, 우리의 주장이 아니라 그들이 주장한 것이다. 충격적이지 않은가.

황제의 칙명으로 제작된 『흠정만주원유고欽定滿洲源流考』의 중요 부분

　그런데 아주 재미있는 기록이 또 보인다. 『송막기문松漠紀聞』이란 책이다. 이 책은 여진족의 금나라에 쫓겨 양자강 건너 항주杭州로 피신한 남송에서, 포로로 잡혀간 황제의 귀환을 위해 1129년 금에 사신 홍호洪皓를 파견하였는데, 『송막기문』은 그가 10년 동안 금나라에 머물며 기록한 당대의 생생한 증언이다. 그런데 그는 놀라운 기록을 남겼다.

　　여진 추장은 신라인으로 완안씨라고 불린다. 완안이란 중국어로 왕이라는 뜻이다.(女眞酋長乃新羅人. 號完顏氏, 完顏猶漢言王也.)〈『송막기문松漠紀聞』〉

　신라와 고려인이라는 차이는 있지만 두 사서 모두 금나라의 선조가 한반도에서 넘어온 것으로 기록했다. 금의 시조인 완안함보完顏函普의 국적에 관련된 기록은, 신라와 고려 이렇게 두 가지의 이설로 나뉘는데, 신라 때나 고려 중기까지는 나라 이름뿐만 아니라 한 반도 땅 자체를 신라라고 불렀다. 그렇기 때문에 그의 국적에 대한 표기가 다른 것은 큰 의미가 없다.

1778년 금나라의 후예가 세운 후금後金, 뒤의 청淸나라 건륭제乾隆帝 때 황명으로 펴낸 『흠정만주원류고欽定滿洲源流考』에는 다음과 같이 중요한 대목이 나온다.

> 금나라의 시조의 이름은 합부哈富(예전에는 함보函普로 썼다)인데, 고려에서 왔다. 통고通考 및 대금국지大金國志에서 이르기를, 원래 신라에서 왔으며, 성은 완안씨完顔氏라고 하였다. 신라와 고려를 상고해 보니, 옛 땅이 서로 섞여 있고, 요사遼史와 금사金史에서는 종종 두 나라를 혼동하여 분별하지 않았던 것이다. 역사 기록(史傳)을 통해서 생각해보면, 신라 임금의 성은 김이요, 서로 전하기를 수십 대에 이른즉, 금나라가 신라로부터 나왔음은 의심할 여지가 없고, 나라 이름은 응당 여기에서 취한 것이다. 〔金之始祖 諱哈富 (舊作函普) 初從高麗來. 按通考 及大金國志 皆云 本自新羅來 姓完顔氏 考新羅 與高麗舊地 相錯遼金史中往 往二國互稱不爲分別以史傳按之新羅王金姓相傳數十世則金之 自新羅來無疑建國之名亦應取此.〕(『흠정만주원류고欽定滿洲源流考』 권7, 부족7 원안)

이 책에도 "금나라 시조의 이름은 합부哈富인데, 고려에서 왔으며", "신라 임금의 성은 김이요, 서로 전하기를 수십 대에 이른즉, 금나라가 신라로부터 나왔음은 의심할 여지가 없고, 나라 이름은 응당 여기에서 취한 것이다."라고 한 것이다.

『흠정만주원류고欽定滿洲源流考』에서 이렇게 서술했다고 하면, 어느 정도는 사실인 것으로 보아야 한다. 황실에서 자신들의 조상에 대하여 적은 공식 문서이기 때문이다. 대청제국이 왜 황실의 선조를 궁벽한 한반도에서 찾으려 하겠는가? 사실이기 때문인 것이다.

銀幣歲常如此或曰昔我平州僧今俊遁入
女眞居阿之古村是謂金之先或曰平州僧
金幸之子克守初入女眞阿之古村娶女眞
女生子曰古乙太師古乙生活羅太師活羅
多子長曰劾里鉢季曰盈歌盈歌最雄傑得
衆心盈歌死劾里鉢長子烏雅束嗣位烏雅
束卒弟阿骨打立 二月癸卯冊子構爲雅
太子其文曰古先拓王撫有方夏必立儲貳
以承天序者非敢私於親愛之開將以繫人

세종대왕이 편집에 깊숙이 관여한 『고려사』의 일부분. 금金나라는 평주平州 출신 김행金幸의 후손이라고 기록되어 있다.

그러면 『흠정만주원류고』라는 책은 어떤 책인가? 무엇보다 책의 성격을 규정한 '흠정欽定'이라는 표현에 주목할 필요가 있다. '흠정'은 중국의 사서에서 자주 등장하는 표현으로 '황제가 직접 제도나 법률을 제정하는 것'을 뜻한다. 황제가 직접 짓거나 황제의 명에 의해 쓰여진 책에도 '흠정'이라는 수식어가 붙는다. 그렇기 때문에 『흠정만주원류고』란 "황제의 칙명을 받들어 만주의 원류에 대해 연구(考)한 책"이란 뜻이다.

이 책은 청淸 건륭乾隆 21년(1778)에 지어졌는데, 건륭제는 청나라의 르네상스를 이끈 3현제(강희·옹정·건륭) 가운데 한 명이자, 청나라 문명의 결정체인 백과사전 『사고전서』를 편찬한 인물이다.

그가 청 제국을 세운 만주족의 원류와 만주의 근원을 밝히기 위해 직접 편찬을 명한 것으로, 청나라 인문학의 절정기에 중국의 모든 역사서를 모아놓고 훈고학의 최고 권위자 43명이 동원되어 집필한 사서인 것이다.

중국의 사서뿐만이 아니다. 우리나라의 사서에도 이와 같은 기록이 곳곳에 산재해 있다. 우리의 성군인 세종대왕께서 깊이 관여하여 편찬한 『고려사』와 우리의 사랑 『조선왕조실록』을 살펴보자.

◎ 옛날 우리 태사太師인 영가盈歌가 일찍이 이르기를, '우리 조상도 대방大邦(고려)으로부터 나왔으니 자 대대에 이르기까지 귀부歸附하는 것이 의리에 맞는 일이다.' 라고 하였습니다. 지금 태사인 오아속烏雅束 역시 대국을 부모의 나라로 삼고 있습니다.(昔我太師盈歌嘗言, 我祖宗出自大邦, 至于子孫, 義合歸附. 今太師烏雅束亦以大邦爲父母之國.)〈『고려사』 권13, 예종 4년 6월〉

◎ 평주平州의 승려 김행金幸의 아들 김극수金克守가 처음에 여진의 아지고촌에 들어가서 여진의 여자에게 장가들어 아들을 낳아 이름을 고을태사古乙太師라 하였다. 고을태사가 활라태사活羅太師를 낳았고, 활라태사는 아들을 많이 두었다. 장남이 핵리발劾里鉢이고, 막내아들은 영가盈歌였는데, 영가가 지혜와 용맹이 가장 빼어나 민심을 얻었다. 영가가 죽자, 핵리발의 장남 오아속烏雅束이 지위를 계승하였고, 오아속이 죽자, 그 동생 아골타阿骨打가 그 자리에 올랐다.(昔我平州僧今俊, 遁入女眞, 居阿之古村, 是謂金之先." 或曰, "平州僧金幸之子克守, 初入女眞阿之古村, 娶女眞女, 生子曰古乙太師. 古乙生活羅太師, 活羅多子. 長曰劾里鉢, 季曰盈歌, 盈歌最雄傑, 得衆心. 盈歌死, 劾里鉢長子烏束嗣

位, 烏雅束卒, 弟阿骨打立.)〈『고려사』권14, 예종 10년 1월〉

◎ 금나라는 본래 우리나라의 평주 사람이 세웠으므로, 우리 나라를 부모의 나라라 하였고, 윤관尹瓘이 9성을 쌓은 선춘령先 春嶺으로 경계를 삼아 금나라가 망할 때까지 군사력을 더하지 않 았습니다.(金則本我國平州之人, 稱我爲父母之國. 尹瓘, 築九城 之地, 以先春嶺爲界, 終金之世, 兵不相加.)〈『조선왕조실록』 성종 12년 10월 17일〉

그런데 임진왜란 이후인 1636년 일본에 통신사로 갔던 김세렴金 世濂이 일본에 다녀오면서 남긴 『해사록海槎錄』이란 책에 『고려사』 에 나오는 김행金幸과 같은 이름이 나온다. 신라 고도 경주에 들린 감회를 쓴 대목이다.

지금에 와서는 나라 안의 김성金姓이 반 넘어 신라의 후예이 고, 김부金傳(경순왕)가 비록 항복하여 고려 왕이 합병하였으나 그 외손 완안아골타完顏阿骨打는, 곧 권행權幸(안동권씨 시조)의 후 예로서 능히 중국을 갈라 다스려 백 년 동안 대를 이었으니, 어찌 이른바 신神의 후예라는 것이 아니랴.(至此但見 國中金姓 太半 新羅之後 金傳雖降而麗王并 其外孫完顏阿骨打 卽權幸之後 乃 能宰割中國傳世百年 豈非所謂神明之後者耶.)〈『해괴록海槎錄』〉

조선 유학자가 여진족 아골타를 경순왕의 외손이자 안동권씨 시 조인 권행權幸의 후손이라 했다. 아골타의 선조 함보函普는 김행인 데, 왜 권행의 후손이라 했을까?

서기 930년 고려 왕건王建과 후백제 견훤甄萱은 안동 병산에서 대

남송南宋의 사신이 쓴 당대의 생생한 기록인 『송막기문松漢紀聞』

혈투를 벌인다. 이때 안동의 김행金幸과 김선평金宣平, 장정필張貞弼 세 사람이 왕건을 도움으로써 고려군은 대승을 거둘 수 있었다. 왕건은 이 세 사람에게 태사의 직위를 내리고 김행에겐 권씨를 하사했다. 이로써 김행은 안동권씨 시조인 태사공太師公 권행이 되었던 것이다. 『고려사』에 나오는 김행이 안동의 김행인지는 명확치 않지만 권행權幸은 본래 경주김씨였다.

사실 여부와는 상관없이 신라의 마지막 왕이었던 경순왕의 후손들이 일부는 금강산으로(마의태자 이야기), 또는 강원도 철원 땅으로, 일부는 장백산(백두산)으로 들어가서 후일을 기약했다는 이야기들이 많이 있다. 시기적으로 봐서는 신라 부흥운동이 실패하자, 잔여세력들이 장백산으로, 만주로 이동해 갔을 것으로 추정할 수 있다. 그들 중 하나며 경주김씨인 경순왕의 후예 김함보金函普가 금나라의 시조가 되었고, 12세기 초 금나라를 건국한 태조 아골타의 직계 조상이라는 것이다.

금나라 태조 아골타는 완안부를 중심으로 여진족을 규합하여 금나라를 세웠고, 세력을 확장하여 한족과 가까웠던 요나라와 북송을 차례로 멸망시키고 남송과 대치하다가 13세기 초에 원元나라에 의해 멸망되었다. 그 후 16세기 중반까지 중국의 분열정책으로 만주 일대에서 흩어져 살던 여진족은 누르하치(奴兒哈赤)가 등장하면서 세력을 규합하여, 1616년 나라를 세우고 '후금後金' 또는 '대금大金'이라 칭하였다.

1636년, 태종太宗 황태극皇太極(홍타이지)이 황위皇位에 오르고 국호를 '청淸'으로 바꾸었다. 청나라 건국 초기에는 그들의 조상인 여진족의 금나라 명칭을 따랐으나, 중원을 정복하려 할 때 '삼수변'의 '청淸'으로 바꾼 것이다. 칼과 창으로 상징되는 '金'에서, 물처럼 부드럽고 맑은 '청淸'으로 바꾼 것이다. 그 이유는 전통적인 오행상극 이론에 따라 명明에는 화火의 뜻이 담겼고, 명 황제의 성은 주朱로 적색이며, 적색은, 곧 불이다. 불을 누르기 위해선 물(水)이 필요하기 때문에 나라 이름을 청淸이라 하였다. 청과 만주滿洲 세 글자 모두엔 물이 넘친다. 이것이 청 태종 황태극皇太極이 여진을 만주로, 金을 淸으로 한 까닭이며, 淸과 金은 만주어든 중국어든 발음이 매우 유사하여 다르게 들리지 않았기 때문이라

청淸나라의 전성기를 이끌었던 건륭제乾隆帝

고 한다.

17세기 말에서 18세기에 이르는 강희·옹정·건륭시대(1661~1799)는 청나라 최전성기로, 이 시기 청은 대제국을 완성하고 세계와 교류하면서 문물을 발전시켰다. 현대 중국의 영토는 몽골, 연해주, 카자흐스탄 일부, 대만 등을 제외하고는 청 제국을 그대로 이어받은 것이다. 100만 명도 안 되는 만주족이 1억 명이 넘는 한족을 지배한 청은 다민족 국기를 형성해 강대한 국가로 성장했다. 그 청나라 황족의 성이 애신각라愛新覺羅이다.

여기에서 한 가지 의문이 든다. 왜 金나라는 '금'이라 발음하고, 경주김씨는 '김'이라 발음하느냐이다. 아직까지 이것에 대한 정확한 자료는 없고 그럴듯한 가설들만 몇 가지 존재한다. 그중에서 가장 많이 알려져 있는 것이 이성계와 음양오행에 관한 설이다.

전주이씨인 이성계는 개성왕씨를 몰아내고 조선을 개국하게 된다. 조선의 왕이 된 이성계는 자신에게 반대하는 세력, 자신에게 위협이 될 만한 세력을 견제해야 했다. 음양오행의 '금극목金剋木', 즉 木에 해당하는 전주이씨가 金에 해당하는 '금'씨들을 이길 수 없으므로, 이성계는 '금'씨를 '김'씨로 바꾸었다고 한다. 그때부터 '金(쇠 금)'을 성으로 사용하던 사람은 '金(성 김)'으로 바뀌게 됐다는 것이다.

하지만 이 설을 뒷받침 해줄만한 기록은 어디에서도 찾아볼 수 없다. 아무리 왕의 명령이었다고 하더라도 한 가문의 성이 바뀌는데 기록이 없다는 것은 이 설이 사실이 아니라는 것을 반증한다.

그런데 최근에는 새로운 설이 주목받고 있다. 모 교수의 연구에 따르면, 중국에서 '금'의 발음이 '김'으로 바뀌었고, 고려 때 이것의 영향을 받아 '금' 씨가 '김' 씨가 된 것이라고 한다. 중국에서 '금' 이 '김' 으로 처음 바뀌던 때는 오대십국시대(907~979)로 추정되며, 이때 우리나라는 신라에서 고려로 바뀌던 때였다. 하지만 오대십국시대 이후에 세워진 금金나라(1115)를 '김' 나라가 아닌 '금' 나라로 발음했기 때문에 이때는 여전히 '금' 씨로 사용했다는 것을 알 수 있다. 즉 '금' 을 '김' 이라고 발음하기 시작한 것은 금나라가 멸망(1234년)하고난 뒤라는 것이다.

이후에 몽고의 간섭기에 우리나라도 '금' 씨가 '김' 씨로 바뀐 것이라 한다. 이때 원元의 황제는 쿠빌라이 칸이었는데, 쿠빌라이 칸의 아들들의 이름인 진김眞金을 'jinkhin' 으로 읽었다는 것을 보면, 이때부터 '금' 을 '김' 으로 바꿔서 읽기 시작했다고 생각할 수 있다. 하지만 이것 역시 아직까지는 설에 불과하다. 그 당시에는 한자 '金' 을 '금' 으로 읽었는지, '김' 으로 읽었는지 정확하게 파악할 수 없기 때문이다.

1911년 신해혁명과 함께 청나라는 무너지고 만다. 이때 중국인들이 내세웠던 구호가 멸만흥한滅滿興漢, 그러니까 만주족이 세운 나라를 타도하고 한족의 나라를 건설하자는 말이다. 결국 이때 당시까지만 하더라도 한

신해혁명 당시의 손문孫文(가운데)

족들은 만주와 중국이 혈연적으로, 또 역사적으로 전혀 다르다는 사실을 인정하고 있었다는 것이다. 그런데 요즘 중국은 수천 년의 한족 중심의 사관을 버리고 다민족 통일국가론이라는 사관을 내세우고 있다. 즉 중국 역사는 한족이 이민족에 항쟁한 역사가 아니라 다양한 민족이 중국이라는 통일된 국가를 이루는 과정이라는 것이다. 이는 만주와 우리 역사에서 동북공정이란 이름으로 나타난다. 이민족인 고조선과 고구려 · 발해, 그리고 금나라와의 전쟁도 모두 중국 내부의 갈등에 불과하다는 것이다.

오늘 우리가 여진족의 역사를 돌아본 것은 단순히 신라인의 후예가 금金 제국을 건설했다는 민족적 우월감을 확인하고자 함이 아니다. 2003년부터 본격적으로 중국에서 벌이고 있는 역사 전쟁, 즉 동북공정이 얼마나 허황된 역사관인가를 말하고자 함이다. 더불어 국내 학자들도 위에서 밝힌 사실을 전혀 고려하지 않고 단순히 믿을 수 없는 조작된 이야기로 치부하고 있다. 이는 식민주의 사관의 잔영이 아직도 우리 주위에서 서성거리기 때문이다.

일본은 우리나라를 침탈하고자 할 때 우리의 주체성을 말살시키려 하였다. 그 일환으로 일본 학자들이 금나라 황실의 시조를 가공의 인물이라고 주장하였다. 그 여파가 지금도 남아있는 것이다. 일본 학자들은 당시 일본의 한반도 강점을 합리화하기 위한 목적으로 연구를 진행했던 까닭으로, 식민주의 역사학을 통해 한국사를 연구했고, 정체성론停滯性論과 타율성론他律性論 등의 논리를 들어 한국은 미개한 국가이며, 한국을 발전시키기 위해서는 일본의 통치를 받아야 한다고 주장하였다.

그런데 12세기 초 요遼를 무너뜨리며 동북아시아의 질서를 재편

한 금金을 세운 여진족, 그 가운데 황실인 완안부完顏部의 시조가 '신라' 혹은 '고려' 출신이라면 식민주의 역사학에서 주장하고자 하는 논리는 무너지고 말 것이기 때문에 금나라 황실의 시조를 가공의 인물로 본 것이다. 그들은 금나라 황실의 '전설' 또는 여진족 습속을 설명하기 위한 '설화'이며, 시조는 이를 위해 '가공'한 인물이라고 폄훼하였다. 그 바탕에 한반도 강점의 합리화란 정치적인 목적이 있었기에 왜곡 해석하여 결론을 내렸다. 이후 현재까지 일본에서는 금나라 황실의 시조에 관한 연구나 금과 고려의 관계에 대해 주목할 만한 연구 성과가 나오지는 않고 있다.

중국에서도 신중국의 성립과 이후 문화대혁명 속에서 지식인들이 배척받고, 하방下放을 당했기 때문에 학문적 연구가 거의 이루어지지 않았다. 이후 모택동毛澤東이 사망하고, 등소평登小平이 정권을 잡은 후에 여진 및 금대사金代史에 대한 연구가 다시 진행되었으나, 그들도 금나라 황실의 시조가 '신라', 혹은 '고려'에서 온 것은 맞지만 그는 원래 말갈이나 여진 사람이었다고 주장하고 있다. 이는 동북공정이라는 정치적 목적을 가진 연구 프로젝트의 일환으로 금나라 황실이 한반도의 역사와 직접적으로 연결되는 고리를 인정하지 않으려 하기 때문으로 풀이된다.

그런데 우리는 무엇을 하고 있는가? '역사 비틀기'의 일본과 '역사 만들기'의 중국이 자신들의 정치적인 문제로 이를 기피하고 있을 때, 우리의 역사학계는 '역사 모른척하기'로 일관하고 있다. 없는 것도 만드는 세상에, 있는 것도 모른척하다니….

## 3-2

# 위대한 항해, 명明나라 정화鄭和의 대원정大遠征
### ― 동양은 어떻게 서양에게 밀렸나? ―

'대항해시대大航海時代'라고 하면, 흔히 서구의 신흥세력들에 의한 이른바 '지리상의 발견'이나 '신항로의 개척'시대로 정의하면서, 콜럼버스나 바스코 다가마와 마젤란을 대표로 15~16세기 스페인과 포르투갈이 전 세계로 교역망을 넓히고 아시아해역으로 진출하던 서양의 팽창주의를 떠올리기 쉽다.

세계지도를 앞에 두고 자와 연필을 든 채 아프리카와 아메리카의 넓디넓은 대륙을 땅따먹기하며 국경선을 마구 그어대던 서구 패권주의의 오만의 흔적은 아직도 세계 곳곳에 남아 있다.

그러나 서양의 세력이

명明나라의 정화鄭和

바다로 나가기 전에 전 세계의 바다를 안방처럼 누볐던 이가 있다. 바로 중국 명明나라의 정화鄭和이다. 정화하면 고개를 갸웃하는 이들이 많을 것이나, 콜럼버스보다 먼저 아메리카 대륙을, 마젤란보다 먼저 세계일주를 했다면 믿을 것인가.

1492년(조선 성종 23), 콜럼버스는 250t급 배 3척에 88명이 타고 36일간 4,000km를 항해해 미대륙에 도착하였다. 1519년(조선 중종 14) 마젤란은 배 5척으로 4만km를 항해했는데 돌아온 것은 단 한 척뿐이었다.

그런데 '정화하서양鄭和下西洋(정화가 서쪽 바다로 나감)'이라고 불리며, 이들보다 약 100여 년 전인 1405년(조선 태종 5)에서 1433년까지 명나라 정화의 함대는 7차에 걸쳐 총 18만5,000km를 항해하여, 태평양·인도양·대서양을 거쳐 홍해와 아프리카 동해안까지 뱃길을 넓혔고, 방문했던 국가는 모두 30여 국이 넘었다. 길이 151m, 넓이 62m의 최대 8,000t급에 달하는 거함 60여 척에 약 2만7,800

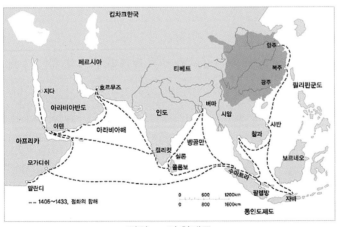

정화鄭和의 항해도

명明의 영락제永樂帝

명이 항해하였다.

배의 크기나 함대 규모 등 역사적 사실을 근거로 유추하건대, 15세기 당시 유럽 전체 국력을 합쳐도 명의 10분의 1에도 못 미침을 알 수 있다. 그런데 이렇게도 뒤떨어졌던 유럽의 백인종(Caucasian)들이, 어떻게 지구상의 모든 국가와 종족 위에 지배자로 군림하게 되었을까? 당시 타의 추종을 절대 불허하는 월등한 수준의 초강대국 중국은 왜 몰락하고 말았을까?

중국은 그들보다 앞선 발걸음을 떼었음에도 불구하고 목적의식이 달랐고, 그것이 정화 함대 이후로 지속되질 못해 결국은 유럽 해양 세력에 의해 쇠퇴하며 나락으로 떨어졌다. 만약 정화의 항해가 계속 이어졌고, 또 항해의 목적이 유럽 제국과의 식민지 경쟁이었더라면 세계사는 달리 써졌을 것이다.

이제 그 동양과 서양의 성쇠를 가른 정화의 흔적을 찾아가 보자.

정화鄭和(1371, 명 홍무 4년~1433, 선덕 8)는 곤양昆陽(현재의 곤명)에서 2남 4녀 중 둘째 아들로 태어났다. 본래 이름은 '마화馬和'였으며, 자는 삼보三保(寶)였다. 법명法名은 복선福善, 뒤에 삼보태감三保太監(三寶太監)이라 불렀다. 그의 선조는 원나라 시대에 서역에서 운남으로 이주해 온 색목인色目人이라 불리던 중동 계통의 피를 받은 이슬람교도로, 그의 아버지의 이름은 '마합지馬哈只'였다고 하는데, '馬'는 '무하마드'에서 온 것이고, '합지哈只(haji)'란 메카 순례를 다녀온 이슬람교도에게 붙이는 존칭이었다. 즉 마합지는 '무함마드 하지'이다.

명 홍무洪武 14년(1382), 정화가 자신의 고향인 운남성 곤명을 떠나야 했던 이유는 바로 나중에 영락제永樂帝가 되어 그에게 대원정을 명하는 연왕燕王 주체朱棣가 원나라의 세력이 남아 있던 곤명을 정벌했기 때문이다. 곤명이 함락되자 주체는 성인 남성을 모두 학살해 버렸고, 어린 소년들은 거세시켰다. 이는 그들을 병졸이나 환관으로 쓰기 위해서였는데, 열두 살이던 정화도 이때 거세되었다.

사실 정화는 자신의 가족과 자신의 남성을 빼앗아간 영락제에게 원한을 품을 만도 하지만 오히려 그에게 충성했다. 그래서 영락제가 조카인 건문제와의 권력 투쟁을 거쳐(靖難之變) 황제 자리에 오르는 과정에서 엄청난 공로를 세우고, 덕분에 환관 중에서 제일 높은 '태감太監'이 되어 '정鄭'이라는 성을 하사받게 되었다. 그의 나이 34세 때의 일이다.

『사기』를 쓴 사마천과 종이를 발명했다고 하는 후한의 채륜蔡倫과 함께 환관이면서도 후세에 큰 영향을 미친 영웅으로 존경받고 있는 정화는 용모와 풍채가 흔히 우리가 환관에게서 떠올리는 이미지와는 전혀 달랐다고 한다. 키가 9척(약 2m)에 눈매가 부리부리하고, 위엄 있게 걷는 모습은 호랑이 같고, 목소리는 크고 우렁찼다고 한다. 또 병법과 지략에 밝고, 고금의 학술에 통달했을 뿐 아니라 사람됨이 온화하고 겸손하여 모두의 존경과 사랑을 받았다고 한다. 사실 거세로 인하여, 이미 '완벽한 남자'일 수는 없었던 그에 대한 그런 묘사가 얼마나 진실인지는 모르지만 아무튼 영락제가 그의 생애에서 가장 야심적인 사업을 그에게 맡긴 것과, 그것을 기대 이상으로 훌륭히 행했던 것으로 보아 정화는 대단한 인물이었던 것 같다.

미국의 「라이프」지가 지난 1000년을 만든 세계적 위인 100명을 순위별로 선정했는데, 동양인들 중에서 가장 앞자리(14번째)를 차지한 사람이 정화이다. 자가 '삼보三保'였던 정화는 영문으로 'Sambo' 또는 'Sin Bao'로 서양에 전해졌다. 그런데 'Sin Bao'가 아랍권에 전해지는 과정에서 'Sin Bad'로 오기되었다는 설이 유력하다. 『아라비안나이트(千日夜話)』에 신드바드라는 인물이 바다에 일곱 번 나가 모험을 펼친 끝에 부자가 되어 바그다드로 돌아온다는 이야기가 있다. 그 신드바드(Sinbad)가 바로 정화다.

정화가 섬긴 영락제(1360~1424)는 명나라 제3대 황제로, 홍무제洪武帝 주원장朱元璋의 넷째 아들로 태어나 연왕燕王에 봉해졌고, 북경에 주재하면서 몽골의 침입에 대비하였다. 1398년에, 홍무제가 세상을 떠나고 조카인 건문제建文帝가 황제로 즉위하자, 연왕은 반란(靖難之變)을 일으켜 1402년에 수도 남경을 점령하고 황제에 즉위하였다.

조카로부터 제위를 빼앗은 영락제는 민심을 자기편으로 끌어들일 필요가 있었다. 또 그 당시 중앙아시아에서는 몽골의 티무르제국이 세력을 떨쳐

아라비안나이트의 신드바드는 정화鄭和이다.

중국과 서역과의 육상교통을 방해하고 있었기에 육상교통이 막힌 명나라는 해상교통을 통하여 서남아시아 여러 나라와 접촉할 필요가 있었다. 영락제는 고민을 하다가 자신이 믿는 정화로 하여금 남해를 원정하게 하는 계획을 세웠다. 이것이 바로 정화의 약 30년에 걸친 대원정이다.

정화가 이런 원정을 나선 이유는 동남아시아 등지의 조공무역국을 늘리기 위한 목적이라고 알려져 있다. 하지만 정난지변 이후 생사불명인 건문제를 찾아 나섰다는 설도 있다. 그렇다면 정화의 최종 목적은 무엇인가?

영국의 중국 역사학자 조지프 니담(Joseph Needham)은 정화 함대의 항해 목적을 첫째 정난지변 때 사라

사마천司馬遷, 채륜蔡倫과 함께 환관이면서도 중국인의 존경을 받는 정화鄭和

진 건문제의 행방 추적, 둘째 인도양의 지배자들에게 명의 위엄을 과시, 셋째 중국의 지배권을 인정하고 조공 요구, 넷째 해상교역 장려, 다섯째 진기한 물건이나 동물 취득, 여섯째 해로와 연안 방위 조사, 일곱째 지역 국가들의 세력 조사라고 하였다.

정화의 대원정은 1405년으로 영락 3년, 조선으로 보면 태종 5년에 시작되었다. 1405년을 기점으로 1433년까지 전후 7차에 걸쳐 대규

모로 이루어졌으며, 말레이반도, 수마트라섬, 자바섬에서 인도연안, 실론섬, 페르시아만, 아라비아반도에 진출하였고, 일부는 아프리카 동안과 메카까지 이르렀다.

사료에 따르면, 당시 정화 함대의 기함인 「보선寶船」은 전체 길이가 약 151.18m이었고, 폭은 약 61.6m에 이르는 대형 선박이었다.

보선寶船의 재현再現 모습

이런 거함 62척에 다시 부속 소함선 40여 척이 추가되었으며, 총 승무원 수가 27,800여 명에 달했다. 그 중에는 병사 외에 뱃사람, 배를 만드는 목수, 통역, 서기, 의사 등도 포함되어 있었다. 최근까지는 15세

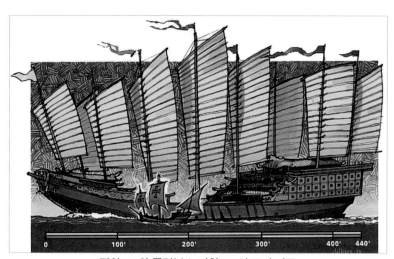

정화鄭和와 콜럼부스 기함旗艦의 크기 비교

중국에서 발행한 정화鄭和 함대를 그린 우표

기 초에 이렇게 큰 배를 만들 수 없다고 하여 이 이야기가 의문시되었는데, 1957년 5월에 남경 교외에 명대의 조선소가 있었던 것으로 알려진 장소에서 배의 키의 일부가 발견되었다. 그런데 그 길이가 11.1m이었기에 151m라는 배의 길이도 그대로 믿게 되었다.

또 그들이 항해한 거리가 185,000km에 이른다고 한다. 100년 뒤인 1492년 콜럼버스의 1차 항해에 참가한 인원이 120명, 함선 3척, 그중에 가장 큰 기함의 산타마리아호의 크기는 200~250톤이라고 하는데, 비교하여 보면 정화 함대의 크기를 알 수 있다. 정화 함대가 인도양에 진출한 것은 바스코 다가마의 인도양 도달보다 80~90년이나 앞섰다고 한다.

정화의 함대는 나침반과 견성판(牽星板, kamar)으로 방위를 재고, 물시계를 가지고 배의 속력을 따지면서 장거리 항해를 했다. 선원들의 주 주식은 현미와 절인 야채였고 개고기도 먹었다고 한다. 선원들의 고된 뱃길을 달랜다는 이유로 기생들도 상당수 태웠고, 학자들도 탑승하여 진귀한 이국의 풍물을 탐구하고 연구하였다. 정화의 대원정의 일정은 다음과 같다.

제1차 : 1405년(영락 3년) 겨울~1407년 9월(인도 캘커타)

제2차 : 1407년 겨울~1409년 여름(인도와 태국)

제3차 : 1409년 9월~1411년 6월(페르시아만)

제4차 : 1413년 겨울~1415년 7월(아프리카 동해안)

제5차 : 1417년 겨울~1419년 7월(아프리카 동부)

제6차 : 1421년 봄~1422년 8월(페르시아만과 중동)

제7차 : 1430년(선덕 5年) 12월~1433년 7월(홍해와 메카)

정화가 이끈 대선단은 상해 서북쪽에 있는 소주蘇州 유가하劉家河에서 출발하여 해안선을 따라 남하하여 복주福州에 이르고, 거기서부터 동북쪽의 계절풍을 기다렸다가 남해를 향해 출발하였다. 제1차 항해에서는 인도까지 도달하였다. 제1차 원정에서는 참파(현재의 베트남 중부), 자바섬 및 팔렘방 등의 수마트라섬 각지(인도네시아), 말라카(말레이시아), 실론(스리랑카)을 거쳐 인도 서쪽 기슭 캘커타까지 도달하고, 이들 각지에 상륙을 기념하는 석비石碑를 세우고 귀국하였다. 귀국하는 배에는 이들 각지에서 명나라로 가는 조공 사절이 동행하였다.

항해에서 돌아온 해에 영락제는 정화에게 2차 항해를 명했고, 2차 항해에서 돌아온 1409년 다시 3차 항해가 시작되었다. 4차 항해는 3차 항해에서 돌아온 지 2년 뒤인 1413년에 시작했다. 3차까지는 인도의 캘리컷을 찍고 돌아왔는데, 4차에는 좀 더 멀리 페르시아만에 있는 호르무즈해협까지 진출했다. 그리고 분견대分遣隊를 보내

아라비아반도의 아덴과 아프리카 동해안까지 다다랐다. 이후 5차와 6차 항해 역시 분건대는 동아프리카까지 찍고 본국으로 귀환했다.

1~3차 항해는 2년 주기로, 4~6차 항해는 4년 주기로 진행했다. 항해 거리를 생각해 본다면, 6차까지의 항해를 연속적으로 진행한 셈이다. 마지막 7차 항해는 6차 항해가 끝나고, 6년이 더 지난 1431년에 진행되었다. 마지막 항해 당시 정화의 나이는 60을 넘었고, 영락제는 이미 죽고, 영락제의 아들 홍희제洪熙帝를 지나 선덕제宣德帝가 황제 자리에 있던 시기였다. 7차 항해가 끝나고 그 이듬해 지금까지의 원정을 지휘했던 정화가 세상을 떠났다. 그리고 휘황찬란했던 중국의 대항해시대 역시 종언을 고했다.

정화의 원정은 한번 나갈 때마다 2~3년이 걸리는 대장정이었다. 배에는 비단·자기·금·은 등을 싣고 베트남 인도네시아 필리핀 스리랑카 인도 등

아프리카의 기린이 중국에 와 기린麒麟이 되었다.

30여개 국을 방문해 중국의 문화와 과학기술을 전파하였으며, 돌아오는 길에는 기린·코끼리·타조 등 동물과 후추·진주 등을 중국에 들여왔다.

1414년, 4차 항해에 나선 정화는 북경에 기린을 가져왔다. 우리가 아는 동물원의 목이 긴 동물인 기린은 원래 케냐와 탄자니아 사이 '말린디왕국(麻林國)'에서 지금의 방글라데시인 '벵골국(方葛剌國)' 술탄에게 선물한 것이다. 벵골의 술탄은 대함대를 이끌고 나타난 정화를 통해 기린을 다시 명나라 영락제에게 진상했다.

성군의 등장을 알리는 전설 속의 기린麒麟을 찾았다는 소식에 영락제는 자금성 봉천문에서 친히 기린을 환영하는 대대적인 의식을 주재했다. 상서로운 영물로 여겨진 기린은 어린 조카를 몰아내고 집권한 영락제의 정치적 안정을 도모하는 정치적 상징이 됐다.

흥선대원군興宣大院君의 흉배胸背에 새겨진 전설의 동물 기린

본래 사슴의 몸에 말의 발굽과 소의 꼬리를 갖고 있으며, 온몸에 영롱한 비늘이 덮여있다는 기린은 용, 봉황, 거북과 함께 상서로운 네 영물의 하나이다. 중국인들은 성인이 태어날 때 나타난다는 전설이 있으며, 산풀을 밟지 않을 뿐

아니라 머리에 돋은 뿔이 살로 되어 있어 다른 짐승을 해치지 않는 인자한 동물이기도 하다. 희망과 행복을 전해주는 동물 기린이, 현재 우리가 동물원에서 혹은 TV에서 보는 기린으로 변한 것은 모두 정화의 공로라고 할 수 있다.

처음 기린을 중국에 가져왔을 때의 이름이 무엇이었는지 알 수 없으나 전설 속의 신수神獸와 너무 흡사했고, 인간이 보기에 너무 큰 동물이었기 때문에 일종의 경외감을 표현하기 위해서 '기린麒麟'이라는 이름을 붙여주었다고 한다. 지금도 한국, 일본, 대만은 이 동물을 '기린'이라 부른다. 그런데 막상 근거를 제공한 중국에서는 이 동물을 '장경록長頸鹿(목이 긴 사슴)'이라 부른다.

또 우리가 흔히 아는 중국요리 중 '상어지느러미 요리'도 정화가 인도양에 나갔을 때 상어지느러미를 얻어 영락제에게 바쳤을 때부터라고 한다. 그리고 동남아시아 지역에 중국인이 진출하는 계기를 만들어, 오늘날 동남아 화교의 역사가 이때부터 본격적으로 시작됐다고 한다.


2002년, 영국 해군 장교 개빈 멘시스가 쓴 책 한 권이 전 세계를 깜짝 놀라게 하였다. 이 책의 이름은 『1421년, 중국이 세계를 발견하다』이다. 이 책은 처음으로 정화의 선단이 세계일주 항해를 실현했고, 서방의 대항해시대보다 빨리 미대륙과 오세아니아주를 발견했다는 것이다. 멘시스는 14년에 걸친 연구를 통하여, 정화가 1421년의 6차 항해 시 선단이 말라카에 도착한 후, 함대를 넷으로 나누었으며, 그중의 세 개의 분견대는 태감太監 홍보洪保·주만周滿·주문周聞이 통솔하였고, 네 번째 선단은 정화가 직접 지휘했다. 그 세

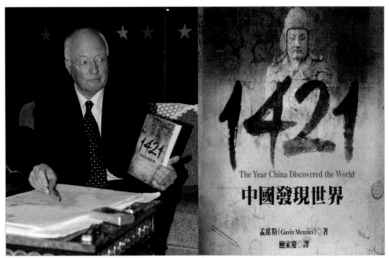

「1421년 중국이 세계를 발견하다」의 저자인 개빈 멘시스와 중국어판

태감들의 분견대는 동아프리카에서 그치지 않고 계속 나아가 희망봉을 돌았으며, 서아프리카를 지나 남북 아메리카, 오스트레일리아, 남극과 북극까지 도달했다는 것이다.

　다시 말해서, 중국인들이 콜럼버스보다 수십 년 전에 미대륙을 발견하고, 마젤란보다 수십 년 전에 세계를 일주했다는 주장이다. 그는 당시 중국의 기술로 미루어 그런 항해는 충분히 가능했고, 서아프리카, 오스트레일리아, 아메리카 등에 군데군데 남아 있는 중국인의 흔적들, 가령 정화가 원정지에 남긴 비석과 비슷해 보이는 돌판, 동양인의 용모를 한 사람들의 전설, 중국 닭과 비슷한 품종인 남미의 닭 등을 '증거'로 들고 있다. 또한 그는 마젤란해협이 발견 연도보다 앞선 해도에 이미 그 해협이 나와 있다면서 "정화 원정대가 남긴 해도를 바탕으로 양 사람들이 세계 해도를 만들고, 그것을 가지고 콜럼버스나 마젤란이 항해에 성공했을 것이다."라고도 주장했다.

사실 멘시스는 뛰어난 상상력과 보기 드문 관찰력을 가지고 주목할 만한 책을 저술했다고 생각은 하지만, 정작 그는 한자를 해독할 능력은 없었다. 그래서 번역된 자료나 2차 자료만 갖고 중국의 시대 배경을 설명하다 보니 곳곳에 그의 가설은 어색한 부분이 많다. 그러나 정화가 콜럼버스보다 아메리카를 먼저 발견했다는 이 주장이 세계 학계의 동의를 얻지는 못했지만, 많은 학자들이 당시 중국의 항해기술이 선진적이었다는 사실만큼은 인정하고 있다.

명나라는 정화가 죽고 나서, 권력투쟁의 결과로 원양선박을 해체하고 선원들은 각종 부역에 종사케 하고, 군인들은 월남과의 전쟁에 동원하였으며, 해상 무역을 금지시키는 등 강력한 '해상봉쇄령海上封鎖令'을 내렸다. 왜냐하면 고위 관리들이 영락제와 정화의 후광에 힘입어 막강한 정치세력이 된 환관들을 몰아내고자 했기 때문이다. 수백 척의 함선을 건조하느라 국고를 탕진했고, 또 조공무역을 통해 득보다 실이 많았다는 비판이 정화에게 쏟아졌다.

정화의 항해는 경제적인 이유보다는 정치적인 이유가 강했다. 단순히 교역을 증진시키겠다는 의도만이 아닌, 명 제국의 힘을 과시하고 그들로부터 조공을 받아 명 중심의 세계 질서를 구축하는 것이 주목적이었다. 따라서 다음 세기에 포르투갈이 인도양에 진출했을 때와는 달리, 명은 해안 곳곳에 요새를 건설하거나 토착세력을 침탈하기보다는 명의 종주권을 인정받고 조공을 받는 정도로 만족했다.

명이 항해를 멈춘 것에는 여러 이유가 있었다. 영락제가 죽은 이

남경南京에 있는 정화鄭和의 무덤

후 집권한 황제들은 최소한 영락제 같지는 않았다. 영락제 시대에는 크게 대접받지 못했던 유교적 관료들이 홍희제 이후 다시 힘을 얻었는데, 이들이 대외 팽창과 교역보다는 민생안정과 농업진흥을 더 중시하다 보니 대항해가 중단되었다. 아울러 북방의 몽골인들이 다시 힘을 길러 북쪽 변경을 위협함에 따라 명 조정에서도 대외 원정보다는 대북방 방어에 신경을 더 쓸 수밖에 없었다.

특히나 관료 집단은 대 항해 사업을 극히 혐오하였다. 정화의 항해가 끝난 지 31년 뒤에 제위에 오른 성화제成化帝는 호기심이 많은 군주였다. 그간의 혼란이 잠잠해지자, 그를 모시던 환관들은 다른 나라 문물에도 관심이 많은 황제의 입맛에 맞게 대 항해 사업을 진언하려 들었다. 이를 눈치 챈 관료들은 이를 막기 위해 모종의 음모를 꾸몄다. 바로 정화의 항해 기록을 모조리 없애버린 것이다. 덕분에 대항해 정책을 부활하려는 시도는 좌절되었다.

명은 "널빤지 한 조각도 바다에 띄우지 못한다(寸板不許下海)."는 태조 주원장의 원칙이 엄격하게 지켜졌으며, 심지어 정화의 원정을 명했던 영락제조차도 모든 민간 선박을 원양항해를 할 수 없는 평두선平頭船으로 개조하도록 명했다. 이러한 기조는 청나라에도 이어져서 "한 폭의 돛도 입항을 불허한다(不許片帆入口)."는 원칙이 세워졌다. 아편전쟁에서 패하여 홍콩을 영국에 할양하고, 광주廣州, 하문廈門, 복주福州, 영파寧波, 상해上海 등 5개의 항구가 강제적으로 열릴 때까지 중국은 그렇게 바다의 관문을 잠그고 있었다. 세계의 바다를 지배할 능력을 보유한 중국이 스스로 세계사의 무대에서 퇴장해 버린 셈이다.

종이 · 화약 · 나침반 · 인쇄술 등 인류의 4대 발명품을 만들어낸 동양의 과학기술이 15세기까진 유럽을 앞섰다. 그러나 16세기 이후 서구의 비약적인 과학혁명을 중국이 따라가지 못하였다. 핵심 원인은 개방정책을 포기하고 쇄국정책으로 돌아선 데 있다.

명의 전성기를 이끌었던 영락제와 정화가 죽으면서 해외 원정사업도 덩달아 폐기되었다. 당시 명은 인력 · 자원이 풍부해 교역의 필요성을 못 느꼈다. 특히 북방의 침입에 더 많은 군사 · 외교 자원을 할애하면서 해양 정책이 뒷전으로 밀렸다. 15세기 남경에서 북쪽의 북경으로 천도한 것도 같은 맥락이다.

반면 유럽은 봉건제가 무너지고 르네상스에서 꽃핀 학문과 예술이 사회 전체로 퍼져 나갔다. 또한 신항로 개척으로 다양한 문물을 교류하며 새로운 기술과 물자를 받아들였다. 구질서舊秩序의 해체와 시장의 확대는 사회 전체의 효율성을 높였다. 이런 토양 아래 갈릴레이에서 뉴턴으로 이어지는 17세기 과학혁명이 일어났다. 그리고 서양은 동양을 압도하였다.

최근 중국은 적극적으로 바다로 나가기 시작했다. 중국의 국가주석 시진핑(習近平)은 '21세기 해상 실크로드', 이른바 '일대일로一帶一路'의 건설을 추진하고 있다. 이는 이제까지 중국의 역사에서

습근평習近平 중국 국가 주석의 「일대일로一帶一路」 해상 실크로드는, 곧 정화鄭和의 원정길이다.

한 번도 시도해 본 적 없는 해양국가의 면모를 갖추려는 도전이다. 중국이 계획하고 있는 해상 실크로드는 남중국해에서 출발하여 서쪽으로 인도양을 거쳐 유럽에 연결하고, 동쪽으로는 남태평양까지 연결하여 중국을 중심으로 대서양, 인도양, 태평양을 잇는 것이다. 바로 정화의 원정길이다.

정화의 해외 원정은 중국으로부터 의도적인 재평가를 받아 내셔널리즘의 상징으로 이용되고 있고, 패권주의를 정당화하는 도구로써 악용하고 있다. 중국의 이러한 모습은 역사를 알지 못하고는 전혀 이해할 수 없는 모습이다.

# 세계 최강대국 명明나라를 망친 암군暗君 이야기

나라가 망하는 데에는 여러 가지의 원인이 존재한다. 단지 한 가지의 이유로 망하는 나라는 없다. 그러나 그 많은 이유 중 어떤 것이 가장 큰 문제였는가는 역사가들의 연구거리로 남아 있다. 특히 말기의 집권자들에 대한 평가가 매우 박하게 나오는 경우가 많다. 하夏나라의 걸桀과 은殷나라의 주紂가 그렇고, 백제의 의자왕과 고려의 공양왕이 그렇다.

그러나 실질적으로 암군暗君이 나라를 망하게 하는 경우도 있는데, 그것이 바로 명나라이다. 중국 역사상의 명明(1368~1644)나라는 농민에 의해 건국되고, 농민에 의해 멸망한 국가이자 한족의 마지막 통일 왕조이다. 몽골인의 원나라를 북쪽으로 몰아내어 흥하였다가, 만주족의 청나라가 남하하여 잔존세력마저 몰락하면서 완전히 멸망한 국가이다.

명나라를 건국한 태조 홍무제洪武帝 주원장朱元璋은 건국한 후 얼마 지나지 않아 황제에게 위협이 될 만한 개국공신들을 대거 숙청했는데, 이에 연루되어 죽은 자가 5만여 명이었다. 그리고 승상제도를 폐지하고 황권을 강화하는 등의 공포정치를 하였다. 그 덕에 황제

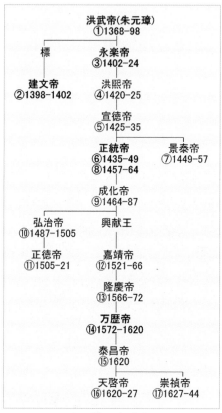

洪武帝(朱元璋)
①1368-98

標　　　　永楽帝
　　　　　③1402-24

建文帝　　洪熙帝
②1398-1402　④1420-25

宣徳帝
⑤1425-35

正統帝　　　景泰帝
⑥1435-49　　⑦1449-57
⑧1457-64

成化帝
⑨1464-87

弘治帝　　興献王
⑩1487-1505

正徳帝　　嘉靖帝
⑪1505-21　⑫1521-66

隆慶帝
⑬1566-72

万歴帝
⑭1572-1620

泰昌帝
⑮1620

天啓帝　　崇禎帝
⑯1620-27　⑰1627-44

명明 황조의 세계도

의 권한이 역대 중국 왕조 중에서도 가장 강한 나라가 되었다.

게다가 중요하고 기밀을 요하는 일이 있다면 승상 등 신하들에게 안 맡기고 환관들에게 맡겼는데, 환관을 황제의 개인적인 하인으로 취급하였기에 일어난 일이다. 그 결과 명나라에서 환관들의 권력은 아주 셌고, 환관의 수도 아주 많았다. 막강한 황제의 권력은 건국 초기에는 상당한 효과를 보았으나 후대로 갈수록 그 폐해가 나타나기 시작하는데, 그것이 암군의 발생으로 나라를 멸망케 한 것이다.

명나라는 상당한 국력을 가졌음에도 불구하고 암군들 때문에 국력에 비해 저평가 당하는 왕조이다. 사실 명나라에서도 영락제永樂帝, 선덕제宣德帝 등 명군이 없지는 않았다. 그러나 명나라의 경우 불행하게도 말기에 암군들이 거의 연달아서 즉위하였다. 그중에서도 가정제嘉靖帝와 만력제萬曆帝라는 전대미문의 암군 두 명이 45년과 48년이라는 긴 세월 동안 재위하였으며, 그에 못지않은 정덕제正

德帝와 천계제天啓帝가 연달아 몰려 집권한 것이 가장 큰 문제였다. 이들의 재위 기간이 명나라 존재 기간 276년의 절반에 가까운 117 년이기 때문이다. 다른 12명의 황제는 총합 160년에 불과하였다. 당연히 나라는 망가질 대로 망가질 수밖에 없었다. 나라를 망하게 만든 명말의 4대 암군에 대하여 살펴보자.

11대 武宗 正德帝 朱厚照 1505~1521(16년) 朝鮮 燕山君 11~中宗 16

12대 世宗 嘉靖帝 朱厚熜 1521~1566(45년) 朝鮮 中宗 16~明宗 21

14대 神宗 萬曆帝 朱翊鈞 1572~1620(48년) 朝鮮 宣祖 6~光海君 12

16대 熹宗 天啓帝 朱由校 1620~1627(7년)  朝鮮 光海君 12~仁祖 5

1487년에 마흔 고개를 갓 넘은 명나라 헌종憲宗 성화제成化帝가 죽고, 그의 아들 주우탱朱祐樘이 즉위했는데, 주우탱이 바로 효종孝宗 홍치제弘治帝이다. 그러나 홍치제가 병에 걸려 젊은 나이에 세상을 떠나자, 그의 큰아들이자 명나라 역사상 방탕하기로 유명한 주후조朱厚照가 황제에 오른다. 정덕제正德帝이다. 조선으로 치면 연산군燕山君 11년이며, 대부분의 재임 기간이 조선의 중종과 겹친다.

명 11대 황제인 정덕제는 14살의 나이로 즉위하였는데, 그는 아버지와는 달리 나라를 다스리는 일에는 전혀 관심이 없었다. 물론 처음부터 난봉 짓을 하거나 방탕하지는 않았다. 어렸을 때만 하여도 학문을 즐기고 불교와 산스크리트어에 능통하였다고 한다. 하지만 여기까지가 끝이었다. 그는 환관을 사랑하였으며, 라마교喇嘛敎에 광신하였고, 유희를 좋아하여 국비를 낭비하였다. 그리고 황당한 일들을 무수히 벌였다.

명明 11대 무종武宗 정덕제正德帝 주후조朱厚照

정덕제는 환관 유근劉瑾을 너무나 총애하여 많은 권한을 유근에게 넘겨주고 유희에 전념하였다고 한다. 전권을 손에 넣은 유근은 자신을 반대하던 대신들을 모조리 숙청하기도 하는데, 당시 사람들은 유근을 '서있는 황제(立皇帝)'라고 불렀고, 황제는 '앉아있는 황제(坐皇帝)'라 하는 등 조야의 원성이 높았다고 한다. 한번은 정덕제로 하여금 공놀이나 말타기, 그리고 매사냥에 심취하게 만들고, 일부러 놀이에 가장 흥이 겨워질 때를 기다려 정사를 청하였다. 그러면 정덕제는 크게 짜증을 내면서 "왜 모든 일마다 나를 찾느냐? 너희들은 놀고만 지내느냐?"라고 말했다. 유근은 몹시 미안한 표정을 지으며 물러갔으나 속으로는 쾌재를 불렀다고 하는 일화가 전해온다.

정덕제는 즉위한 지 1년 후, 지금의 중국 북경 시내에 있는 호수인 중남해中南海 자리에 개인적인 행궁을 건립하여 진금맹수珍禽猛獸를 길렀다. 지금의 사파리 동물원과 같은 것이라고 한다. 그곳에는 표범이 있어서 '표방豹房'이라고 불렀다. 그리고 '표방'에는 호랑이도 있었는데, 정덕제는 최소한 호랑이와 2번 결투를 벌였다. 첫 번째 결투에서는 정덕제가 당해내지 못해서 호랑이에게 몰려 구석으로 밀려나 위험에 처했을 때 강빈江彬이라는 무관이 무기를 들고 뛰쳐나가서 호랑이를 찔러죽이고 정덕제를 구했다. 두 번째 결투에서도 여전히 정덕제는 적수가 되지 못되어 호랑이에게 당해서 상처를 입었다. 놀란 정덕제는 호랑이의 무서움을 알고 더 이상 호랑이에게 덤비지 못했다고 한다.

표방에서 동물과 놀다가 싫증이 난 그는 역사적으로 유명한 혼자 놀기에 탐닉하게 된다. 자신에게 '주수朱壽'라고 하는 요즘 말로 '아바타'나 '부케'인 제2의 이름을 붙인 다음, 스스로에게 대장군의 직위를 내린다. 정덕제는 군대를 이끌고 갈 때면 주수의 이름으로 출정하였으며, 대장군인 본인이 황제인 본인에게 글을 올리기도 하고 상찬을 하기도 하였다. 여기서 그치지 않고 자신에게 위무대장군慰撫大將軍이라는 거창한 직위를 내렸다.

정덕 13년(1517), 정덕제의 대담함을 과시할 수 있는 사건이 일어났다. 몽골의 지도자인 백안맹伯顏猛이 몇 년간 계속해서 북쪽 변방 지역을 침공하여 심각한 폐해를 끼치고 있었다. 그러다가 그 해 10월, 5만의 기병을 거느린 백안맹은 일선에서 지휘하던 명의 장군을 포위했다. 황제는 구원병을 이끌고 그와 대적하면서 직접 백병전에 참가하여 자신의 무술 솜씨를 과시하였다. 접전이 끝나고 나서 그는 혼자서 몽골의 군사 1명을 직접 해치웠다고 주장하고 자랑하였다고 한다.

정덕 14년 6월, 영왕寧王 주신호朱宸濠가 반란을 일으켜 구강 등지를 점령하는 등 강남이 혼돈에 빠진다. 그러나 정덕제는 그 소식을 듣고 크게 기뻐하며 친히 총사령관이 되어 군대를 이끌고 출정하였다. 대군이 막 탁주에 도착했을 때 영왕의 반란이 이미 진압되었다는 소식을 듣게 되는데, 주신호가 왕수인王守仁(王陽明)에게 생포되었다는 것이다. 정덕제는 진압소식을 듣고도 기뻐하지 않았다. 그 이유는 이 사실이 대외적으로 알려진다면, 이번 남정은 물거품이 될 것이기 때문이었다.

그리하여 그는 진압 소식을 숨기고, 계속 남하하여 12월 남경에 도착한 후, 왕수인에 의해 남경으로 압송된 주신호를 돌연 석방하였다. 그리고는 무장을 하고, 여러 장병들의 호위하에 석방한 주신호를 다시 추적하여 체포하였다. 주변의 장병들은 소리 높여 '만세'를 불렀고, 정덕제는 득의양양하였다고 한다. 마치 주신호가 정말 그에게 생포된 것처럼 꾸민 것이다. '이금녕왕二擒寧王'의 이야기이다.

정덕제는 또한 불꽃놀이를 매우 좋아하였다. 1514년, 정월 축제를 위해 엄청난 양의 화약과 폭죽을 준비했는데, 그만 쌓아놓은 화약이 폭발해 황제의 정궁 역할을 하는 곳이자 집무실로 쓰이던 건청궁乾淸宮이 모두 다 타버렸다. 그런데 이 사태를 보고 정덕제는 신하들에게 이렇게 말하였다고 한다.

"멋진 큰 불이로구나!(是好一棚大煙火也!)"

또한 정덕제는 궁 안에서 움막을 짓고 점방이며, 술집이며, 기생집 같은 것을 꾸며놓고 장사를 하였으며, 황제가 상인 역할을 하거나 거지 역할을 하였다고 한다. 그리고 궁 밖에 모습을 그대로 본뜬 가게를 열었다고 하니, 특이하기로는 따를 자가 없을 것이다.

정덕제는 일생 동안 온갖 여색을 탐하였다. 무수한 여인을 가지고 놀았을 뿐만 아니라, 전녕錢寧·강빈江彬 등 몇몇 곁에 있던 남자들과도 관계가 애매하였다. 『명사』에는 여러 곳에서 그와 전녕·강빈이 "함께 자고 일어났다(同臥起)."는 기록이 보인다. 정덕제는 낮에는 군사훈련을 지휘하고, 밤에는 표방에서 동성연애를 즐겼다고 한다. 정덕제의 주변에는 남총男寵들이 수없이 많았으며, 남총들을 좌우에 앉혀놓고 수양아들로 봉했으며 자신의 성씨를 내렸다. 그들을 위해 대저택을 지어주고 정치 참여를 허용했다.

정덕제는 말년에 남경까지 내려갔다가 중간에 머무르는 곳에서 낚시와 뱃놀이를 하던 중 물에 빠졌다. 신하들이 빠르게 건져 내었으나 그 후유증으로 건강이 악화되어 사망하였다. 유언만큼은 옳은 소리를 하였는데, "지금까지 짐이 한 짓들은 전부 짐에게 책임이 있다. 그러니 너희들은 짐의 행동을 보고 근신하며 이후 경거망동하지 말거라."는 내용이다.

정덕제는 명나라의 4대 암군 중 하나로 평가받기는 하지만, 사실 다른 3명의 황제들과는 달리 심각한 폭군이나 암군 정도는 아니다. 그저 너무나도 놀기를 좋아하는 사람이었을 뿐이다. 만일 그가 평범한 사람이었다거나 부잣집 도령이었다면 유쾌하고 엉뚱한 쾌남이었을지도 모른다. 문제는 이 사람이 황제였다는 것이다.

명나라 12대 황제인 세종世宗 가정제嘉靖帝 주후총朱厚熜은 1521부터 1567년까지 45년간 황제에 재위하였다. 성화제成化帝의 4남이자, 홍치제弘治帝의 이복동생이 되는 홍헌왕興獻王 주우원朱祐杬의 차남으로 전임 정덕제에게는 사촌동생이다. 가정제의 재위 기간은 조선 중종의 후반기와 인종仁宗, 명종明宗의 재위 기간과 겹친다.

명군이 많기로 유명한 세종世宗이라는 묘호를 받은 군주 가운데 유일한 암군이다. 원래대로라면 황실의 방계로서 평생을 호의호식 하며 놀고먹었어도 아무런 문제가 없는 인물이었으나, 후사가 없던 정덕제가 갑자기 죽어버리는 바람에 평범한 황족 주후총은 순식간에 대명의 황제가 되어버리고 만다. 사실 그가 즉위한 것도 단지 계승 자격이 있는 정덕제의 친족 중 항렬이 가장 높았기 때문이다.

즉위 당시 겨우 15세였다. 가정제 치세의 명나라는 안으로는 민란이 끊이지 않았으며, 밖으로도 북쪽의 몽골과 남쪽의 왜구, 이른바 '북로남왜北虜南倭'로 나라의 영토를 위협하

명明 12대 세종世宗 가정제嘉靖帝 주후총朱厚熜

던 혼란의 시기였다. 가정제는 즉위 후부터 생부 홍헌왕을 황제로 추존하는 소위 "대례大禮의 의議"(조선 효종 때의 예송논쟁과 흡사함) 문제에 3년이나 허송세월하여 정사를 제대로 돌보지 않았다.

가정제는 일생 황후 3명, 황귀비 3명, 귀비 3명, 비 41명, 빈 31명 등 공식적으로만 81명의 부인을 거느리고 살았다. 이렇게 많은 부인들을 거느렸으니 궁이 평안했을 리가 없다. 황후조차 모두 중간

에 타살, 병사, 그리고 불에 타 죽었다. 가정제의 황후 폐출사건을 보면 첫 번째 황후였던 진씨陳氏는 투기가 심하다는 이유로 가정제의 발에 걸어차여 복중에 있던 아들과 함께 죽었다. 두 번째 황후였던 장씨張氏는 가정제 자신이 만든 단약을 먹지 않는다는 이유로 폐출되어 냉궁으로 쫓거나 병사하였다.

세 번째인 방씨方氏는 더더욱 기상천외하다. 가정 21년(1542) 황제의 행실을 견디지 못한 궁녀 16명이 애첩과 동침하던 황제를 목졸라 죽이려고 시도한 역모가 발생했다. 이 사태를 임인궁변壬寅宮變이라 한다. 도교에 탐닉한 가정제는 불노불사의 단약을 제조하기 위한 처녀의 월경혈과 아침 이슬을 얻기 위하여 궁녀들을 학대하였고, 또 궁녀들이 조금이라도 비위를 거스르면 사정없이 매를 쳐 죽은 이가 많았다고 한다. 이러한 황제의 행실을 견디지 못한 궁녀 16명이 반역을 시도한 것이다. 궁녀들의 계획이 성공하여 가정제가 죽었다면 역사상 최악의 죽음을 당한 황제가 되었겠지만 황후가 그를 구해주었다. 물론 가정제 암살을 시도한 궁녀 16명은 전원이 저잣거리에 끌려가 능지처사를 당했다. 그런데 야사에 의하면, 황후가 뒤처리를 하면서 아무 관련 없는 가정제의 애첩까지 죽여버렸는데, 이것에 앙심을 품은 황제는 훗날 황후궁에 불이 나자 끄지 말라고 해서 황후가 불타 죽고 말았다고 한다.

가정제는 점점 도교에 심취했다. 도교의 제문을 청사靑詞라 부르는데, 급기야 청사를 잘 만드는 자가 재상으로 발탁되었단 이야기가 나올 정도가 되었다. 이렇게 청사를 잘 지어 출세하고 정권을 장악했던 유명한 인물이 엄숭嚴嵩이다. 그는 도교를 광신하여 정치를 돌보지 않는 가정제를 대신해 국정을 전횡하기를 전후 20년에 달하였다. 그동안 극도의 뇌물 수수 행위가 정치 전반에 만연했다. 환관 세력이 일시 후퇴했으나 그 대신 권신의 독직 정치가 왕조의 퇴락을 촉진시킨 것이다.

수은 등 중금속 가득한 선단仙丹을 그렇게 먹고도 오히려 총애하던 도사들보다 장수하여 환갑 직전에 사망하는 등 장수했다. 명나라에서 홍무제洪武帝 주원장朱元璋, 영락제永樂帝 주체朱棣 다음으로 장수했고, 재위 기간으로는 만력제萬曆帝 다음으로 긴 45년을 재위했다. 그런데 이 사람이 세종으로 추존되었다. 업적으로는 당연히 자격이 없으나 정덕제 이후 끊어진 황통을 가정제가 새로 이었기 때문에 분에 넘치는 묘호를 받은 것이다.


명의 제14대 황제 신종神宗 만력제萬曆帝 주익균朱翊鈞은 가정제의 아들인 융경제隆慶帝의 셋째 아들로 태어났다. 위로 두 형이 있었지만 일찍 죽어 여섯 살 때에 황태자가 되었으며, 10살의 나이로 즉위하였다. 그 뒤 1620년 죽을 때까지 명 왕조에서 가장 오랜 기간인 48년 동안 황위에 있었다.

역사가들은 한결같이 "명나라가 망한 것은 숭정제 때가 아니라 만력제 때였다."고 쓰고 있다. 평판이 매우 좋지 못한 군주였지만, 만력제는 조선의 임진왜란 문제에 있어서만큼은 매우 적극적으로 정책을 펼쳤다. 그래서 당대와 후대 중국인들에게서는 만력제를 가리켜 '고려의 천자', 또는 '조선의 황제'라고 일컫기까지 하였다. 조선에서 명나라에 대한 호감이 생겨난 배경도 이때 만력제가 보여 준 적극적인 우호 정책 탓이 매우 크다.

만력제는 암군들 중에도 특이 케이스에 꼽히는 사례인데, 보통 암군으로 꼽히는 이들은 폭정을 저지르고 가렴주구를 일삼거나, 혹은 정치적으로 무리수를 던지거나, 또는 시대의 흐름을 읽지 못하고 잘못된 정책을 펼치는 사례 등이 대표적인 사례라고 할 수 있다. 그러나 만력제는 위의 사례 중 어디에도 속하지 않고 단순히 '아무것도 하지 않아서' 나라를 망쳤다. 그렇기에 암군이라는 말이 가장 잘 어울리는 황제라고 할 수 있다.

어린 나이에 즉위한 만력제는 즉위 초기 10여 년 동안은 선제의 뜻에 따라 내각대학사 장거정張居正(1525~1582)에게 정무를 맡겨 내정 개혁을 추진하였다. 장거정은 행정 정비, 세금제도 개혁, 관료의 기강 확립, 환관 억제, 외적 소탕 등 여러 난제를 성공적으로 해결하고 무려 10년치 세금을 비축하였다. 이러한 개혁정책은 명의 정치적 안정에 크게 기여하여 이른바 '만력중흥萬曆中興'이라고 불리는 사회와 경제, 문화의 발전을 가져왔다.

그러나 한편으로 언론탄압, 기득권의 침해 등으로 조정과 재야에는 장거정에 대한 불만으로 가득 차 있었는데, 1582(만력10)년에 장거정이 죽었다. 그런데 만력제가 친정을 시작하면서 장거정을 부관참시하고 그의 큰아들을 고문해 죽였으며, 모든 재산을 압류하였다. 장거정이 하였던 모든 일들은 부정되었다. 여기에 대해서는 "장거정이 부패해서 만력제가 실상을 알고 혐오감이 들었다."라든지, "스승으로 만력제를 너무 꽉 잡고 숨도 못 쉬게 했던 장거정에 대한 반발"이라는 이야기가 많이 있다.

이때부터 만력제는 우리가 아는 그 유명한 만력제가 된다. 이 시기 명나라는 그렇게까지 나쁜 상황은 아니었다. 외적의 침입도 척계광戚繼光 등의 활약에 어느 정도 진정시킬 수 있었다. 그런데 갑자

기 만력제가 업무를 중단한 것이다.

> 하루를 쉬고,
> 일주일을 쉬고,
> 일 년을 쉰다.
> 그리고 다시 10년을 쉬고,
> 그렇게 30년이 흐른다.

역사상 초유의 황제 파업이었다. 만력제는 1589년 이후 30여 년을 조정에 나오지 않고 정무를 내팽개치는 태정怠政을 하였다. 어마어마하게 거대한 나라 명나라에서 하루에 수십, 수백 건의 문서가 올라왔지만, 만력제는 그것들을 읽어보지도 않고 잠을 잤고, 아무 것도 하질 않았다. 대신들도 몇 년 동안 황제의 얼굴을 보지 못하는 경우도 있었으며, 신료들의 상주문은 회답이 없이 궁중에 방치되었다. 고위 관직이 비어도 후임자를 제대

명明 14대 신종神宗 만력제萬曆帝 주익균
朱翊鈞(上)과 그의 무덤인 정릉定陵(下)

로 임명하지 못해 내각이나 지방 관청의 상당수의 관리가 제대로 충원되지 못해 업무가 제대로 추진되지 못하는 사태가 벌어졌다.

1602(만력 30년) 만력제가 병이 들었다. 그러자 갑자기 개심하여 쫓겨난 사람들을 모두 복권하여 바르게 정치하라는 명령을 내리는데, 바로 이 명령 뒤에 만력제는 병이 다 낫게 된다. 더 우스운 것은 바로 그 다음의 일로 만력제는 이 모든 조치를 그냥 다시 되돌린다. 아파서 한 일이니, 없었던 일로 하자는 것이다.

굳이 만력제가 업무에 손을 댈 때는 자기 사람을 발탁해서 일을 맡길 때인데, 한참 파업을 하던 시기에 이정기李廷機라는 인물은 이렇게 선택이 되었다. 그는 남경에서 여러 부패를 처리하고 상업을 장려하였고, 관리의 복지를 개선함과 동시에 여러 폐단을 바로잡아 이름이 높은 인물이다. 그런데 이정기가 북경에 와보니 중앙의 9부 관직이 31개가 있는데, 그중 24자리가 공석이었다. 엄청난 업무량을 감당하고 있었던 이정기를 사사건건 견제를 하는 것은 그 당시 큰 파벌인 동림당東林黨이었다. 동림당은 매일 이정기를 공격하며 욕을 퍼부었다. 몇 달 만에 이 모든 일에 질려버린 그는 사직서를 냈다. 그런데 답변은 오지 않았다.

이정기는 황제가 파업 중이라서 그렇다고 생각하고, 자기 결심을 보여주려 하였다. 북경의 집은 가난한 사람에게 주고, 식구들은 짐을 싸서 고향으로 돌려보냈다. 혼자 절에 머물면서 사직서를 다시 보냈다. 역시 답변은 오지 않았다. 이정기는 화가 났지만 오히려 오기가 나서 계속해서 사직서를 보냈다. 마치 이래도 안 해줄 것이냐는 듯 10장, 50장을 계속 보냈다. 그래도 답변은 오지 않았다.

5년 동안 153개의 사직서를 보냈다. 그러나 답변은 한 번도 없었

다. 결국 이정기는 아무 말도 없이 고향으로 내려가 버렸다. 만력제
는 아무런 반응도 보이질 않다가 4년 뒤 이정기가 죽자, 뜬금없이
'문절文節'이라는 시호를 내렸다.

만력제의 태정怠政으로 명나라는 매우 빨리 몰락하였다. 황태자
의 책봉 문제를 둘러싼 내각과 황제의 대립은 정치적 불안정과 당쟁
의 격화를 가져왔으며, 환관 세력이 발호하는 계기가 되었다. 그리
고 1592년 영하寧夏에서 일어난 몽골족 보바이(哱拜)의 난과 1594년
사천四川과 귀주貴州에서 일어난 양응용楊應龍의 난, 1592년 조선에
서 일어난 임진왜란 등에 대규모로 군사를 파견했는데, 이른바 만력
삼정萬曆三征이라 불리는 이 사건들은 명나라의 국가 재정을 크게
악화시켰다. 그러나 이 모든 것이 만력제 자신의 무덤(북경의 명십
삼릉明十三陵 중 정릉定陵) 건설 비용보다 적었다고 한다. 그렇기 때
문에 임진왜란이 명나라의 멸망 원인 중 하나가 될 수는 있지만 실
질적인 원인은 못된다고 하는 것이다. 깊이 67m, 총면적 1,200㎡나

만력제萬曆帝와 숭정제崇禎帝를 떠받들고 있는 충북 괴산의
「만동묘萬東廟」

되는 무덤은 어마어마한 예산을 소비하였다. 그렇게 공들인 만력제의 무덤은 이자성李自成의 난 때 도굴되었고, 1956년 중국정부에 의해 다시 무덤이 파헤쳐졌으며, 문화대혁명 때 홍위병弘衛兵에 의해 유골은 훼손되었다.

대항해시대로 전 세계가 하루가 멀다 하고 바뀌고 변하는 그때에, 유럽은 중세 말기에서 근대로 접어드는 그 기간에 명나라는 아무런 변화도 없이 그저 시간만을 흘러보냈다. 아무런 변화도 없이.

명 제16대 황제 희종熹宗 천계제天啓帝 주유교朱由校는 15대 황제 태창제泰昌帝의 아들로, 1620년 즉위하여 1627년까지 비교적 짧은 7년 동안 재위하였다. 조선의 광해군光海君과 인조仁祖 때이다. 그의 유년기는 여러모로 불행하였다. 15살에 어머니가 병으로 세상을 떠난 뒤, 계모에게 구박을 받고 자랐다. 이 때문에 주유교는 항상 울면서 지냈다고 하는데, 계모는 부황이 총애하는 후비이기 때문에 아버지에게

명明 16대 희종熹宗 천계제天啓帝 주유교朱由校

말하지도 못하였다고 한다. 태창제가 재위 한 달 만에 병사한 뒤, 그는 16살의 나이로 황제의 자리에 오른다.

하지만 안타깝게도 천계제는 글을 읽을 줄 모르는 문맹이었다. 이 이유는 태창제는 아버지인 만력제와 별로 사이가 좋지 못하였고, 태창제 자신도 열 살이 넘어서야 출각出脚(벼슬에 나감)했던 마당에 (원래 황태자는 8살에 출각함) 만력제 입장에서는 아들도 미운데 손자까지 예뻐해 줄 필요가 없다고 생각해 황태손으로 봉하지도 않고 정규교육도 시키지 않았던 것이었다. 이런 상황이었으니 황제가 되었다 한들 상소문 하나 읽을 수 없는 처지에 놓이게 된다. 결국 그는 총신인 이진충李盡忠(후에 위충헌으로 개명)에게 모든 정사를 일임하게 된다. 이진충은 시정잡배들과 도박하다 자신이 지자 홧김에 거세하고 궁에 들어온 사람이었다. 이런 그가 정권을 잡으니 나라가 제대로 돌아갈 리가 없다.

글도 읽을 줄 몰랐고 나라 일에 관심이 없었던 소년 황제는 정말 뛰어난 재주가 있었으니, 그것은 목수 일이었다. 그는 나무를 만지기 좋아하였다. 그는 매일 자유롭게 나무를 만지는 일에 집중했고, 거기에 상당한 재능을 가지고 있어서 꽤나 많은 훌륭한 작품들을 만들었다. 그때 당시 기록에 따르면, 천계제는 정원에 궁전의 모형을 나무로 만들었는데, 건정궁과 똑같았다고 한다. 특히 세밀한 면까지 살아있듯 만들어 나무와 풀까지 모두 생동하였다고 한다. 또한 그는 나무로 침대를 만들기도 했다는데, 그가 만든 침대는 길이를 조절할 수 있고 접을 수도 있으며, 각도도 조절이 가능하였다고 한다.

천계제는 자신의 목수 실력이 어떤지 알아보고 싶어 환관한테 자기가 만든 작품들을 시장에 가져다 팔아보라고 하였는데, 사람들이 높은 값을 부르며 사려고 했다는 소식을 들을 때면 아이같이 기뻐하였다 한다.

천계제가 황제에 오른 지 7년이 되는 해에 황제가 탄 배가 물에 뒤집히는 사고가 발생하는데, 이에 병을 얻어 시름시름 앓게 되었다. 1627년 8월, 그는 신왕信王으로 있던 동생 주유검朱由檢을 불러 말한다. "동생은 요순처럼 현명하니 나라를 잘 이끌 수 있을 거야." 황제 천계제가 아닌 형 주유교로써, 어릴 적부터 서로 의지해왔으며 자신처럼 되지 않게 하기 위해 좋은 스승까지 붙여준 동생에게 명령이 아닌 부탁을 하고는 세상을 뜬다. 천계 7년, 그의 나이 23살이 되었을 무렵의 일이다.

그리고 그의 동생 주유검朱由檢이 명明의 마지막 황제 숭정제崇禎帝(1611~1644)이다. 숭정제는 형인 천계제의 죽음으로 16세에 제위에 올라 쇠락해가는 나라를 부흥시키려고 노력했다. 온갖 권력을 휘두르던 환관 위충현을 처형하고 부패한 관리들을 숙청했다. 그러나 관료들과 군인들의 당파싸움을 진정시킬 수는 없었다. 장군들은 당파싸움에만 치중해 국내의 반란을 진압하거나 만주족의 북동 변경지역 침입을 막아내는 데 소홀하였으며, 더욱이 부패로 국가 재정이 거의 탕진되어 황제의 군대를 유지하기도 어려웠다.

만주족의 침입으로 명의 운명이 절망적인 상황에 처하자, 숭정제는 더 많은 세금과 새로운 병사의 징발을 지시했다. 그러나 백성들은 이처럼 과도한 부담을 감당할 수 없었기 때문에, 이를 피해 반란군에 가담하는 숫자가 점차 증대했다.

결국 1644년 반란군 이자성李自成이 수도 북경을 점령하였다. 이자성의 군대가 북경에 접근했을 때 조회를 알리는 종을 두드렸지만 재상들은 한 사람도 오지 않았다고 한다. 결국 숭정제는 황궁 옆에 있는 매산煤山(만세산)에 올라가 목매어 자살하였다.

그리고 명은 망하였다.

나라가 망하는 데는 여러 가지 이유가 있다. 명나라가 망하는 데에도 여러 가지의 이유가 있었을 것이다. 그러나 그중 가장 중요했던 것은 견제 받지 않는 황제의 권력이 너무 컸다는 사실이다. 정덕제가 아바타 놀이에 심취하여도 나라는 정상적으로 통치되었고, 가정제가 단약을 만들기 위해 많은 이들을 죽였어도 외세로부터 나라는 지켜졌으며, 만력제가 황제 파업을 하여도 정부 조직은 살아 움직였고, 천계제가 할 일 없이 나무를 깎고 있어도 누구하나 제지하는 이가 없었다.

명나라는 황제 때문에 망했다. 어떤 것보다도 명의 멸망 이유는 아무것도 안해도 어떠한 견제도 받지 않는 권위주의형 황제 중심 구조이기 때문이다. 막장 황제들을 누구도 견제할 수 없기에 황제들은 열심히 일할 필요가 없었다.

그래서 명明은 망했다.

# 망亡하지 않은 나라 없고,
# 도굴盜掘되지 않은 무덤 없다!!

중국 하남성 등주시鄧州市 관군현冠軍縣 동쪽에는 삼국시대 조조 曹操의 위魏나라 태화太和(227~233) 때의 사람으로 위징동군사魏徵東 軍司를 지냈던 장첨張詹이라는 장군의 묘가 있었다. 그의 묘비석에 는 다음과 같이 새겨져 있다고 한다.

| | |
|---|---|
| 白楸之棺 | 백추白楸나무 관에는 쉽게 썩는 |
| 易朽之裳 | 의복만 넣었을 뿐, |
| 銅鐵不入 | 구리나 쇠로 만든 것을 넣지 않았고, |
| 丹器不藏 | 불로장생不老長生 선약도 감춰 두지 않았으니 |
| 嗟矣後人 | 아, 후세 사람들이시여, |
| 幸勿我傷 | 제발 저를 건드리지 마소서! |

장첨張詹은 생전에 자신의 묘가 도굴盜掘 당할 것을 매우 우려하 였던 사람이라 가족들에게 이러한 묘비를 세워줄 것을 당부하고 세 상을 떠났다. 그가 말하는 백추나무는 매우 잘 썩는 싸구려 나무로

위魏나라 때 위징동군사魏徵東軍司를
지냈던 장첨張詹의 묘비명墓碑銘

이런 나무로 관을 만들었을
정도로 가난한 사람의 무덤
이니 도굴하지 말아달라는
뜻이었다.

장첨은 자신의 묘를 가
장 눈에 잘 띄는 곳에 만들
되, 그 모양은 매우 초라하
게 꾸미도록 하였다. 당시
장례도 매우 간단하게 치렀
다고 한다. 이러한 소문이
점점 퍼져나가, 후세 사람

들은 그곳을 빈 무덤으로 생각하였고, 이후에는 거기에 무덤이 있었
다는 사실조차 잊게 되었다.

그런데 200여 년이 지난 남송南宋 원가元嘉 6년(429년)에 천하에
기근이 들자, 굶주린 백성들이 초근목피라도 찾아보려고 산과 들을
뒤지다가 우연히 이 무덤을 발견하게 되었다. 사람들은 이미 버려
진 무덤이라 아무것도 들어있지 않을 것으로 생각하였지만, 혹시나
하는 마음으로 무덤을 파 보았다. 파놓고 보니 무덤 속에는 생각하
지도 못했던 많은 금은과 주칠 조각 공예품들이 들어 있었다. 비록
기근에 시달리던 백성들에게 발견되어 무덤이 파헤쳐 졌지만, 장첨
은 결과적으로 200년 동안 도굴꾼을 따돌린 셈이 되었다.

후에 장첨의 묘비를 보고 배운 사람이 있었으니, 당태종唐太宗 이
세민李世民이다. 그는 자신의 비석에 이런 내용의 글을 새겼다.

황제란 천하가 자신의 집이거늘, 자신의 보물을 왜 무덤 속에 감추겠는가? 오늘 산을 의지하여 능을 만들고, 금과 옥, 사람과 말, 그릇들은 넣지 않고 흙과 나무로 그 모양을 만들었을 뿐이니, 훔쳐가려는 마음을 갖지 말고 괜한 수고를 하지 말라.

그러나 도굴꾼들은 더 이상 속지 않았다. 당唐나라가 망하자, 당태종 이세민의 소릉昭陵은 3차례나 대규모 도굴을 당하였고, 유골도 온전하게 보존되지 못하였다. 보물들은 모두 사라졌으며, 일부 보물들은 미국에서 나타났고, 미국 박물관의 소장품이 되어 전시중이라고 한다.

도굴은 우리 일상에서도 낯설지만은 않다. 「인디아나 존스」, 「미이라」, 「툼 레이더」 등과 같은 할리우드 영화는 고고학과 도굴을 버

당태종의 소릉昭陵

무렸다. 한국에서는 「마이캡틴 김대출」, 「인사동스캔들」, 「도굴」 등의 영화에서도 주제로 삼고 있다.

도굴은 고분이나 유적을 몰래 발굴해 거기에서 꺼낸 부장품들을 업자나 후원자에게 파는 행위를 말한다. 이런 행위를 전문적으로 하는 사람을 도굴꾼이라고 한다. 영어로 하면, 그레이브 라버(Grave Robber), 또는 툼 레이더(Tomb raider)라고 한다.

도굴은 대개 왕릉이나 부장품이 많은 후장자의 무덤이 대상이 된다. 도굴의 역사는 인류의 역사와 궤를 같이 하고 있다. 기원전 6000년경 터키 남부의 아나톨리아 고원지대의 신석기 유적지 차탈회위크(Çatalhöyük)에서도 과거 사람들의 무덤을 의도적으로 파낸 흔적이 보인다. 유라시아 유목민들 사이에서도 서로의 무덤을 경쟁적으로 파헤치는 것이 일상적이었다. 일정한 집 없이 유목하는 기마민족들은 정복할 성城이나 도시가 없기 때문에, 요즘으로 말하면 '현충원顯忠院'과 같은 역할을 했던 조상들의 무덤을 파헤쳤다. 그리고 그 무덤 속 보물은 함께 전쟁에 참가한 부하 장수들에게 나눠주는 전쟁의 '성과급' 역할도 했다.

고대 이집트에서도 밑으로는 생활비, 위로는 재정을 보충하기 위해 툭하면 피라미드와 당시에도 횡행했던 도굴꾼들을 피하고자 조성된 왕가의 계곡이 도굴되는 등 도굴은 유구한 역사와 전문성을 자랑하는 분야이다. 이 때문에 인류사에서는 군인, 매춘부, 첩자, 도둑과 더불어 가장 오래된 직업으로 도굴꾼을 꼽기도 한다.

도굴이 기승을 부리게 된 시점은 국가가 등장하고 왕이나 귀족들이 경쟁적으로 자신의 무덤에 수많은 보물을 넣어 저세상에서도 영화를 이어가고자 하면서부터다. 보물을 묻은 화려한 무덤이 많아지면서 무덤 속 보물을 탐내는 사람들도 늘어났다. 도굴꾼은 다른 여타 도둑과는 다른 끈기와 고고학적 전문지식을 요구한다. 다른 도둑들의 목표는 분명하고 쉽게 찾을 수 있지만 도굴꾼의 목표는 과거 유명하고 부유했던 이들의 유적이나 무덤에 묻히거나 안장된 부장물이다. 물론 봉분이나 비석, 특징적인 조형물 같은 단서가 있다면 찾기 쉽지만, 아무 티를 내지 않고 지하 등에 숨겨 위치를 모르는 경우도 있으므로 다수의 분업이나 협업을 요구하기도 한다.

설령 무덤을 찾더라도 해당 분묘가 어떤 곳인지, 그것을 얻기까지 어딜 얼마나 파내야 하는지 등은 나름대로 상당한 지식과 기술이 요구된다. 또한 거기에서 얻은 부장품이 시장에서 어떤 가치가 있는지도 알아야 했는데, 장물아비에게 헐값으로 파는 일을 막기 위해서이다.

그밖에도 순례나 등산객으로 위장하고 유적지나 사원터 등을 돌아다니며 탐침봉(보이지 않는 땅속의 유물 존재 여부를 확인하기 위해 만든 가늘고 긴 쇠꼬챙이)으로 마구 찌르고 돌아다니다 손끝의 느낌으로 무덤이나 부장품을 찾아내는 이들도 존재했다. 우리나라의 도굴꾼들은 무덤을 쉽게 찾기 위해 심지어 풍수지리를 배우기도 했다. 풍수적으로 명당明堂이라 할 만한 곳을 뒤져보면 옛 무덤이 나오기 때문이었다.

동서양을 막론하고 연구를 목적으로 남의 나라에 가서 유적 유물을 조사한다고 발굴하여 본국의 박물관으로 보내거나 개인 소유로 돌리는 발굴 학자들도 도굴꾼이나 다를 바 없다. 타국의 유적이나 무덤을 멋대로 휘저어 놓는 '인디아나 존스'나 '라라 크로프트'도 여기에서 자유로울 수 없을 것이다.

중국은 왕조의 교체가 잦았고, 전란이 끊임없이 일어났고, 이 과정에서 수많은 유명인의 무덤이 도굴 당하였는데, 역대 황제와 고관대작들의 무덤도 대부분은 무사하지 못했다. 진晉나라 사람 황보밀皇甫謐은 "예부터 지금까지 죽지 않은 사람 없고 파헤쳐지지 않은 무덤 없다."고 말했다. 이런 기록은 도굴 현상이 얼마나 흔했는가를 여실히 보여준다.

중국에 있어 기록된 최초의 도굴은 2700여 년 전 서주西周 말기에 일어났다. 도굴 대상은 지금으로부터 약 3600년 전의 상商나라 탕湯의 무덤이었다고 한다. 탕의 무덤은 당시에 이미 도굴을 여러 번 당해 나온 부장품이 별로 없었다고 한다. 그리고 주周나라 유왕幽王의 묘는 전한시대 도굴되었는데, 전한시대의 잡사를 기록한 『서경잡기西京雜記』에 당시의 상황이 다음과 같이 기록돼 있다.

> "무덤은 매우 높고 컸으며, 묘문墓門을 열어보니 온통 석회石灰로 가득 차 있었다. 한 길 정도를 파자 운모雲母가 나왔고, 거기서 한 자 남짓 깊은 곳에 100여 구의 시체가 있었다. 가로세로로 서로 베고 있는데, 모두 썩지 않은 상태였다. 남자는 하나고, 나머지는 모두 여자였으며, 앉은 사람도 있고 누운 사람도 있고, 서있는 사람까지 있었다. 그들의 옷과 얼굴은 산 사람과 다를 바가 없었다."

진秦나라를 거쳐 한漢나라에 이르면서 황제의 무덤은 그야말로 산처럼 높아졌고, 온갖 진귀한 부장품으로 가득 채워졌다. 한나라 황제들은 전국에서 거둬들인 세금의 3분의 1을 능묘 조성에 사용했다. 한漢 무제武帝의 무릉茂陵은 반란군인 적미군赤眉軍 수만 명이 무덤을 파고 부장품을 꺼냈지만, 며칠을 파내도 절반을 채 옮기지 못하였다고 한다. 후한後漢 시대 황제의 능陵은 『삼국지三國志』에 나오는 동탁董卓이 모두 도굴하였다고 한다.

또한 동시대의 간웅 조조曹操는 중국 역사의 대표적인 도굴의 왕으로 꼽힌다. 『후한서後漢書』에 따르면, 원소袁紹와 조조曹操가 전쟁할 때 조조가 무덤을 파헤치는 부대에 발구중랑장發丘中郎將과 보물을 긁어모으는 모금교위摸金校尉라는 벼슬을 만들었다는 기록이 있다. 이들은 기원전 2세기 살았던 한나라 황족인 양효왕梁孝王을 비롯해 여러 무덤을 도굴해 군자금을 모았다고 한다. 그가 정확하게 얼마나 많은 유물을 털었는지는 제대로 기록이 남아있지 않다. 하지만 이름 없는 무덤이 아니라 대놓고 한나라 황족의 무덤을 파헤칠 정도로 조조의 도굴은 무척이나 체계적이었으니 최초의 '도굴전문가'라 해도 손색이 없을 정도다. 오吳나라의 손권孫權도 마찬가지로 왕릉을 몇 개 도굴하였는데, 자기 형의 사당을 짓겠다는 이유로 도굴하였다고 한다.

당唐나라 황제의 무덤인 18릉陵 중 대부분의 능이 오대십국五代十國(당과 송나라 사이의 시기) 때에 도굴 당했다. 특히 명군名君으로 이름난 당태종의 능인 소릉昭陵은 후량後梁의 절도사이며 전설적인 도굴꾼인 '온도溫韜'에게 완전히 도굴 당하게 된다. 실제로 온도는 唐 황제 18릉 중 고종高宗과 측천무후則天武后의 무덤을 제외한 17릉을 모두 털었다.

『자치통감資治通鑑』에 의하면, 온도는 열 살도 안 되어 마을의 유명한 도둑이 되었고, 열댓 살의 나이에 비적단의 우두머리로 성장한다. 그는 산의 소굴에 숨어 도적질을 하며 한편으로 혼란한 세상이 왕희지王羲之의 「난정집서蘭亭集序」 왕희시 글을 너무나 좋아한 당태송唐太宗은 손에 어렵게 넣은 난정서蘭亭序를 평생 곁에 두고 애지중지하였고, 자신의 무덤으로 가져갔다고 한다.

어떻게 되어 가는지 관망하고 있었다. 그때 온도는 지방 군벌에게 붙어 세력을 형성하였소, 그 후 당이 망한 후 오대의 혼란 시대가 시작되자 이를 틈타 당의 황릉을 전부 파헤치기 시작했다.

당태종은 상당히 현명한 사람이라 살아생전에 누누이 간소한 박장薄葬을 주장하였고, 대외적으로 발표하여 사실 많은 군신과 백성들은 그가 청렴하고 현명한 군주이므로 그의 무덤에는 아무 것도 없을 줄 알았다. 그러나 그의 무덤인 소릉昭陵은 어떤 황제의 무덤보다도 더 사치스러웠고 많은 금은보화와 서적 및 그림들이 있었다고 한다. 온도가 파헤친 소릉에서는 '앞 시대의 중요한 책들'과 '종요鍾繇', '왕희지王羲之의 필적' 즉 「난정집서蘭亭集序」가 있었다고 한다.

하지만 당태종 소릉의 비극은 이것이 끝이 아니었다. 1914년 미국의 골동품상과 원세개袁世凱의 아들 원극문袁克文 등이 중국 골동품상(실제로는 도굴꾼의 앞잡이)과 결탁, 소릉에 있던 6준마駿馬 중 삽로자颯露紫와 권모과拳毛騧의 두 석각을 도굴해갔다. 이들은 4년이 지난 후 다시 잠입하여 나머지 4개의 준마를 훔쳐가려 하였으나 중간에 발각되어 실패하였다.

소릉육준昭陵六駿이라 불리는 6준마는 당태종이 전쟁터를 누비며 탔던 명마들로 모두 그보다 먼저 세상을 떠났다. 황제에 올라 상당 기간까지 전쟁터를 누볐던 그로서는 먼저 사라진 명마들과 함께 묻히고 싶었을 것이다. 원래 폭은 2m 높이

당태종唐太宗의 소릉昭陵에서 나온 소릉육준昭陵六駿 중의 颯露紫(삽조자). 현재 미국의 필라델피아의 펜실베이니아 박물관에 소장하고 있다.

는 1.5m의 석관에 6마리의 말을 나누어 새겼으며 이세민이 직접 지은 찬가를 당대의 명필 구양순歐陽詢의 글씨로 새겼다. 6준마 중 2마리는 현재 미국의 필라델피아의 펜실베이니아 박물관에 조각조각 나서 보관되어 있으며, 나머지 4마리는 서안의 비림碑林에 있다.

중국 문명을 찬란하게 일으킨 송宋나라의 황제들 무덤도 도굴꾼의 손아귀를 벗어나지 못했다. 1127년 북방 초원의 금金나라 군대가 쳐 내려오자 송나라는 종이호랑이처럼 무너졌다. 이때 금나라는 투항한 유예劉豫를 '대제大齊'라는 허수아비 나라의 황제로 내세우는

데, 그에 의해 개봉開封과 낙양洛陽 일대의 능묘가 대규모로 도굴 당하였다. 그리고 원元나라가 쳐들어오면서 능원은 완전히 폐허가 되었다. 북송의 능들의 운명은 처참했고, 남송의 능은 더욱더 처참했다. 특히 남송 황릉의 도굴은 원元 세조世祖 쿠빌라이가 파견한 승려 양련진가楊璉眞伽에 의해 이루어졌다.

송 황제릉을 표시한 옛 지도. 한곳에 모여 있어 도굴의 집중 목표물이 되었다.

송宋 이종理宗의 두개골로 만들었다는 고루완骷髏碗

그들은 벌떼처럼 능원으로 올라가 괭이와 삽으로 영무릉永茂陵(영종英宗), 영목릉永穆陵(이종理宗), 영소릉永紹陵(도종度宗), 영종寧宗 부인 인성렬황수仁聖烈皇后의 지하궁을 무참히 파헤쳤다. 양련진가楊璉眞加 일당은 묘실로 들어가 진귀한 보물을 깡그리 훔치고, 그것도 모자라 관곽을 열고 바닥에 깔아놓은 보석까지 모두 걷어갔다.

도굴꾼들은 이종理宗 황제의 관을 도끼로 쪼개고, 시신의 입을 벌려 야명주를 빼내고, 시체를 나무에 거꾸로 매달아 뱃속의 수은을 전부 토해내게 했다. 양련진가楊璉眞加는 이종의 머리를 자르고 두개골을 잘라 요강으로 썼다.

앞선 왕조의 능원이 어떤 대우를 받았는지 경험한 명明나라는 『대명률大明律』에 도굴에 관한 엄격한 처벌 규정을 두었다. 그 가운데 황릉을 도굴할 경우 역모죄를 적용 능지처사과 광범위한 연좌제를 동원해서 도굴을 차단하려 애썼다. 그렇기에 명13릉은 도굴 당하지는 않았지만, 지상부의 건축물은 청나라가 능묘공사에 쓰려고 대부분 훼손하였다.

청나라의 청동릉清東陵은 순치제順治帝의 효릉孝陵을 제외하고 모두 군벌 난립 시대에 도굴 당하였고, 청서릉清西陵은 광서제光緒帝의 숭릉崇陵을 제외하고는 도굴 당하지는 않았다. 그런데 청나라 말

청동릉清東陵

기 40여 년을 섭정으로 권력을 휘두른 자희태후慈禧太后(서태후西太后)의 무덤은 동릉에 있었다. 서태후는 죽어서 화려한 부장품과 함께 묻혔다. 하지만, 중국은 곧 군벌의 시대가 되었고, 이 가운데 한 군벌의 부장이던 손전영孫殿英이라는 자가 장개석蔣介石의 국민당 부대에 귀순해 들어갔다. 그는 군량과 군자금을 마련하기 위해 청나라 황제와 황후의 무덤이 즐비한 동릉에 눈독을 들였다.

이때 동릉은 이미 군벌과 지역의 도둑떼인 토비들이 주변 나무와 전각을 뜯어가는 등 능에 호시탐탐 눈독을 들이고 있었다. 손전영孫殿英은 "어차피 우리가 손을 쓰지 않으면 다른 이들이 가져간다." 며

서태후西太后와 그의 무덤을 도굴한 손전영孫殿英

능을 보호한다는 구실 하에 능원지구 전체에 계엄령을 내려 사람들의 접근을 막았다. 이때부터 그의 본색이 드러났다.

손전영이 가장 먼저 손을 댄 것은 서태후의 무덤이었다. 무덤 현장으로 내려온 그는 서태후의 관 근처에 누워있는 병사 하나를 보게 된다. 관을 열 때 시신을 보고 기절한 병사였다. 이에 손전영은 욕을 하며 쓰러진 병사의 배를 걷어찼고, 그 병사의 몸은 서태후의 시신 위로 쓰러졌다. 이때 신기한 일이 일어났다.

막대기처럼 굳은 시체가 충격에 반동하면서 강한 쪽빛이 자희慈禧(서태후西太后)의 입에서 뿜어져 나왔다. 이 빛은 서북쪽 귀퉁이에서 동남쪽 귀퉁이의 벽까지 닿고, 거의 30걸음 밖에 있는 병사들의 머리에까지 비쳤다.

이 빛은 더위를 막아 몸을 서늘하게 해주고, 죽은 사람들에게 물리면 시신이 절대 썩지 않는다고 알려진 구슬, '야명주'의 빛이었다. 그리고 이 구슬이 발견되면서 사건은 엉뚱한 방향으로 흘러갔다. 손전영은 부하에게 구슬을 입에서 꺼낼 것을 지시했지만, 막상 서태후 입속으로 손가락을 넣자 구슬이 시신의 목구멍으로 넘어가 버렸다. 결국 일당은 구

서태후西太后의 관, 손전영孫殿英에 의해 완전히 도굴되었다.

슬을 잡기 위해 서태후의 시신을 칼로 심하게 욕보였다. 손전영은 '야명주'라는 보물을 얻었지만 중국 문화사에는 씻을 수 없는 치욕이 남겨지는 순간이었다. 다른 청나라 황제의 무덤도 손전영의 지시를 받은 부대에게 이런 식으로 도굴 당했다. 그가 사흘 밤낮으로 도굴한 동릉의 보물은 짐수레 30대 분량이라고 한다.

도굴에 성공한 손전영이 군대를 이끌고 퇴각하자, 이번에는 외곽에 숨어 있던 토비와 다른 반대 세력의 부대들이 소문을 듣고 동릉으로 물밀듯이 쳐들어왔다. 이들이 다시 한번 난장판으로 만들었다. 그러자 이번에는 소문을 들은 주민들이 바구니와 마대자루를 들고 벌떼처럼 몰려가 깨진 그릇과 흩어진 보석 조각들을 긁어 갔다.

한편 아이러니하게도 가장 강력한 절대권력을 휘둘렀던 진시황秦始皇의 능은 도굴이 되지 않았다. 진시황의 능은 2세 황제 호해胡亥 때 완성되었는데, 공사가 끝나자 수많은 장인들과 인부들을 무덤에 가두어 죽였다. 특히 진시황릉의 배장품陪葬品 구덩이에서 매우 특이한 시체들이 발견되었는데, 그중 남자 5명과 여자 2명이 묻힌

진시황제릉秦始皇帝陵를 답사하던 필자의 모습

무덤에서는 금, 은, 비단으로 장식된 호화로운 부장품이 발견되었으며, 이들은 모두 스무 살에서 서른 살 사이로 비슷한 또래였다. 어떤 유골에는 사지四肢가 절단된 자국이 남아 있고, 어떤 유골은 턱뼈가 탈구脫臼되어 있는데, 이는 교살絞殺 당했다는 증거라고 한다. 심지어 두개골 속에 청동 화살촉이 박힌 채 남아 있는 유골도 있었다. 학자들은 이들을 호해의 형제자매로 추정하였다.

진시황릉秦始皇陵이 아직까지도 훼손되지 않은 상태에서 아직도 지하에 온전하게 있다는 사실을 확인한 전 세계 학자들은 물론 중국 지방 정부 관리들이 진시황릉을 발굴하여 그 실상을 알려주자고 재촉했다. 그러나 진시황릉 자체에 대한 발굴은 곧바로 반대에 부딪쳤다. 우선 진시황릉에 대한 자세한 자료가 없으므로, 이를 현재의 발굴 기술로 발굴하다가는 무덤을 훼손할 수 있다는 반론이었다. 더구나 지하에 있는 수많은 수은水銀에 의해 발굴 요원들이 크게 상할지도 모른다는 지적도 제기되었다. 결국 중국정부는 아직 발굴에 대한 능력이 부족하다며 이를 거부하였고 지금까지 발굴되지 않은

측천무후則天武后와 그의 남편 당唐 고종高宗을 합장한 건릉乾陵과 능陵 앞의 무자비無字碑

채 보존되고 있다.

진시황릉 발굴에 대해서는 중국과 일본의 정상회담에도 주제로 등장했다. 일본의 전중田中(다나카) 수상이 주은래周恩來 총리에게 진시황릉의 발굴 자금을 일본이 모두 부담하고 출토되는 유물을 반반씩 나누자고 제안했다. 그러나 주은래 총리는 다음과 같이 말하면서 거절했다.

진시황릉을 파면 일본을 사고 남을 보물이 나올지도 모르는데, 무엇이 급하다고 일본의 돈을 빌려 발굴하겠소?

서안西安 주변에는 현재까지 발굴을 미루고 있는 황제릉皇帝陵이 하나 더 있다. 측천무후則天武后와 그의 남편 당唐 고종高宗을 합장한 건릉乾陵이 그것이다. 건릉은 단순히 봉분을 올린 것이 아니라, 산의 가운데에 혈穴을 뚫어 만들고 그곳에 합장을 한 후 외부는 석벽을 설치하고, 다시 틈새와 부분마다 쇳물을 녹여 부어 몇십 미터의 석벽을 만들었으므로 대규모의 도굴꾼이 심지어 몇천 명의 인원과 다이너마이트를 동원해서도 도굴하지 못했다고 한다.

건릉에는 태평성대 시대의 온갖 금은보화가 묻혀 있다. 사서史書에 따르면, 고종과 측천무후가 평생 동안 모은 국보급 문화재를 시신과 함께 매장했다. 실제 중국 정부는 기초 조사를 통해 약 500톤에 달하는 보물이 묻혀있음을 확인했다. 1958년 도로공사 때 발파하면서 능으로 통하는 비밀통로를 찾아내었는데, 당시의 주은래周恩來 총리는 발굴 기술의 문제점을 지적하며 "우리 시대에 좋은 일을 모두 완성할 수 없다."며 발굴을 중지시켰다. 이런 중국의 태도는 "역사를 복원한다.", "관광상품을 만든다."며 무녕왕릉武寧王陵의 예처럼 닥치는 대로 고분을 발굴하여 망가트린 우리의 귀감으로 삼을 만하다.

한편 도굴에 대하여 현명하게 대처한 제왕이 있다. 도굴 전문가로 위魏의 무제武帝라 불리는 조조曹操이다. 우선 조조의 경우는 박장薄葬이라고 하여 자신이 아끼던 일부의 책과 간단한 도기 및 자기 이외에는 넣지 않도록 하여 자신이 평생 지켜왔던 검약한 제왕의 풍모를 유지했으며, 평생 정적이 많았던 까닭에 장례일에 성문 네 곳으로부터 수십 개의 관이 들어왔다 사방으로 흩어져 동시에 장례를 진행하였다고 한다. 전설傳說로는 72개의 의총疑塚을 만들어 남이 찾아내지 못하게 하려한 것이다.

칭기즈칸과 그의 후예인 몽고와 원의 황제들은 중원에 능을 별도로 쓰지 않고 지금의 내몽고 지역에 무덤을 만들되 박장을 하였으

진시황秦始皇의 능릉陵은 동이족東夷族의 묘제墓制인 적석총積石塚으로 이루어져 있다.

며, 모두 매장을 한 후 위를 평평하게 하였고, 참여했던 사람을 모두
죽여 위치를 찾을 수 없게 하였다. 초원과 사막이라는 특징을 볼 때
아마도 위치를 아는 사람이 있었다고 할지라도 다시 찾아가 황량한
사막과 초원에서 이들의 무덤을 다시 찾기는 불가능했을 것이다.

왜 이렇게 도굴은 끊이지 않을까. 부귀영화를 어떻게든 죽어서까
지도 이어가려는 인간의 부질없는 욕망이 그 근본적 원인이다. 어
두컴컴한 무덤 속을 뒤져서라도 재화를 얻고자 하는 도굴꾼의 욕망
또한 크게 차이가 없다. 인간의 역사와 함께 끊임없이 이어져온 도
굴은 이렇게 엇갈리게 표현된 인간의 욕망이 만들어낸 뫼비우스의
띠는 아닐까.

췌언贅言 한 마디.

진시황의 병마용갱兵馬俑坑이 세상을 놀라게 하였지만 진시황릉

이 피라미드로 되어 있다는 것은 우리들에게 매우 중요한 점을 일깨운다. 이것은 능이 적석총積石塚 즉 돌무덤이라는 것으로, 이는 중국인, 즉 화하족華夏族이 전혀 사용하지 않은 동이족東夷族의 장례법이기 때문이다.

돌무덤에는 적석총積石塚, 석관묘石棺墓, 석곽묘石槨墓, 석실묘石室墓 등이 있으며 지석묘支石墓도 돌무덤에 포함시킨다. 이런 돌무덤은 신석기시대로부터 청동기시대에 이르기끼지 오랫동안 만주 및 한반도 소위 동이문화권東夷文化圈의 전통적인 풍습으로 고조선 이후 부여, 고구려에서 사용했으며, 남쪽으로는 일본의 구주九州 지방과 유구琉球 열도까지 분포되어 있다.

적석총은 고대 중국과 전혀 다른 묘제라는 데 중요성이 있다. 적석총은 요하遼河 일대에서 한민족의 터전으로 이동하지만 중원 지역으로는 내려가지 않기 때문이다. 화하족은 땅을 파서 묘실을 만들고, 시신과 유물을 안장하는 토광묘土壙墓가 주류를 이루었고, 주나라 때에 들어와서야 비로소 나무로 곽을 짜서 묘실墓室을 만드는 목관묘木棺墓가 유행했다.

무덤은 지역집단의 공통된 참여를 통해서 축조되므로 무덤의 성격에 따라 무덤을 만든 민족의 유사성을 구분한다. 그런데 중국과 동이족의 무덤이 원천적으로 다르다는 것은 이들 문명이 근원적으로 다르다는 것을 의미한다. 그러므로 어떤 민족이 타 민족을 정복했을 경우 선주민先住民의 묘를 파괴하는 분묘파괴행위墳墓破壞行爲가 나타난다.

진시황의 능이 동이족의 전형적인 묘제인 적석총으로 되어 있다는 것은 여러 가지 면에서 의미심장하지 않을 수 없다.

# 白塔落穗(백탑낙수) -중국편-

비틀어 읽는 사랑방의 역사 이야기!!

초판 인쇄  2023년 6월 20일
초판 발행  2023년 6월 30일

지은이 | 田光培
발행자 | 金東求
디자인 | 李明淑 · 楊哲民
발행처 | 명문당(1923. 10. 1 창립)
주   소 | 서울시 종로구 윤보선길 61(안국동)
        국민은행 006-01-0483-171
전   화 | 02)733-3039, 734-4798, 733-4748(영)
팩   스 | 02)734-9209
Homepage | www.myungmundang.net
E-mail | mmdbook1@hanmail.net
등   록 | 1977. 11. 19. 제1~148호

ISBN 979-11-91757-83-5  (04150)
ISBN 979-11-91757-81-1  (세트)
**25,000**원